叢書アレテイア　*10*

歴史における「理論」と「現実」

仲正昌樹◆編

大賀　哲，白井　聡，森元　拓，西村清貴，
清家竜介，ギブソン松井佳子，板井広明，
船津　真，田中　均，坂口周輔，大澤　聡

御茶の水書房

歴史における「理論」と「現実」　目次

目次

目次

第十二章　大宅壮一と小林秀雄——批評の「起源」における複数的可能性——大澤　聡——295

歴史における「理論」と「現実」

第一章　左翼と進歩史観

仲正昌樹

1　「左／右」の二項対立の揺ぎ

ソ連・東欧の社会主義諸国のブロックが崩壊し、「歴史の終焉」が言われるようになった一九九〇年代以降、従来のような「左／右」の二項対立図式が揺らぎ始め、「右」と「左」のそれぞれの定義が曖昧になっていると言われている。というよりは、それまでマルクス主義を軸としていた「左」の側の思想の解体が急速に進んで、典型的に「左」の思想というのがイメージしにくくなったのと、それに伴って、概して「反左（反マルクス）」という意味で理解されていた「右」あるいは「保守」の側も、そもそもどういう思想的な括りであったのかが曖昧になっているというのが実状であろう。特に日本の場合、極左としての「共産主義」を基準にして、それとどこまで激しく対立するか、容認するかで、保守（右）／革新（左）の度合いが認知されてきたので、共産党でさえ明確に「共産主義」を理想として掲げなくなると、

「反共としての保守」の政治的アイデンティティも揺らいでくる。

ただ焦点がぼやけてきたといっても、「左」あるいは「右」を相対的に区分するための基準が全くないわけではない。大きく分けて三つくらいの基準があるように思われる。一番分かりやすく、かつポピュラーなのは、「反権力側＝左／権力側＝右」という理解だろう。日本では、保守政党である自民党が長年にわたって政権政党であり、旧社会党（左派）や共産党などのマルクス主義の影響を受けた左派政党が野党であったし、今でもこの図式が部分的に残っているので、このイメージはしっくりきやすい。ただし、この図式における「左」の側が自らを「反権力」であるとはっきり自認しているのに対し、彼らから「敵＝右」と見做されている人たちが、自らを「権力」側と見做しているわけではない。フェミニズムや戦後歴史教育に反対しているグループ、右翼団体のメンバーやシンパなどは、むしろ「左」の方が体制派であると考えていることが多い。ラディカルな主張を掲げる人間は自分たちの方がマイノリティであると考えがちなので、こうした認識の食違いは、当然のこととも言える。

第二は、「権力／反権力」とは関係なく、「右」が伝統的な価値観や政治体制を守ろうとする保守派であるのに対して、「左」が伝統的な価値観や体制を解体し、文化的・社会的革命を目指す反伝統・革新派であるとする見方である。戦前の社会や教育を美化したり、皇室や靖国神社の英霊などに対する畏敬の念を重視する人たちが「右」、マルクス主義者やフェミニスト、あるいは、カルチュラル・スタディーズなどの形で文化における階級闘争に従事している人たちが「左」ということになる。こうした「伝統」に対する態度で「右／左」を区分するやり方は、それ自体としては分かりやすそうだが、これだと説明しにくい〝右／左〟の対立が、特に政治・経済の領域には多い。例えば、自民党などの保守勢力はごく最近まで、

（戦後日本の西欧化・伝統破壊を強力に推進した）アメリカの国際戦略に賛同し、アメリカ的な経済システムにかなり好意的な態度を取ってきた。それに対して、左翼の方が安保問題や在日米軍基地などで反米の態度を鮮明にしてきた。この逆転図式は最近の「反米保守」の台頭で崩れてきたが、左翼は左翼で反米姿勢を強めているので、余計に分かりにくくなっている。

第三の基準は、最近、クローズアップされてきた経済・社会福祉政策面での区分である。富の再配分を重視し、福祉国家を志向する、いわゆる「大きな政府」派を「左」と見なすのに対して、軍事と治安以外の国家の機能を縮小することを目指す、いわゆる「小さな政府」派を「右」と見做すわけである。冷戦構造崩壊後、世界観や価値観をめぐるイデオロギー対立がなくなったという前提で考えると、国家が再配分を通しての市民の間の経済的平等を推進すべきだと考える平等主義と、個人の自由な活動に国家はできる限り干渉しないようにすべきであるとする狭義の自由主義との間の自由主義陣営内部での対立が際立ってくるので、こうした基準での「左／右」の区別もそれなりに説得力がある。西欧先進諸国では、アメリカの民主党と共和党、イギリスの労働党と保守党のように、これが二大政党の対立軸になっている。しかし現在の日本では、自民党も民主党も、新自由主義的な「小さな政府」志向と、公共事業や各種補助金行政などの面での「大きな政府」志向を両方併せ持っているので、すっきりと割り切りにくい。西欧諸国の二大政党も、個別の政策ではそれほど違わないことが少なくない。

このように、三つの有力（？）な対立軸がそれぞれずれているので、典型的な「左」あるいは典型的な「右」がイメージしにくくなっている。問題ごとに、〝右〟と〝左〟の面子が微妙に入れ替わっているということがしばしばある。例えば、靖国問題では、文化的に保守的という意味で極めて右寄りの路線を取っていた論客が、格差問題では、反「小さい政府」という意味で左寄りの路線を取るというような形で。こうした現状から振り返って見ると、「右」と「左」の本質は何だったのか、そもそも、そういう本質があったのか、分からなくなってくるような気がする。

私は、一八世紀のフランスの啓蒙思想以来、西欧近代思想の特徴になってきた「進歩（史観）」に対する距離の取り方で、従来の意味での「右／左」の位置はかなりの大部分説明できるのではないかと考えている。そして、現在では、肝心の「進歩」の観念が根底から揺いでいるせいで、「右」と「左」が曖昧になっているのではないかと思っている。

2　超進歩主義としての「左翼」

西欧近代における「右」と「左」の起源は、フランス革命時の国民議会で、議長席から見て右側に穏健・保守派が座り、左側に急進派が座ったことにあるとされている。大雑把な言い方をすると、歴史の「進歩」としての「革命」をラディカルな手法によって一挙に推進しようとしたのが「左」で、「革命」を漸進的に進めようとする穏健派、あるいは伝統を重視して変化を拒むのが保守派としての「右」ということになる。「右」の中に、「進歩」それ自体は認めている人たちと、「進歩」に反対する人たちがいることになるわけだが、いずれも、ラディカルな革命的変化を求める「左」を基準にした「右」であることに変わりはない。

急激な変化を拒む「右」は、「左」の〝後〟に出現する。西欧近代思想史における最初の保守思想家とされるバーク（一七二九―九七）は、フランス革命による秩序破壊に危機感を覚え、伝統を重視する「保守主義」の思想を表明するに至った。「伝統」は革命などによってラディカルな変更を被らない限り、放っておけばそのまま継続していくはずなので、「左」による革命が差し迫ってこない限り、「保守主義」を名乗る必要はないわけである。フランス革命以降も基本的に、保守主義あるいは穏健派としての「右」は、「左」のラディカルな革命路線に対する〝反動〟として生じている。

世界史を動かす普遍的な歴史発展の法則を哲学的に体系化したのは、ヘーゲル（一七七〇―一八三一）であるが、ヘーゲルの死後、ヘーゲル主義は、現実の国家――具体的にはプロイセン王国――を、自己展開する理性が最終的に具現したものと見做してその枠組みを保持していくべきだとするヘーゲル右派と、保守化する国家を打倒して更なる進歩を遂げようとするヘーゲル左派に分かれることとなった。この場合の「右派」と「左派」の命名は、ヘーゲルの影響を受けたフランスの歴史家ミシュレ（一七九八―一八七四）によるもので、フランス革命時の「右／左」に準じている。

周知のように、もともとヘーゲル左派であったマルクス（一八一八―八三）とエンゲルス（一八二〇―九五）が、「絶対精神」の運動を軸として構成されていたヘーゲルの歴史哲学＝史的弁証法を、「物質」の運動（＝生産様式）を軸とした唯物弁証法に組み替えたことによって、近代における最も典型的な「左」の思想としてのマルクス主義が生まれてきた。

マルクス主義は、フランス革命などの「市民革命」と共に誕生した「市民（ブルジョワ）社会」を、「ブルジョワジー（資本家階級）」による「プロレタリアート（労働者階級）」の構造的搾取によって成り立つ社会と見做し、この社会、そしてこの社会と結びついた「国家」を打倒する更なる革命を標榜した。「もう一つの革命」を経ることによって、労働者の生産力のポテンシャルが全面的に開花し、更なる「進歩」が可能になると考えたわけである。マルクス主義は、単に平等を重視するのではなく、「更なる進歩のための平等」を推進しようとする思想である。

そうした［ヘーゲル左派→マルクス主義］の展開に対して、「ヘーゲル右派」の方は目立った思想的成果もないまま、いつのまにか雲散霧消してしまったが、市民社会、資本主義と結び付きながら発展してきた近代国家の枠組みを守ることが、更なる進歩・発展に繋がる、あるいは、諸個人の自由な活動の空間を確保することに繋がると見做す、広い意味でのヘーゲル右派的な考え方は、西欧先進諸国の政治・法思想に浸透するようになった。体制にとって都合のいい考え方なので、政治・経済的エスタブリッシュメントの思想になりやすい。既成の「市民社会―国家」の枠内で諸個人に自由に経済活動させることが、着実な「進歩」に繋がると考える思想傾向が、(「左」に対して相対的に)「右」と見做される。

このようにして、［市民社会―国家］の解体を通してのラディカルで革命的な進歩を目指す「左」と、［市民社会―国家］の保持を通しての漸進的で着実な進歩を目指す「右」という〝対立軸〟が、一九世紀後半から二〇世紀前半にかけて、徐々に形成されてくる。社会主義革命を経由して共産主義社会に回帰することを目指す、典型的な左翼思想としての「マルクス主義」がロシア革命（一九一七）を機に一挙に力を増していった「左」に対し、バーク的な意味での保守主義者、ヘーゲル右派的な意味での国家主義者、個人の自由を最重視する自由主義者などがまとまりなく混在している「右」は、思想的に見れば、「左＝超進歩派」以外のものの寄せ集めにすぎないという感は否めない。戦後日本における、自民党などの「保守勢力」はまさにそうした寄せ集め的な「右」である。

しかし、たとえ寄せ集めであっても、「左」の脅威から「国家」を守るという立場を取る〝右〟の方が、体制に食い込んで影響力を発揮しやすい。そのため先鋭的に飛躍的な「進歩」を目指して反体制運動を起こす「左」の思想が、着実な進歩のための体制維持を目指す「右」（の思想）に〝挑戦する〟という構図になることが多い。

こうした「市民社会―国家」に対する「左／右」それぞれのスタンスは、「インターナショナリズムあるいはコスモポリタニズム」と「ナショナリズムあるいは国益中心主義」という対立軸ともしばしば結び付いている。『共産党宣言』（一八四八）の末尾の「万国のプロレタリアートよ、団結せよ！」というフレーズに代表されるように、マルクス主義的な「左派」は、既成の国民国家の枠を崩して、世界全体でプロレタリアート主導の「進歩」を成し遂げることを理想として掲げる。その意味で、よりコスモポリタン的あるいは普遍主義的である。それに対して、既成の国民国家の枠を壊さないことを前提に考える「右」の方が、まずはナショナルな利益に固執する一国主義的な傾向が強くなる。

無論、これはあくまでも理念的な傾向である。第二次大戦後に次々と登場した「左」の社会主義諸国は、「右」の国家群に対抗するために、外に対して閉じられた政治体制を築くようになった。経済政策的に見ても、「左」の国家の方が閉鎖的であった――「左」の側は、そうした自らの閉鎖性を、更なる進歩に備えるための過渡的な措置として正当化してきたわけであるが。

3　高度経済成長の終焉と左右の〝進歩史観〟の衰退

こうしたラディカルで革命的な進歩史観派としての「左」と、漸進的で体制維持的な進歩史観派としての「右」という対立図式は、当然のことながら、極めて特殊知識人的な観念であって、一般大衆にはピンと来にくい。特に、西欧的な進歩史観を思想的にきちんと受容しないまま、何となく近代化してきた日本の大衆には分かりにくい。論壇に関心を持っているごく一部のインテリを除いて、ほとんどの日本人は、「あなたは歴史の進歩を信じていますか？」と聞かれても、「はあ〜？」としか反応しないだろう。

しかし、「進歩」を「経済成長」、「右」を「保守」、「左」を「革新」と置き換えて見ると、九〇年代に入るまでの戦後日本の政治情勢がうまく説明できる。ブルジョワ革命の次の段階の革命によって、更に飛躍的な成長を遂げられると主張していたのが社会党（左派）や共産党などの「革新勢力」で、現在の資本主義（自由主義）的な国家体制を維持した方が着実に成長を遂げられると主張するのが、自民党を中心とする「保守勢力」であった。自民党の中には、戦前の文化を賛美する文化的保守派、アメリカ的な文化を歓迎する親米派、自由主義経済を徹底することを重視する自由主義派、公共事業などの形で所得の再配分を行なうことを重視する平等主義派などの雑多な思想傾向が入り混じっていたが、既存の［国家―市民社会］の枠を維持しながら進歩していくべきだという考えだけは共有していた。

高度成長が続いている間は、着実な成長の〝実績〟を背景に自己の正当性を主張できる自民党が圧倒的優位だったが、六〇年代後半から低成長期に入ってくると、ラディカルな体制変革によって、更なる〝成長〟を約束してくれる革新勢力に対する支持が徐々に増え、都市部を中心に次々と革新自治体が誕生する。六〇年代後半から七〇年代にかけての革新勢力の台頭については、公害問題や原発問題などを機に、GNP（国民総生産）のような数字に還元されない〝もう一つの豊かさ〟を求める気運が国民の間に強まったためだという評価がなされることが多い。また、六八年から七〇年代初頭にかけて全共闘などの学生を盛り上げた新左翼の諸党派は、社共などの議会内左翼と違って、生産力の向上は求めず、ソ連型の計画経済も含めてあらゆる管理・秩序に反発していたと言われている。そうした〝もう一つの豊かさ〟とか〝秩序への反発〟といった新しい傾向の左派思想の台頭というのは当たっていると私も思う。しかし、こうした新しい左派思想もよく考えてみると、「進歩」としての経済成長を前提にしていると言うことができる。

公害や福祉などの新しいタイプの社会問題に力を入れるようになった社共や市民運動は、自民党など保守勢力の経済成長至上主義を批判するようになったが、経済がマイナス成長に転じ、国民生活の水準が全体的に引き下げられてもいいとまで主張することはほとんどなかった。物質的な豊かさを放棄して、「清貧な生活」をすべきであると真っ正面から説いたりしたら、国民の大きな支持を得ることはできないので、当然であろう。新左翼系のラディカルな運動の中には、「物質的な豊かさを否定する」ことを志向するものもあったが、そういう発想自体が、経済成長への信仰との表裏一体の関係にあったと見ることもできる。経済成長が完全に終わって、GNPが下がる一方であったら、わざわざ「豊かさを否定する」必要などないからである——現在（二〇〇八年）のように日本経済全体が危機的な様相を呈するようになると、わざわざ清貧の生活を説くラディカルな左派はほとんど影を潜めてしまう。

このように第二次大戦後、左右両派が競って追求してきた「進歩としての経済成長」は、主として第二次産業を中心とする成長であった。第二次産業の成長と共に、人口が農村から都市へと移動して、都市化が進んだ。都市で生活する工業労働者の収入が上がっていくことが、国民の生活水準全体の上昇に繫がった。第二次産業では、分野ごとの労働形態が似ているので、賃金が均一的に上昇しやすいし、労働運動も産業別に組織化しやすい。春闘のように、企業側と労働組合側の全日本的な賃上げ交渉の仕組みができたこともあって、労働者の賃金がかなり均一化された形で上昇し続け、それが「一億総中流化」と呼ばれる現象を生み出した。

そうした第二次産業中心の「一億総中流化」によって、「経済成長としての進歩」という感覚が大衆の間にそれなりに浸透した。そのおかげで、〝更なる進歩〟あるいは〝もう一つの進歩〟を説く、「革新勢力」のラディカルな主張にも、説得力が生まれてきたわけである。つまり、自民党政権の下で比較的着実な経済成長が続いたおかげで、労働者の賃金上昇、国民の福祉向上において一定の役割を果たしている「労働組合」、そして「労働組合」と結び付いた「革新勢力」の主張が机上の空論ではなく、それなりの根拠があるように見えたわけである。「企業」や「保守勢力」の側から見ても、（本当はそれほどラディカルでもない）「革新勢力」や「労働組合」の存在によって、労働者の欲求が暴走しないよう、ガス抜きしながらコントロールできる状態になっていた方が都合がよい。〝成長としての進歩〟が「保守」と「革新」双方の基盤になっており、そのことをお互いに暗黙の了解していたのが、「五五年体制」と見ることもできよう。

当然、工業を中心とした高度成長の限界が見えてくると、このバランスが崩れてくる。既に述べたように、七〇年代前半に「革新勢力」が伸張したのは、〝更なる成長〟を求める人たちが「革新勢力」に期待したからだと考えられるが、低成長が長期化すると、「経済成長としての進歩」それ自体に対して人々は懐疑的になってくる。本当に懐疑的になってくると、現実から乖離したユートピアに拘わり続ける「左」よりも、現在の国家と市場経済の枠内で着実な経済成長を目指す「保守」の方が、〝まし〟に見えてくる。八〇年代から目立ってきた再保守化傾向は、「進歩」に対する幻滅の現れと解することができる。八〇年代半ばの自民党政権の下での民営化路線と連動した景気拡大（バブル経済）や、八〇年代末から九〇年代初頭にかけてのソ連・東欧ブロックの崩壊によって、「左」派的な進歩に対する幻滅は更に強まった。

無論、「進歩」に対する信仰自体が揺らいでいるので、「右」の基盤が強化されたわけではない。特に九〇年代始めのバブル経済崩壊後、「右」の側にも〝着実な進歩〟と〝生活の向上〟をもたらす確たる方法がないことは次第に明らかになった。超進歩史観的な「左」のユートピア思想に対する幻滅の方が急速に進んだため、相対的に「右傾化」が進んでいるようにも――特に明白に「左」の側にいる人たちからは――見えるが、「右」の側が、過去の日本をモデルにした〝新たな進歩〟への希望のようなものを積極的に与えているわけでもない。

4　進歩史観の限界とポストモダン

八〇年代におけるポストモダン思想のブームも、こうした二次産業中心の高度経済成長の終焉、及びそれと連動した「進歩史観」の凋落という文脈で理解することができる。浅田彰（一九五七―）が、一つの場所、一つのアイデンティティに安住することなく、生活の場を次々と移しながら、自らのアイデンティティも変化させる「スキゾ・キッズ」というイメージで表現したポストモダン的な人間像は、情報関連分野やファッション、ゲームなどの文化産業を中心に高度に発展した消費社会に対応していると言われている。

第二次産業中心に高度経済成長していた時代には、みんなで同じような職場で同じような労働を続け、みんなで同じような商品を買って同じような生活を送る、単一的なアイデンティティが形成されやすいが、経済の中心が文化、情報、サービスなどの第三次産業にシフトすると、その人々の労働形態は多様化してくる。かなり大雑把な言い方をすると、第三次産業は、機能的な面から見ると〝ほとんど同じ商品〟を記号的に差異化し、人々の購買意欲を煽ることによって、成長していく。物質的な大量生産よりも、記号の自己増殖に重きを置く経済である。「スキゾ・キッズ」というのは、自己増殖する記号と戯れ、記号を消費することを喜びとする〝主体〟である。マルクス主義あるいは古典派経済学が想定してきた、社会的に有用な〝物〟を作り出すことに生き甲斐を見出だす「労働主体」とは対照的な人間像である。

哲学・世界観的に見た場合、「スキゾ・キッズ」的な記号消費主体たちから構成されると考えられる「ポストモダン的世界」は、「近代」を支えてきた「進歩」の観念が失効する世界である。「進歩」あるいは「啓蒙」が意味を持つには、何が人間にとっての幸福か、何が理性的な秩序か、何が社会的正義かといったことに関して、一定の社会的合意が成立している必要がある。ポストモダン思想というのは、そういう社会的な合意の虚構性、暫定性を強調することを特徴とする。

「普遍的な理性」の存在を認めないポストモダン思想は、当然、ヘーゲルあるいはマルクス「理性」を基準にした「歴史の進歩」も認めない。フランスのポストモダン思想家の代表格の一人であるリオタール（一九二四―九八）は、西欧近代に生まれてきた「歴史 histoire」という観念は基本的に「大きな物語」にすぎないのであって、「物語」としての虚構性、神話性、共同体的性格を免れることはできないことを指摘した。

リオタールの視点から見たポストモダン状況というのは、これまで普遍的な発展法則に従って進歩していると見做されてきた「歴史」が「大きな物語」にすぎないことが露呈し、各人がそれぞれ自分の好きな「物語」をてんでんばらばらに追求するようになる状況ということである。こうしたリオタール的な見方は、ヘーゲル＝マルクス的な進歩史観に対する信頼が急速に失われていった七〇年代から八〇年代にかけての西欧諸国の思想状況をよく反映していた。

「進歩」という観念が失効し、「歴史」が諸々の小さな「物語」へと分散化し、社会全体の共通の価値観が次第に失われていく――ポストモダン思想が描く――〝ポストモダン状況〟というのは、各人にとって非常に不安で混沌とした状況のはずである。決まったアイデンティティの中に収まろうとしない「スキゾ・キッズ」的な生き方は、非常に不安定であり、小市民的な小心者には耐え難いようにも思われるが、浅田等によってポストモダン思想がブームになった八〇年代半ばには、新たに開拓された情報・文化産業で、〇〇クリエーターとか△△コーディネーター、□□ライターといった、「スキゾ・キッズ」向きと思われる様々なカタカナ職業が次々と登場した。八〇年代後半のバブル経済の中で、そうしたカタカナ職業の活躍の余地が広がっているかのように見えたこともあって、「スキゾ・キッズ」的な生き方には希望があるような雰囲気があった。就職情報産業であるリクルートが、スキゾ・キッズ的な職業生活を称揚するポジティヴな意味合いで「フリーター」という言葉を作り出したのは、一九八七年のことである。〝市場〟があったので、「スキゾ・キッズ＝フリーター」に可能性があるように見えたのである。

しかし、バブルが崩壊し、不況が長期化していくなかで、もともと不安定な生き方をしていた「スキゾ・キッズ」の〝自由さ〟よりも〝不安定さ〟の方が目立つようになった。好きでフリーターになる若者よりも、フリーターにしかなれない若者が増えてきた。ネットの発達によって、「スキゾ・キッズ」的な若者たちが、ヴァーチャルな空間に各種の趣味の共同体を作ることは技術的に可能になったが、ネットにアクセスする主体としての人間は物質的な生活を営まねばならない。収入がなかったら、ネットにアクセスすることができないし、本当に困窮したら、飢え死にしてしまう。

経済情勢の変化によって、「ポストモダン」が希望ではなくなったのである。九〇年代後半に第二の浅田彰として注目されるようになった東浩紀（一九七一—）が、ポストモダン的な生き方をする若者たちが潜在的に抱える不安を「郵便的不安」と呼んだが、この不安は、長期不況の中で露呈したポストモダンの負の側面に対応していると考えられる。

こうした不安の中で、ポストモダン思想自体も流行らなくなった。ポストモダンに対してもともと好意的でなかった旧来的な思考の左派の間で、「ポストモダンは結局、八〇年代のバブルによって可能になったあだ花にすぎなかった」という冷淡な評価が出てきた。かつての〝ポストモダン思想〟の論客たちの中にもそうした評価に同調して、（再）左転回した人たちは少なくない。

恐らく、そうした評価自体は間違っていないだろうが、ポストモダン思想が流行らなくなった大元の理由は、「経済成長としての進歩」が限界に達し、超進歩としての左派のユートピア思想に魅力がなくなったことにある。〝ポストモダン〟のバブルの崩壊は、ポストモダン思想そのものよりも、従来的な「左派」の方により強い打撃を与えているように私には思われる。〝ポストモダン的〟な脱アイデンティティ（＝差異）のポリティクスも、「左派」にとっての新たな希望、〝オールタナティヴな進歩の方向性〟になりえないことがはっきりしたからである。新自由主義的な経済政策や格差社会に対する人々の不満が高まっても、それによってマルクス主義のような「大きな物語」が魅力を回復することはなく、左翼的なユートピア言説は信用失墜したままである。

5　「進歩」の凋落と負のユートピア

左翼的なユートピアの失墜を非常に象徴的に表しているのが、フリーターの赤木智弘（一九七五―）が、リベラル左派系の雑誌『論座』に二〇〇七年に発表した論考「丸山真男をひっぱたきたい――三一歳、フリーター。希望は戦争」が巻きおこした一連の〝論争〟である。彼の挑発的な議論のエッセンスを私なりにまとめると、以下のようになる。

左派系の知識人の多くが口先では弱者の味方のような態度を見せながら、実際には、（正社員から成る）労働組合などの既に社会的に認知された〝弱者〟の既得権益を守る政治を行なっており、正規に雇用されていないフリーターやワーキングプアなど、見捨てられた世代の若者たちのことを本気で考えていない。弱者の味方であるはずの左派も頼りにならないとすると、戦争でも起こって社会が本格的に流動化し、既得権益が解体することに期待するしかない。第二次大戦時に、東京帝大の助教授であった丸山真男（一九一四―九六）は一兵卒として召集されたため、中学にも進んでいない上官や古参兵にいじめ抜かれたことを述懐しているが、そうした意味で、戦争は既成の階層秩序を崩壊させる可能性がある。それがワーキングプアの若者たちにとっての最後の希望かもしれない、というのである。

これまで〝社会的弱者の味方〟を任じてきた左派知識人たちにとっては、生活困窮にするフリーターの若者から、左翼的な理想論よりも戦争の方がましだ、と言われたことは大きな衝撃だったようだ。その後『論座』誌上などで展開された左派知識人からの反応の多くは、「新自由主義を推進した政府や右派に対して向けるべき批判の矛先を間違えている」とか、「戦争になれば真っ先に犠牲になるのはワーキングプアの若者たちだ」、というような予想された通りのものだった。そうした批判に対して赤木は、自分のように絶望的な状況にある者は、このまま飢え死にするのを待つよりは、お国のための戦争に積極的に参加することで英雄、英霊として讃えられる方がまだましだと考えることさえある、と自らの心情を吐露する形で応えている。口先だけで結局何もしてくれない左派よりは、「愛国者」でありさえすれば少なくとも「仲間」として承認してくれる右派の論理の方が魅力的に見えるというわけだ――こうした一連の論争については、赤木智弘『若者を見殺しにする国』（二〇〇七、双風舎）を参照。

私としては、「戦争」という刺激的なレトリックに訴えかける赤木の挑発的な議論には全面的には賛同できないが、彼の言説は、「超進歩史観派としての左派」の言説が失効している現状を的確に捉えているとは思う。

「世界史」が自分たちの理想としているユートピア状態に向かって進歩していると信じている左派、特に二項対立的な階級闘争史観を取るマルクス主義的左派は、世界平和のため、世界中の虐げられた人々のために闘うことが、歴史の次のステージへの進歩に繋がり、それが日本国内の失業者などのためにもなるという普遍主義的な前提で議論する傾向が強い。イラクやアフガニスタン、パレスチナなどで苦しんでいる人たちのために闘争することが、グローバル資本主義の支配の一画を崩すことになり、それが日本国内における階級闘争の勝利とも連動している……という風に、〝インターナショナル〟に考えるわけである。左翼的な進歩史観が信じられていた時代には、そうした普遍主義的な語りが一定の説得力を持っていた。

しかし、『若者を見殺しにする国』で赤木が赤裸々に語っているように、そうした左派の反戦平和の運動が広がったからといって、日本国内のワーキングプアやフリーターの状況が改善されるという保障はない。冷静に考えれば当然のことだが、「左派主導の世界革命の勝利によってこれまで虐げられてきた人々の潜在的な能力が開花し、停滞していたGDPが飛躍的に上昇する」、というような普遍主義的な革命幻想を抱いていない限り、「世界平和」と国内のワーキングプアの生活改善が繫がっていると信ずべき積極的な根拠はない。仮に左翼の目指す戦争のない世界共和国のようなものが実現し、世界の中で最も貧しい国の人たちを優先した富の再配分が行われるようになったとしたら、日本のワーキングプアの状態は更に悪化する可能性さえあるだろう。

赤木のような立場から見れば、左派の掲げる、あまりにも高邁な理想は、自分たちの利益には直結しない。革命的な理想が最終的に実現し、回り回って、風が吹けば桶屋が儲かる式に、自分たちのところに恩恵が回ってくるのを待っていたのでは遅いのである。それどころか、下手に運動に関われば、〝世界のどこかにいるもっとかわいそうな人たち〟のための闘争に利用されることになりかねない。回りくどい左翼の理想に付き合うよりは、国民国家としての利益を追求し、他国民よりも自国民を優先する「右」の論理の方が分かりやすいし、現実的に思えるわけである。

結局のところ、「進歩」に対する信仰が消滅してしまうと、左派の思想は、「世界のあちこちに飢えで苦しみ、戦争で命を失っている人たちがいる時に、自分の生活やプライドのことだけ気にしていてもいいのか！　それが人間らしい生き方か！」という調子の清貧の勧めにしか聞こえないのである。赤木や、彼をある程度支持している元々左派的な傾向のある論者たちは、そういう左翼的説教を聞き飽きているのではないかと考えられる。にもかかわらず、メインストリームの左派知識人の多くは、進歩史観の凋落と共に、左派的なユートピアへの幻滅が広がっていることを認識していないため、赤木的な人々に更に〝説教〟しようとして、余計にすべってしまうのである。

無論、これは左派だけの問題ではない。右派の側も、左派ほどはユートピア主義的ではないおかげで、相対的に優位に立っているにすぎない。既に述べたように、アメリカのグローバリズムに何とかついて行こうとする新自由主義であれ、靖国の精神を復活させようとする文化的保守主義であれ、人々に〝新たな進歩への希望〟を提供しているわけではない。というより、〝バラ色の未来〟を約束するような調子のいい思想は、信用されなくなっている。

現代日本においては、右派であれ左派であれ、自分たちの政治的な理想に支持を集めようとしたら、「進歩」に対する信仰が崩壊しているという現実を踏まえて、取りあえず誰にとってのどのような正義を目指しているのか、明確に自己限定するところから始めるしかないだろう。〝あまりにも大きすぎるがゆえに重たい正義の物語〟は、かえって失望感を拡大させることになる。

第二章　〈現実〉を超える現実主義

――古典的リアリストの冷戦批判

大賀　哲

はじめに

フーコー、ドゥルーズ、ハート＝ネグリ等を援用したポストモダン帝国論が花開く中、保守系知識人の立ち位置が少しずつ掘り崩されつつある。もはや如何なる形にせよ秩序や制度を肯定してはならないかのような風潮が醸成され――言うまでもなく秩序の暴力性を相対化することと、秩序そのものを否認することは同義ではない――、ポストモダニズムの爆風の中で伝統的な政治思想（特に国家論と主権論）は窮地に立たされている。(1)肯定するか、否定するか、どのような距離感でどのような位置取りをするかは研究者のスタイルだが、何らかの形にせよ《秩序》の考察を生業とする政治学にとってこれは決定的な意味を持っている。

それは国際政治学の知を保守的な切り口から供給してきた現実主義者《リアリスト》においても例外ではない。その是非は別としてポストモダニズムが国際政治学に輸入されてから既に久しい。こうした議論の多くは、国家や秩序と口にすることすら本質主義と言って忌み嫌う傾向にあり、リアリズムは権力政治の供給者として熾烈な批判を浴びてきた。

ポストモダニズムの成果を否定するつもりは無いが、ここに「方法論的ポストモダニズム」の危うい兆候があることは明らかである。すなわち「保守＝リアリズム＝権力政治＝近代主義＝帝国主義＝本質主義＝抑圧・暴力＝国家＝秩序」をひと括りにし、反近代主義・反帝国主義・反本質主義のラインから徹底的に叩きのめすという方法論的な構えである。ポストモダニズム（とりわけフーコー）に感化された国際政治学の議論―Postmoden IR とか Critical IR と総称される一群(2)―は、往々にして「遅れてきた文化左翼」のような側面を持っており、一方で主権や秩序を「暴力」として回避し、移民・難民・人種・ジェンダーなどを研究対象にして国民国家システムから取り残された「声なき声」―すなわち国際政治学版「小さな物語」―を拾い上げようとする(3)。

しかしフーコーの問題意識に則して言えば、彼の議論の要諦は権力や暴力の抑圧を単に暴露することにあるのではない。「生権力」にしても「統治性」にしても、その主眼とするところは権力や暴力の抑圧が正当化されているのはどのような論理（あるいは言説）に拠るのか、という地点にある(4)。然るにフーコーの統治性を援用した議論―主としてグローバル・ガヴァナンスやネオ・リベラリズムの暴力性を批判した研究―の多くは、当の権力の包摂／排除、抑圧／暴力などを「指摘すること」に満足してしまっていて、そうした権力を支える《規範言説圏》(5)については恐ろしく寡黙である。むしろ「統治性」・「生権力」・「主体」といった「いまどきの言葉」でお茶を濁して、本来議論すべき問題から随分と逸脱しているような傾向がある(6)。

国際政治学的な文脈で言えば、かつてこの分野には行動科学主義者のなかば独占市場が形成されていた時期があったし、十数年前の北米学界は「実証的」な国際政治学の大本営であった。それ故に、頭の固い同業者にフーコーの議論を「紹介する」こと自体に価値のあった時代というのもやはり存在していた。しかしながら、今日ではもはや「業界標準」となり、どちらかと言えば飽和状態に突入した感のあるフーコー論を分野横断的に「輸入」してくるだけでは生産的な議論は期待できそうにないし、むしろ学問的には怠惰であろう。(7) こうした議論においては、権力の体系を正当化するイデオロギーとしてリアリズムが語られがちであるが、リアリストたちがどのような言説を媒介として、どのように権力を正当化しているのかはっきりとしない場合も多いし、そもそもリアリズムをかなり誤読している場合も多い。また国際政治学やポストモダニズムという狭い範囲でなくとも、広義の政治学においてもリアリズムはもはや斜陽産業になりつつある。ウォルツァー、エルシュタインからロールズを経てバトラーやコーネルに至るまで、立場の違いはともあれ、規範的な議論を展開する者にとってリアリズムとは権力政治の走狗であり、最も叩き易いサンドバックとなっている。(8)

本章の結論を先取りすれば、リアリズムは権力政治を正当化しているわけではない。むしろリアリズムは権力政治への批判として読み得るものである。また《リベラルな規範言説圏》へのポレーミクという点においてフーコーと所謂リアリズムはそれほど距離が離れてはいない。(9) リアリズム、特に本章が対象とするケナン（G. Kennan）とモーゲンソー（H. Morgenthau）(10) に限って言えば、冷戦期アメリカにおいて世界政府論者や限定核戦争論者（所謂 Cold War Worriers）と論争的文脈に置かれ、規範言説の背後に潜む権力のイデオロギー性を暴き出すことを試みてきた。

彼らが冷戦に批判的であったのは、それがリベラルな普遍主義と分かち難く結びつき、十字軍的な妄想とパラレルであったからである。「自由」は誰もが理想とする美しい言葉であるが故に、そのイデオロギー的効果も凄まじいものとなる。モーゲンソーとケナンが忌避したのはリベラルな理想主義に内在する無垢な蒙昧さ——普遍主義がその外側の「敵」を根絶するまで続ける「殲滅戦争」へと向かう契機——である。

言うまでもなく、こうした思考様式は現代のアメリカ帝国を考える上でも示唆的である。アメリカの掲げる「自由」・「平和」のイデオロギー的効果については既に数多く指摘されているが、それを保守系知識人の言説から再構成するような研究はほぼ皆無である。(11) そもそも「リアリズム＝保守＝権力政治」というステレオタイプが学問制度上の前提になっているような領域では、保守系知識人のラディカルな側面を再評価しようとする研究は理解もされなければ、評価もされない。(12)

そこで本章では冷戦期の二人のリアリスト、ケナンとモーゲンソーの冷戦批判を検証しながらリベラルな規範言説圏を掘り崩していくリアリズムの構想力を再読解し、現代のアメリカ帝国批判へと導かれる理論と現実のひとつの「型」を再構成することを試みる。

1　戦間期理想主義から冷戦リベラルへ——冷戦という名の正戦

リアリズムの登場は二〇世紀における正戦論の復権と密接な連関がある。第一次大戦後の厭戦ムード——もっと以前から始まっていたと考えることもできるが——の拡がりは、一九世紀来の国家間の無差別戦争観を根底から覆した。この時期の戦争観の変容に大きく貢献したのが、理想主義者・自由主義者・平和主義者らによる戦争違法化のイデオロギーである。彼らは「理想主義＝自由主義＝平和主義」を和合したような思想家の集団―厳密には区別できないし、そうすることに大した意味も無いが―であり、その代表格がノーマン・エンジェル（Norman Angel）やアルフレッド・ジンマーン（Alfred Zimmern）である（本章では以下これらの思想家を指す場合には「戦間期理想主義」と総称する）[13]。彼らは国際連盟から世界政府へと至る道を信念に持つという意味で理想主義者であったし、自由な経済活動が最大多数の最大幸福を生み出すという意味の自由主義者であった。さらには、その手段は違えども、戦争を法的に禁じることが可能且つ正統であるという思想信条において彼らは平和主義者であった。戦間期の理想主義者たちは、人間の理性的判断が戦争を回避すると信じて疑わなかった。世界中の諸国民の間には「利害の調和（harmony of interest）」が存在し、人間の理性が戦争を克服し得るという理念の下、彼らは国際連盟に多大な期待を寄せた。

こうした戦間期理想主義の無垢の戯れに対して声を上げたのがリアリストたちだった[14]。後続のリアリズムに少なからぬ影響を及ぼしたカール・シュミット（Carl Schmitt）が手厳しく論難したように、当時の理想主義者たちの言説は暴力を克服するものではなく隠蔽するものであった。戦争は決してなくなったわけではなく、正義の戦争として「改めて承認」されたのである[15]。

周知のように、こうした理想主義言説の無垢の戯れに対して、シュミットは「古典外交への回帰」を主張した。すなわち彼がヨーロッパ公法秩序と呼ぶものへと回帰しようとしたのである。しかし、これは単なる回帰ではない。シュミットはヨーロッパ公法へ帰れと論じながらも、従来の古典外交の権力政治の世界観に規範的要素を埋め込んでいく。まさにこの点がシュミット的リアリズムにおいてミスリードされがちな点であるが、シュミットのヨーロッパ公法の議論における勢力均衡とは、権力者が自由気ままに殺し合うものではない—むしろ戦争を枠付け、規範的な地域秩序を模索するものである。

シュミットの『大地のノモス』[16]には「勢力均衡論の解釈返し」が随所に認められる。勢力均衡に厳格な定義を与えることは不可能である—何をもって「均衡」と呼ぶのかを完全に同定することはできない。そうであるが故に技術的には、勢力均衡が戦争を抑止することも出来るし、逆にそれが先端の火種となることもある。[17]言い換えれば、あらゆる解釈が可能な「勢力均衡」は時の権力者の語彙となり易い。それ故にシュミット（後続のリアリストたちも同様だが）は、この曖昧さを粉砕し、規範的な勢力均衡概念を打ち立てる必要があった。[18]つまり、この解釈返しは権力賛美論者と理想主義者・自由主義者、双方の議論を粉砕するものである。

シュミットはカントを批判する文脈で「正しい敵（justus hostis）」と「正しくない敵（hostis injustus）[19]」を区別している。正戦論において、敵とは常に「正しくない敵」であり、結果正戦論は「正しい敵」を承認することが出来ない。こうした「勢力均衡の規範論」は、恒常的な暴力の跋扈を是認するアナーキカルな勢力均衡論の亜種ではない。シュミットによれば殲滅戦争の除去は、敵を同等の立場として「正しい敵」とみなすことによってのみ可能なのである。戦争の廃止ではなく、限定こそが戦争の全面戦争化を阻止するものである。この観点に立てば、国際連盟による平和主義とはアナーキーよりも劣るものである。なぜならば常に「正しくない敵」との闘いへと帰着する正戦論は限定化された戦争と殲滅戦争を区別し得ず、常に全面戦争の泥沼へと導かれる。[20]

こうした勢力均衡論のシュミット的転回を冷戦下において具現化したのがモーゲンソーとケナンである。彼らは冷戦を「正戦」の如く捉えており、冷戦からイデオロギー的要素を取り除くという作業を必死におこなった。特にモーゲンソーはこの作業を「外交の復権」として体系化した。このテーゼは価値のない権利や理想の幻影を捨て、十字軍的衝動から脱却する、という命題と対応している。[21] 戦争、特に正戦が妥協不可能な理想をめぐって争われるのに対して、外交とは国益をめぐっての対等な相手との交渉である。それ故に外交の目的とは勝利でも敗北でもなく相手との慎慮（prudence）に基づいた妥協である。モーゲンソーは外交の特長について次のように論じている。

対外政策の目的は相対的かつ条件的である。それは、相手側の死活的利益を傷つけないで自国の死活的利益をまもるために、必要な限り相手側の意志を曲げる―打ち砕くのではない―ということである。（中略）外交のおもな目的は、絶対的勝利と絶対的敗北のどちらをも回避することであり、さらには、交渉による妥協という中間領域で相手側と接触することである。[22]

かくして「軍隊は戦争の手段であり、対外政策は平和の手段である」[23] という命題が導かれる。通常、こうしたリアリズムは政策担当者やエリート言説を正当化したものとしての評価が定着しているが―なぜ正当化する必要があるのか良く分らないが―、これは正確ではない。むしろリアリズムが提起するものは、冷戦リベラルのイデオロギー―すなわち自由と民主主義規範の過度の強調によって「民主主義の十字軍」が発動し、敵を殲滅するまで続けられる全体戦争＝全体支配―を回避するための処方箋なのである。外交の復権とは、野放図な権力闘争でも、理想をめぐる終わりなき善悪二元論でもなく、如何にして対等な他者と交渉し得るのかという「承認の哲学」なのである。

あらゆる思想はそれを生み出した歴史的文脈と切り離すことができない。リアリズムを時代の文脈から宙吊りにした上で、その理論構造の保守性を論駁することは容易いが、これはリアリズムの思想構造を理解するうえでほとんど助けにならない。同時代的な文脈でみるならば、リアリズムは冷戦リベラルや限定核戦争論者らに挟撃されながらも、普遍主義の誘惑を内側から掘り崩していった。こうした時代の文脈を見逃すと、リアリズムはすべての道徳を否認するニヒリズム、ないしはすべての価値を相対化する歴史相対主義者でしかなくなってしまう。

以下、次節以降ではそうしたリアリズムの所論をケナンとモーゲンソーそれぞれの議論から検討していく。

2　ケナンの冷戦批判

職業外交官だったジョージ・ケナンが国際政治の表舞台に登場するのは、有名なX論文によってであった。X論文、すなわち「ソヴィエト行動の源泉（The Sources of Soviet Conduct）」は著者名が「X」と匿名で発表されたことからそう呼ばれているが、その著者がケナンであることは当時から知られていた。そしてソ連への封じ込めを強調したX論文によって、ケナンはその名を冷戦史に刻むことになる。

モスクワ大使館時代の一九四六年二月、ケナンは八〇〇〇語に及ぶ「長文電報」を国務省へと打電した。同電報は国務省内で回覧され、同年三月の「トルーマン・ドクトリン」に強い影響を与えたと言われている（但し、後にケナンはトルーマン・ドクトリンの対ソ強硬策を非難している）。

同じ年の五月、ケナンは国務省に新設された政策企画室（Policy Planning Staff）の室長に任命される。

そして五月二三日の報告書「アメリカの西欧援助政策（PPS1）」[24]においてトルーマン・ドクトリン、特にその善悪二元論に基づく対ソ強硬路線を批判している。同報告書によれば共産主義運動が西欧安全保障にとっての直接的な脅威ではなく、ソ連は西欧の混乱を利用しようとしているに過ぎない。つまり、アメリカの西欧援助は共産主義との対立を直接の目的とせず、あくまでもヨーロッパの経済復興を狙いとすべきであると強調している。

さらに六月、ケナンは先の「長文電報」と「アメリカの西欧援助政策」を下敷きにした論巧を『フォーリン・アフェアーズ（*Foreign Affairs*）』に寄稿している。これが所謂X論文である[25]。X論文発表の直後、その著者がケナンであることが知れ渡ると、彼は冷戦政策の立案者として一躍脚光を浴びるようになる。しかし、X論文の論旨が冷戦政策の文脈の中で歪曲、曲解されていることは否定できない。確かにケナンはソ連への封じ込めを主張した。しかしそれはあくまでも対ソ強硬路線に抗って辛抱強い「陣地戦」を行なうことを主張したのであって、米ソの善悪二元論という思考はケナンにはない。またケナンは封じ込めを決して軍事的な意味合いでのみ語っているわけではない。国防大学（National War College）の講義においてもケナンはこのことを強調している[26]。しかし、ケナンを参照する政権担当者の多くはそれを軍事力に限定して理解していた。

さらに一九五一年の寄稿論文『アメリカとロシアの将来（America and the Russian Future）[27]』においてケナンは対ソ戦が如何に無意味で―軍事的勝利によって政治的変革をもたらすことはできない―、ロシアに民主主義を根付かせようとする妄想が如何に望み得ないものであるかを改めて強調している。こうしたことの背景にはケナンにおける戦争観の変容と、その変容に対する焦燥感がある。つまり総力戦の時代に突入し、戦争は単に利害対立、その紛争調停という問題ではなく、超大国の力とイデオロギーをめぐる終わりなき権力闘争として現れる[28]。そしてこのイデオロギー対立こそがケナンにとっては最も回避しなければならない当のものだったのである。

前述の国防大学講義（一九四六年一二月一〇日）の中でケナンは、民主主義とは絶対的なものではなく相対的なものであり、ソ連の衛星国家群（東欧）にとっては、西欧的な意味での民主主義よりもナショナリズムがより重要な意味合いを持つと論じている[29]。さらに一九五〇年のシカゴ大学講演においてケナンは、軍事力つまり戦争一般が民主的な国家建設にとって限界のある手段であることを強調している。すなわち

だが、もしわれわれが、強制手段の重要性と可能性とについてのよりよい国民的理解なしに、それを国際社会において行使し続けるならば、われわれは、それによって利益を得ると同じくらいにわれわれ自身の利益を害することとなると思う。人を傷つけたり、殺したり、人の住居やその他の建物を破壊したりすることは、それが他の理由からどんなに必要であろうとも、それ自体ではいかなる民主的目的に対しても、積極的貢献をすることにならないということを認識するのは最も必要なことである[30]。

さらにアメリカ外交史を俯瞰しながらその重大な過ちは法律的＝道徳的アプローチであったと論じている。この論点は後続のリアリストたちにも共有される認識ではあるが、法律的＝道徳的アプローチとは、一定の法律的体系ないし道徳的な体系・規則・制約を受け入れることによって国際社会における野放図な国家野心を抑制することができるという信念であり、アングロ・サクソン流の個人主義的法律観念を国際

社会へと類推したものである。(31)

ケナンはこの法律的観念と道徳的観念の不可分の接合を問題視し、国際政治を道徳的な善悪の概念で判断することを忌避している。というのも法律的観念はその法を遵守する者と違反する者という二分法を可能にし、法の違反者を道徳的に「悪」とすることによって、善悪の終わりなき闘争へと拡大するからである。この法律的＝道徳的アプローチの危険性についてケナンは次のように警告している。

世界問題に対する法律家的アプローチは、明らかに戦争と暴力をなくそうとの熱望に根ざしているのだが、国家的利益の擁護という古くからの動機よりも、かえって暴力を長引かせ、激化させ、政治的安定に破壊的効果をもたらすのは、奇妙なことだが、本当のことである。高遠な道徳的原則の名において戦われる戦争は、なんらかの形で全面的支配を確立するまでは、早期の解決を望み得ないものである。(32)

言い換えれば、法律的＝道徳的アプローチにおいて戦争は全面勝利を得られるまで続けられる。正戦、つまり悪との戦いにおいて負けることは許されない。ケナンにとって全面勝利とは、国家的利益の擁護から生まれるものではない。それは、法律的＝道徳的アプローチから生まれる論理的帰結であり、「危険な妄想」なのである。(33)この全面勝利の神話は、アメリカが核兵器に寄せる奇妙な信頼と不気味な連関を持っている。

ケナンは実際に核兵器を保有することがアメリカの対外政策に如何に誤った認識を与えてしまったのか

を一九八四年のグリンネル講演で強調し、同講演を収めて新に増補された『アメリカ外交五〇年(*American Diplomacy*)』の一九八五年版序文において外交政策の手段として核兵器を考えることに大きな違和感を示している。というのも核兵器は有効な武器としてはあまりにも恐ろしく無差別的であるため、ケナンは現実政治の中では無視されることを望んでいたという。(34) グリンネル講演に拠れば、アメリカ外交は兵器の有効性をその破壊力によって推し量るという失敗を犯したとケナンは論じている。さらに戦争の目的が最大限ではなく最小限の破壊によって政治的成果をあげるものである以上、全般的破壊をもたらす、且つ敵・味方の識別不可能な核兵器のような兵器は実際には何の役にも立たないとも述べている。(35)

ケナンは、アメリカが核兵器に関して誤った考えを持った経緯を歴史に求める。それは二つの世界大戦が無条件降伏と一般市民への大量殺戮の容認という前例のない慣行を定着させてしまったということである。すなわち、「両対戦はともに無条件降伏という形で終結したために、戦争の目的というものは全く邪悪で非人間的であるとみなされる外部の敵を相手として、相互の利益になる妥協をもたらすことではなく、その敵の力と意志を完全に破壊することであるという見解をわれわれに持たせてしまった」のである。(36) この市民への大量殺戮＝無条件降伏のイデオロギーは分かち難く結びついている。戦争という殺戮行為において、敵が自分たちよりも劣位な存在、尊重に値しない存在であればあるほど、敵を殺すことへの良心の呵責は軽減する。アメリカにとって第二次世界大戦がファシズムとの戦いであり、且つその戦いが敵の無条件降伏で終結したということは、邪悪な敵を完全屈服させるまで戦い抜くという殲滅戦争の思想をアメリカ政治文化の中に埋め込んだというわけである。

ケナンのこうした議論は、はからずもシュミットの正戦論批判と非常に酷似しているし、『パルチザンの理論』においてシュミットが行なった核兵器の「思想」的背景への描写と大きく重なり合うものであろう。シュミットにとって核兵器とは現代正戦論の最大最悪の帰結である。なぜならば正戦論なくしてこのような究極の殺戮兵器は存在し得ない――核兵器のような非人道的な殺戮手段は、「正しくない敵」を攻撃対象とする以外には使用することが倫理上不可能だからである。シュミットは次のように論じている。

> 人類の半分は、他の半分の、核の絶滅手段を備えている権力保持者のための人質となる。このような絶対的な絶滅手段は、それが絶対的に非人間的であってはならない場合には、絶対的な敵を要求する。絶滅手段が絶滅を行うのではなく、人間がこの手段でもって、他の人間を絶滅するのである。[37]

核兵器のような圧倒的に非人道的な殲滅手段は、その使用を正当化するために絶対的な敵、尊重に値しない敵を必要とする。言い換えれば正戦論が心理的に大量殺戮を可能とし、大量殺戮兵器が「正しくない敵」そのものを再生産する。

ケナンに立ち返れば、ケナンの言葉は一見、「権力政治の語彙」に満ちている。しかし重要なことは彼が権力政治の思想家ではなく勢力均衡の思想家であるということである。ケナンの勢力均衡論は法律的＝道徳的アプローチに抗って、辛抱強い封じ込めを主張した。そして、冷戦初期からのソ連の拡大主義に対する強硬路線（特に軍事的手段によるもの）を激しく非難した。

ケナンはソ連が西ヨーロッパに対して進行してくる可能性は殆どないと考えていたし、むしろソ連の周辺国に対する慈悲深さ（benevolence）を好意的に評価している。[38] この点についてはモーゲンソーとも共通見解があったと考えられる。ケナンはモーゲンソーのリアリズムをかなり早い段階から高く評価しており、政策企画室時代からモーゲンソーに意見を求めたり、他のスタッフにモーゲンソーを紹介したり諸々のアレンジを行なっているし、モーゲンソーの著作に対しては非常に高い賛辞を贈っている。(39)

ソ連の脅威については一九六六年の往復書簡からも両者の議論が窺い知れる。一九六六年九月二二日付け書簡において、モーゲンソーはケナンのソ連評価に強い共感を示し、ソ連がヨーロッパを席巻するという想定は、中国がアジア全土を支配すると想像するのと同じくらい幻想に過ぎないと論じている。(40)対してケナンは「慈悲深さ」という言葉が適切かどうかは分からないが、西ヨーロッパの安全保障がソ連の「慈悲深さ」に依存しているとしながらも、ソ連が近隣諸国や西ヨーロッパに攻撃戦争を仕掛けない他の理由を探求すべきであるとほのめかしている。対してモーゲンソーは、一九四五年の境界画定がソ連の国益と合致しているとの判断を提示し、「慈悲深さ」を過大評価する危険性について示唆している。(41)

すなわち両者の議論は一見単なる戦略論だが、イデオロギー的な勧善懲悪の論理から距離を置き、さらには国益に合致した対外政策を進めることによって、ソ連を顔の見えない不気味な敵ではなく、対等な交渉相手として埋め込むことを念頭においていたものである。つまり、平和を追求するリベラルの言説よりも、権力闘争の恒常性を前提とするリアリズム言説のほうが、結果として暴力の行使を抑制するという逆説がここに存在する。そして、こうした「リアリズムの平和」の契機がより鮮明に現れるのがモーゲンソーである。

3　モーゲンソーの冷戦批判

モーゲンソーの『国際政治（*Politics Among Nations*）』（一九四八年）は政治の本質は権力政治である、というセンセーショナルな議論から始まっている。しかし、モーゲンソーの思想形成に則して言えば同書の肝心要な点は、権力政治に関する悲観的な分析を行っている前半部ではなく、普遍主義の暴力から法道具主義を論難し、「外交の復権」を唱えた後半部にある。すなわちこの議論は、国際法規範の分析を出発点とし国際法共同体における権力政治の動態分析とその抑制を本来は課題とするものである。[42]

このことはモーゲンソーの理論形成史を追っていけばほぼ自明である。[43]モーゲンソーはその博士論文『国際裁判―その本質と限界』[44]において、国際裁判所における紛争（Streitigkrit）に先立つ政治的な緊張（Spannung）を括りだした。その主旨は、法に先立つ政治的現実を抽出することによって従来の国際法学、特に条約実証主義等においては必ずしも照射されない権力政治の動態分析を試みたのである。

モーゲンソーの一九三三年の著作『「政治的なるもの」の概念と国際紛争の理論』[45]は、内容的に『国際裁判』と重複する部分も多いが、通底する問題意識のひとつはシュミットの『政治的なるものの概念』[46]への批判的応答である。モーゲンソーにおけるシュミット批判の焦点はその友／敵概念にある。シュミットにおける友／敵概念は一見すると、友と敵が各々独立する主体として定立されているが実際にはそうではない。第二項は第一項の「欠如」として現れる―「敵性」は「友性」の欠如という以上の意味はない。それ故に友／敵が政治の本質といったところで、その境界線は恣意的なものである―対立や衝突が政治の本質であることにはモーゲンソーも同意するが、それはシュミットが引くような友／敵ではない。[47]

言い換えれば、モーゲンソーはシュミットを「脱構築」しているのである。Ａ／Ｂといった二分法があった場合に、それは価値中立的な線引きではなく恣意的な二項対立である―前者が優越項、後者が劣等項を構成し、BはAの欠如としてのみ表象される。すなわち、モーゲンソーはシュミットの意図的な二分法を暴きだすことによって友／敵の境界線の偶有性を疑問視したのである。

とはいえモーゲンソーの国際政治理論はシュミットのそれと非常に重なり合う。[48] モーゲンソーが自由主義を論難するのは彼らが「政治的なるもの」の位相を看過し、権力政治を克服可能なものとして理想主義的な幻想を何の批判的再検討もなく供給し続けるからである。さらには、モーゲンソーは「差別的戦争概念」という術語こそ使用していないが、後のモーゲンソーの正戦論批判・冷戦批判は、戦争を違法化することが逆説的に際限のない暴力を生み出すというシュミット的な問題意識へと合流していく。

また『規範の現実性』（一九三四年）[49] は国際法規範の現実性を再検討に付し、一方でケルゼンの純粋法学に影響を受けつつも、他方国際法領域にシュミット的な「政治的なるもの」を挿入することによって国際法や国家学といった従来の枠組みによっては捉えきれない権力の動態学―それが彼にとっての《国際政治学》に他ならない―を創始したのである（但しこの試みはこの時点においては成功したとは言い難いが……）。[50]

さらに亡命後の最初期の著作『科学的人間　対　権力政治（*Scientific Man vs Power Politics*）』（一九四六年）[51] は、科学的合理主義とリベラルな政治哲学の不可分の結びつきを指摘し、その上でそれが道徳的観念論へと帰結する契機を厳しく論難している。すなわち合理主義化された政治学は、自然科学と同様に複雑な事象の因果関係を一元化された解に求めようとする（method of the single cause）。[52] モーゲンソーに拠れば道徳的普遍性を求める衝動は自然科学からの輸入品であり、社会を自然と同様に単純化してマトリクスとして捉えられ得るという誤謬に過ぎない。そしてこの誤謬は、合理的・理性的な人間の行動を求める完全主義的な倫理観（その最たるものはウィルソンの理想主義）へと導かれる。[53] かくして行動科学化された政治学とは、モーゲンソーにとっては「政治なき政治哲学（a political philosophy without a positive concept of politics）[54]」に過ぎないのである。

以上のような思想形成を経て執筆された『国際政治』は当然のことながら、国際法実証主義に対して「政治的なるもの」を強調し、法に先立つ政治的現実をクローズアップすることによって、普遍主義の暴力の野放図な拡大を外交の復権によって押し留めることが含意されていた。つまり、このことを踏まえればモーゲンソー本人の問題意識がもともと権力政治の「美しさ」を記述することではなく、その「恐ろしさ」を抑制することにあったことは明らかである。[55]

しかしモーゲンソーのこうした含意は当時ほとんど無視されていた。モーゲンソーの著作は単なる権力の動態分析の書として受容され続け、本人の意図に反して権力政治の徒の如く論じられて来た。こうしたことの背景としては、ドイツ国法学の問題意識―特に上述のシュミットとケルゼンの問題系―を受容できるほどに当時のアメリカ政治学は成熟していなかったという事情がある。その意味で「権力政治のイデオローグ」としてのモーゲンソーは、ドイツ的な思想文脈に精通していない後年の読書によって作られたものであると言えよう。[56]

ひるがえって、なぜモーゲンソーは外交の復権に拘ったのだろうか。それは「外交」こそがモーゲンソーにおける「政治的なるもの」だったからであろう。モーゲンソーによれば正戦論というのは「政治的なるもの」の否認以外の何ものでもない。なぜならば「十字軍的精神は、説得と妥協については何も知らない。それが知っているのは、勝利と敗北についてだけである[57]」と論じているように、抗争性を否認することは結局、善／悪という二分法に帰着する。むしろ抗争性を所与の前提として受け入れることが説得や妥協を通じた平和的変更を可能にするという意味で、外交とはすぐれて政治的な論理なのである。

対立が想定され得ない空間では政治的なモメントが現れることはない。つまり、調和や平和（実際には善／悪という倫理的境界線）の下では、外交は必要ない。それは「もし国際舞台から権力闘争を締めだす方法があるなら、外交はひとりでに消滅するであろう[58]」という点に結論付けられている。その意味でモーゲンソーが国際政治とは不可避的に権力闘争へと帰結すると論じたのは、むろん権力闘争を賛美するためではない。その主旨は、権力闘争を克服できると主唱しながら、平和主義の暴力を制度化する戦間期理想主義へのアンチテーゼなのである[59]。

すなわち、戦間期理想主義に国際政治言説の「道徳言説」化（つまり脱政治化）があるとするならば、リアリズムにあるものはその再「政治言説」化である。リアリズムが理想主義に抗って「力の政治」を強調するのは、「力の政治」そのものを正当化するためではない。「力の政治」を再吟味することによって理想主義の逆説―理想主義言説が暴力を克服するものではなく、むしろ隠蔽するという逆説―を内部から掘り崩し、転倒させるためである。

『国際政治』の次の著作、一九五一年の『国益の擁護（*In Defense of the National Interest*）[60]』は理論的に俯瞰すれば、その大部分は前著『国際政治』の要約に近い。しかし研究史としてみた場合、ほぼこの時期からモーゲンソーの守備範囲は、国際法・国際秩序論に加えて具体的なアメリカ対外政策の分析へと議論の裾野が大幅に拡大する。且つ同時代史として眺めれば、モーゲンソーとケナンの論陣がほぼ一致してくる[61]。両者共にアメリカの脅威とは共産主義そのものではなく、ロシアの帝国主義的野心であると喝破したし、共にトルーマン・ドクトリンに容赦のない批判を加えている。モーゲンソーに拠れば、トルーマン・ドクトリンはアメリカの国益を全世界に妥当する道徳的な普遍原理へと昇華させようと試みるものである。このことは、「望ましいこと」と「可能なこと」を混同するという深刻な帰結を生む。[62]

こうした対外政策の普遍言説化に対してモーゲンソーが主張したのが国益に基づく外交である。必ずしも一貫した議論とは言い難い点もあるが、その国益論においてモーゲンソーは、ホッブズのリヴァイアサンとヘーゲルの具体的普遍の間を往復する。[63] 普遍的な道徳原理に具体的な意味を与えるのが国内社会であり、国内社会とは「具体的な判断基準[64]」なのである―国内社会が道徳的なものに意味を与えるのであれば、事実上国内社会の利益（＝国益）は道徳的ということになる。それ故に、「国益に導かれた政策は、実際には普遍的な道徳原理によって突き動かされた外交政策よりも道徳的に優れている[65]」という命題が導かれる。この命題は後にベトナム反戦の論理へと接続される。すなわちベトナム戦争を可能にしている論理とは、権力と利害の考慮ではなく、道徳的＝法律家的アプローチなのである。[66] この点においてもケナンとモーゲンソーの議論は軸を一にしている。

また一般にはほぼ忘却されているが、モーゲンソーは一九六〇年代以降、国家論・デモクラシー論・知識人論といった規範的な議論を広範に展開している。本章との関連で言えば、モーゲンソーの知識人論は「理論と現実」との関係を捉える上で示唆的である。モーゲンソーにとって理論と現実とは、理論を供給する「知識人」と、現実と格闘する「政治家」との関係である。主に一九六〇年代の論考群を束ねた政治論集『真理と権力』の第一論文は同名の「真理と権力」であるが、ここでモーゲンソーは知識人と政治家との関係について明示的な議論を展開する。真理を追求する知識人と、権力を追求する政治家という対置を引いた上で、モーゲンソーは二つの世界は分かちがたく結びついていると論じる。真理とは権力に対するメッセージを内包しており、且つ権力は真理を表現ないし認識するものである。その意味で「真理は権力を脅かし、権力は真理を脅かす」というわけである。(67)

さらにモーゲンソーは、とりわけ自らが専門とする国際政治学者ないし国際政治学理論の社会的役割について、アメリカ政治におけるコミットメントを振り返りながらそれを四期に分けて反芻している。(68)第一期はトルーマン政権下であり、この時期の国際政治学者の役割は政権担当者が行なっていることに対して専ら「理論的正当性」を付与することであったという。つまり理論とは、現に採択されている政策に「承認印」を押す(put the stamp)ものに過ぎなかった。

第二期はアイゼンハワー政権におけるもので、理論は体系化された知を構築し、現実政策を理論原則から評価するという役割であった。理論とは政策判断についての合理的フレームワークであり、政策に対しての批判であったり合理的正当化であったりした。第三期はケネディ政権である。この時期の理論の機能は世論や国内政治の動向を加味した上で—それは歪曲されたり曲解されたりもするが—、対外政策についての原則を形作るものであった。すなわち、この時期の理論は理論的原則を打ち立て、その原則に基づいて実際の政策を評価することによって、理論家・知識人の良心を政策担当者や公衆にうったえかけるものであった。

そして第四期は論稿執筆時(一九六四年)のものでモーゲンソーいわく最も高潔な役割であるが、それは国際秩序の変動、新しい国際秩序の形成が従来のものと如何に異なっているのかを論じる機能である。モーゲンソーがとりわけ重視したのが、核兵器の到来によってそれが国際秩序にどのような変動を与えたのかという点である。

前述のシュミットやケナンの「核兵器」論と重なるが、モーゲンソーもまた核兵器を痛烈に拒絶した。ひとたび核兵器も他の通常兵器と異ならないという命題を受け入れるならば、「核戦争を如何に回避するのか」ではなくて、「核戦争から如何に生き残るか」という戦略へと帰結するからである（実際、限定核戦争容認論とはこうした論理である）(69)。さらに核兵器は、もはや政策の選択肢ではなく自殺志向の不合理な兵器であり、核兵器の存在は国益に基づいた対外政策を不可能にするものであるとして斥けている(70)。

モーゲンソーは、核兵器の存在が権力の統治形態を―民主主義における政府と国民の関係を―大きく変えてしまったと論じている。その骨子は、核時代において政府はもはや国民を守るという義務を遂行できないというものである。なぜならば、核兵器や生物・化学兵器で武装し合った国家間関係においては、核兵器の被害を核兵器によって守ることはできず、「威嚇」することしかできない。故に戦争は政治的に無意味となるばかりではなく、軍事的に勝利を望み得ないものとなる(71)。

また現代の科学技術について触れ、政治や軍事部門における科学技術の依存が科学者に対する「知」の形を変容させたと論じている。科学的知識に対しての一般人のアクセスには限界がある。そしてこの科学的知識へのアクセスの困難さが、一般大衆の政治への無関心をつくり、それが西洋デモクラシーの一般傾向となっている(72)。この議論は、民主主義における権力の両義性とも絡んでくるが、一方で政府への権力の集中は政治への無関心・嫌悪感を生み、効果的な統治を不可能にする。他方、多数意見に耳を傾け世論を反映した政策を行なえば行なうほどに国民の参加と国民の政府への監視は後退する。すなわち、政府の効果的な統治能力と国民の効果的な監視能力は両立し得ない(73)。要するにモーゲンソーの議論は、国際政治についての秩序論として出発し、国益に基づいた対外政策論と合流しながらも、それが一九六〇年代に至り、核時代におけるデモクラシー論、知識人論としての様相を呈するに至るのである。

4 リアリズムの「冷戦批判」と「アメリカ帝国批判」をつなぐもの

以上ケナンとモーゲンソーの冷戦批判を検討したが、このことは現代のアメリカ帝国批判とも密接に連関している。今日のリアリズムの中心的論客の一人であるミアシャイマー（John Mearsheimer）とケナン、モーゲンソーの普遍主義批判は、アメリカ・デモクラシーの擬似普遍化に対するポレーミクとしての連続性が認められる。

ミアシャイマーは『大国政治の悲劇』(74) の著者であり、リアリズムの最右翼とみなされている。しかし、ミアシャイマーの議論は権力の動態分析にのみ留まるものではない。むしろ彼の議論はネオコン批判、現在進行形で展開されているアメリカ帝国批判として読み得るものである。例えばミアシャイマーは「ハンス・モーゲンソーとイラク戦争」という論巧において次のように述べている。

相手を追い詰めている時のアメリカが如何に無慈悲な民主主義であるのか、それを過小評価すべきではない。第二次世界大戦においてアメリカの爆撃機はドイツと日本の都市を徹底的に破壊し、約一〇〇万人の日本市民を殺害した。しかもアメリカは他国に核兵器を使用した世界唯一の国である。勿論、殆どのアメリカ人はドイツや日本を爆撃したり、日本の市民に対して核兵器を使用したことは何一つ誤りではない—我々は善で彼らは悪だったのだから—と信じている。しかし、もしも自分自身がアメリカの銃口を突きつけられたら同じように考えることはできない。アメリカの銃口を見つめる側にとっては、悪に見えるのはアメリカなのだ[75]。

直接的な言及こそないもののミアシャイマーの議論は、「シュミット＝ケナン＝モーゲンソー」の核兵器へのアンチテーゼと密接に連続している。すなわち核兵器とは絶対的・究極的な殺戮兵器であり、それを使用した史上唯一の国が他でもないアメリカのデモクラシーである。しかもミアシャイマーの議論は単なるセンチメンタリズムではない。（他のリアリストの議論も同様であるが）彼の議論の要諦は、このような大量殺戮を行なうアメリカのデモクラシーとはどのようなものであるのか、この大量殺戮を「正当化している」政治的論理とはどのようなものであるのかという地点にある。アメリカのデモクラシーに都市の大規模爆撃や核兵器の使用を可能にしているもの、それは善／悪の境界線である。敵を絶対的な敵として書き込み、非・人間化することによって大量殺戮が可能となる。しかし、大量殺戮される側―すなわちアメリカの銃口を見つめる側―にとっては「悪」とはアメリカのデモクラシーに他ならないのである。

このミアシャイマーの「核兵器使用を正当化するアメリカ・デモクラシー」という命題は、遡ればイラク戦争の是非を問うた米外交評議会の討論会（二〇〇三年）において、ネオコン側に対して出された論点である。ミアシャイマーは次のように語っている。

ここで留意して置かなければならないのは、歴史上他国に対して核兵器を使用した国は一つしかない―それはアメリカだった―という事実である。この核兵器の使用は、歴史上最も激しい空爆に引き続いて行われた。我々は日本の市民を焼き殺したのだ。一九四五年三月から八月の間の空爆と原爆投下によって我々は九〇万人の日本市民を殺害した。(76)

かつてトクヴィルはアメリカ・デモクラシーの平等原則が好戦的気質へと至る過程を看破した。(77) 本来民主的な対話、構成員の平等に立脚するデモクラシーが転じて対外的には好戦的であるという逆説は慧眼ではあるが、上述のリアリズムの議論を通過するとそれも俄かに色褪せる。リアリストたちに言わせれば、デモクラシーの掲げる「自由」・「平等」・「平和」等の規範的ジャーゴンは、それが誰もが最善と考える理想像であるため、それは凄まじいイデオロギー的威力を発揮する。そうであるが故に、アメリカのデモクラシーはその域外の敵を非・人間化し、その暴力を正当化する。すなわち、「デモクラシーは戦争をするのか」という手垢の付いた問いはリアリストたちにとってはもはや究極の問いとはなり得ない。リアリストたちにとっての究極の問いとは、デモクラシーの戦争こそが最も凄惨を極める殲滅戦争である以上、デモクラシーによる大量殺戮を正当化している論理はどのようなものであるのか、という問いである。おそらくこの点においてリアリズムは、所謂「民主主義の平和論（Democratic Peace Theory）」はもちろんのこと、トクヴィルすらはるかに凌駕していると言えよう。

おわりに

本章では主にケナンとモーゲンソーの冷戦批判に依拠しながら、アメリカのデモクラシーとそれが終わりなき殲滅戦争へと至る政治的論理を考察した。この考察は、理論と現実というネクサスの中で如何なる意味を持つのであろうか。この問いに対する本章の解は、リアリズムの動態分析がむしろ《現実》を恣意的に構成する権力の「本当らしさ」を解体するというものである。かつてリオタールは政治的に語られる「本当らしさの効果」について次のように述べていた。

> 権力が党という名をもつものであるとき、新古典主義的な仕上げをほどこされたリアリズムは、実験的なアヴァンギャルドを中傷し禁止しながら、それに対して勝利をおさめる。党が要請し、選別し、普及させる、〈良い〉イメージ、〈良い〉物語、良い形式は、自分が体験している憂鬱や苦悩に適した薬としてそれらを欲望するような公衆を、ともかくも見出してしまうのだ。[78]

今ここに何かを付け加える必要はないだろうか。なるほどリアリズムの語る《現実》は権力者にとって都合の良い現実を再生産し得るものではある。しかし、同時にリアリズムの《現実》は権力のイデオロギーを看破し、それを内側から解体することもできる。フーコーとの関連で言えば、少なくともフーコーは権力／反権力の単純な二分法を否定している。しかしフーコーばかり読んでいると見えなくなるのか、フーコーを通過したはずの人間でもリアリズムを権力の徒として一方的に断罪する場合が多い——これこそがまさに冒頭で述べた方法論的ポストモダニズムなのだが。

しかしながら《現実》についての言説が権力の文脈で供給され続ける以上、同時にその支配言説を転倒させる「解釈返し」の契機がリアリズムには現れる。つまり一方で《理論》は、時として都合の良い《現実》を作り上げる。しかし同時にその《現実》を解体し、転倒させることもできる。すなわちリアリズムが《現実》を超える地点とは、「正義」を語り、「法」を制定し、「現実」を作り出す権力空間の中にあって、もうひとつ別の《現実》を括りだし、権力の言説を内面から掘り崩す可能性に求められるのでないだろうか。そして、それこそが現実主義《リアリズム》が現実《リアリティ》を超える瞬間である。

●注

（1）ポストモダンの国家批判・主権批判に対しての再批判としては、バーテルソンの応答が最も正鵠を得たものであろう。Jens Bartelson, *A Genealogy of Sovereignty*, Cambridge : Cambridge U.P., 1995, id., *The Critique of the State*, Cambridge : Cambridge U.P., 2001.（小田川大典他訳『国家論のクリティーク』岩波書店、二〇〇六年）。

（2）Postmoden IR や Critical IR の最も初期の試みとしては James Der Derian, *On Diplomacy*, Blackwell, 1987, James Der Derian and Michael Shapiro（eds.）*International/Intertextual Relations*, Lexington Books, 1989, Friedrich Kratochwil, *Rules, Norms, and Decisions*, Cambridge U. P., 1989 を参照。また国際政治学におけるフーコー受容は右肩上がりであり、Michael Barnett and Raymond Duvall（eds.）, *Power in Global Governance*, Cambridge : Cambridge U. P., 2005. のような、どちらかと言えば主流派に近い教科書においてもフーコーの議論は権力論の一類型として好意的に紹介されている。但しこうした研究の中には本当にフーコーを経由する意味があるのか、本当にフーコーを理論的に継承しているのかどうか疑わしいものも含まれており、近年の研究は停滞ないしステレオタイプ化している印象は否めない。Cf. Wendy Larner and William Walters（eds.）, *Global Governmentality : Governing International Spaces*, London : Routledge, 2004, Ronnie Lipschutz with James Rowe, *Globalization, governmentality and global politics*, London : Routledge, 2005.

（3）誤解を避けるために補足すれば、筆者はポストモダニズムや Critical IR そのものに異議があるわけではない。本章が問題視する点はむしろ擬似普遍化されたポストモダニズム、擬似普遍化されたCritical IRが生み出すステレオタイプ—言い換えれば、「小さな物語」そのものが問題なのではなく、それが集積された場合に生み出される「本質主義への転倒」—である。「生権力」や「脱構築」といったところで、そうした批判言説が集合的に蓄積されれば、それが一定の規範的拘束力を発揮して、アプリオリな擬似本質主義に行き着くことは自明である。

（4）フーコーの研究対象は権力そのものではなく、権力が如何なる（言説）実践を通じて行使されるのかという点にある。Cf. Michel Foucault, *Il faut défendre la société : Cours au Collège de France 1975–1976*, Paris : Seuil & Gallimard, 1997, *Sécurité, territoire, population : Cours au Collège de France 1978–1979*, Paris : Seuil & Gallimard, 2004.（高桑和巳訳『安全・領土・人口』筑摩書房、二〇〇七年）、《Le sujet et le pouvoir》（trad. F. Durand-Bogaert), H. Dreyfus and P. Rabinow（eds.）*Michel Foucault:beyond structuralism and hermenentics*, Chicago : University of Chicago Press, 1982.（渥海和久訳「主体と権力」『ミシェル・フーコー思考集成Ⅸ』筑摩書房、二〇〇一年）。

（5）フーコーに従えば、言表から特定の言説が構成され、それが社会を支配する規範や規律権力として現れる。ここでは、そうした規律権力の総称として「規範言説圏」という言葉を用いている。繰り返しになるが、規範言説圏（または規律権力）が「ある」と言うだけでは何も言っていないに等しく、その権力を規定している「具体的な規範言説」が明らかにされねばならないが、そうした研究は存外に少ない。

（6）この点については既に大賀哲「『グローバル・ガヴァナンス』から『グローバル・サーヴェイランス』へ—米国愛国者法における〝自由〟の再配置」『アソシエ』No. 19、二〇〇七年において論じている。

（7）英語圏の文脈に依存する国際政治学においてフーコー研究が定着するのは Graham Burchell, Colin Gordon and Peter Miller（eds.）*Foucault Effect*, Chicago : University of Chicago Press, 1991 以降である。

（8）Cf. Michael Waltzer, *Just and Unjust Wars*, New York : Basic Books, 1977, pp. 110–111, id., *Arguing about War*,

New Haven : Yale U. P., 2004, pp. 5–6, Jean Bethke Elshatain, *Just War against Terror*, New York : Basic Books, 2003, p. 56, John Rawls, *The Law of People*, Cambridge : Harvard U. P., 1999, ch. 2（中山竜一訳『万民の法』岩波書店、二〇〇六年、第Ⅰ部第二章）、Judith Butler, *Precarious Life*, London : Verso, 2004, ch. 2.（本橋哲也訳『生のあやうさ』以文社、二〇〇七年、第二章）、Drucilla Cornell, *Defending Ideals*, London : Routledge, 2004, pp. vii–viii. いずれの議論もリアリズムの思想形成をかなり矮小化した上で、リアリズムと軍事拡張主義・権力賛美論を混同しているきらいがある。

（9）社会構成主義的な立場からリアリズムを再読解したものとしては Seán Molloy, *The Hidden History of Realism : a genealogy of power politics*, London : Palgrave, 2006. 但し専らの分析対象は亡命後のモーゲンソー、E. H. カー、ワイト、ウォルツ等であり、モーゲンソーのドイツ時代の文脈、すなわちシュミットからモーゲンソーに至る系譜は分析対象とはされていない。

（10）例えばランド（Rand Corporation）等のシンクタンク知識人たちはゲーム理論、シミュレーション理論、限定戦争などの概念を用いてアメリカの安全保障政策に大きく寄与していた。以下を参照。Andrew Bacevich, *The New American Militarism : How Americans are seduced by war*, Oxford : Oxford U. P., 2005, Bruce Kuklick, *Blind Oracles : Intellectuals and War from Kennan to Kissinger*, Princeton : Princeton U. P., 2006. 篠原初枝「アメリカ正戦論」紀平英作・油井大三郎編『グローバリゼーションと帝国』ミネルヴァ書房、二〇〇六年。

（11）むろんディシプリンの持つイデオロギー性を相対化できる（相対化しなければならない）思想史や政治史においては、こうした再評価は行なわれている。Cf. Campbell Craig, *Glimmer of a New Leviathan : Total War in the realism of Niebuhr, Morgenthau, and Waltz*（Columbia : Columbia U. P., 2003）. しかし、今日的な文脈でリアリズムをアメリカ帝国批判として再検討した議論はほぼ見当たらない。

（12）イギリスの国際政治学界がおそらくこれにあてはまる。イギリスの国際政治学を代表する *Millennium* や

Review of International Studies 等のジャーナルは、ごく最近までほぼリアリズム批判一色であった。

（13）戦間期理想主義の包括的な研究としては David Long and Peter Wilson（eds.）, *Thinkers of the Twenty Years, Crisis*, Oxford : Clarendon Press, 1995.

（14）大賀哲「『帝国』の内なる相対化―グローバル・テロリズムと正戦／リアリズム論争」杉田米行編『アメリカ〈帝国〉の失われた覇権』三和書籍、二〇〇七年を参照。

（15）シュミットの一九四五年の論考はこの点に示唆的である。Carl Schmitt, hrsg. v. H. Quartsch, *Das internationalrechtliche Verbrechen des Angriffskrieges und der Grundsatz "Nullum crimen, nulla poena sine lege"*, Berlin : Duncker & Humblot, 1994, S. 44.（新田邦夫訳『攻撃戦争論』信山社、二〇〇〇年、四四頁）。また は Carl Schmitt, "Der Völkerbund und Europa"（1928）in : ders., *Positionen und Begriffe*, Berlin : Duncker & Humblot, 1989, S. 88-97.（長尾龍一訳「国際連盟とヨーロッパ」『現代帝国主義論』福村出版、1972 年、5–23 頁）を参照。

（16）Carl Schmitt, *Der Nomos der Erde im Völkerrecht des Jus Publicum Europaeum*, Berlin : Duncker & Humblot, 1950,（新田邦夫訳『大地のノモス―ヨーロッパ公法という国際法における（上・下）』福村出版、一九七六年）。

（17）この勢力均衡のアポリアはモーゲンソーも指摘している。Cf. Hans Morgenthau, *Politics among nations*, New York : Knopf, 1948＝1978, ch. 14,（現代平和研究会訳『国際政治』福村出版、一九九八年、第一四章）。但し訳書は第五版（一九七八年）の邦訳である。引用頁数は第五版に対応している。

（18）これがナチス期のシュミットにおいては広域概念として現れる。Carl Schmitt, *Völkerrechtliche Großraumordnung mit Interventionsverbot für Raumfremde Machte*, 1939. また一九四一年版が Carl Schmitt, *Staat, Großraum, Nomos : Arbeiten aus den Jahren 1916–1969*, hrsg. v. von Gunter Maschke, Berlin : Duncker & Humblot, 1995 に所収されている。一九四一年版の邦訳としては、岡田泉訳「域外列強の干渉禁止を伴う

国際法的広域秩序」カール・シュルテス／カール・シュミット（服部平治・宮本盛太郎・岡田泉・初宿正典訳）『ナチスとシュミット―三重国家と広域秩序』木鐸社、一九七六年。

（19）Schmitt, *Nomos*, S. 140–143. 訳書（上）二一七―二三頁。

（20）Ebd., S. 159. 訳書（上）二五〇―一頁、傍点原文。

（21）Morgenthau, *Politics among nations*, op.cit., pp. 381, 384. 訳書　五六七、五七二頁。

（22）Ibid, p. 386. 訳書　五七四頁。

（23）Ibid, p. 387. 訳書　五七三頁。

（24）"PPS/1 : Policy with Respect to American Aid to Western Europe", The Director of the Policy Planning Staff（Kennan）to the Under Secretary of State（Acheson）, 23 May, 1947. この報告書は *Foreign Relations of the United States*, Volume III, pp. 223–230, 1947 に採録されている。

（25）"The Sources of Soviet Conduct", *Foreign Affairs*, vol. 25, no. 4, 1947, pp. 556–582.

（26）ケナンは一九四六年九月一六日の講義において軍事力のみが問題なのではなく、国力とは政治的、経済的、道徳的諸力の問いであると論じている。以下を参照。Giles Harlow and George Maerz（eds.）, *Measures Short of War: the George F. Kennan Lectures at the National War College 1946–47*, Washington D. C.: National Defense University Press, 1991, p. 14.

（27）George Kennan, "America and the Russian Future", *Foreign Affairs*, vol. 29, no. 3, 1951, pp. 351–370.

（28）*Measures Short of War*, pp. 4–5.

（29）ibid, p. 76.

（30）George Kennan, *American Diplomacy 1900–1950*, Chicago : University of Chicago Press, 1951, p. 89.（近藤晋一・飯田藤次訳『アメリカ外交五〇年』岩波書店、一九五二年、一〇五―六頁）。

（31）Ibid, pp. 95–96, 訳書一一四頁。

（32）Ibid, p. 101, 訳書一一〇頁。

（33）Ibid, p. 102, 訳書一一一頁。

（34）George Kennan, *American Diplomacy*, expanded edition, Chicago : University of Chicago Press, 1984, pp. vi–vii.（近藤晋一・飯田藤次・有賀貞訳『アメリカ外交五〇年』増補版、岩波書店、一九八六年、二頁）。

（35）Ibid, pp. 171–2, 訳書二三〇―一頁。

（36）Ibid, p. 175, 訳書二六六―七頁。

（37）Carl Schmitt, *Theorie des Partisanen. Zwischenbemerkung zum Begriff des Politischen*, Berlin : Duncker & Humblot, 1963, S. 94.（新田邦夫訳『パルチザンの理論』筑摩書房、一九九五年、一九三頁、傍点筆者）.

（38）例えば一九四六年一二月一〇日の国防大学講義。*Measures Short of War*, p. 75.

（39）Correspondence from George Kennan to Hans Morgenthau, 17 August, 1948 及び ditto., 14 April, 1949. Library of Congress, United States（以下、LOC と略記する）.

（40）Correspondence from Hans Morgenthau to George Kennan, 22 September, 1966, LOC.

（41）Correspondence from George Kennan to Hans Morgenthau, 6 December 1966, Correspondence from Hans Morgenthau to George Kennan, 9 December 1966, LOC.

（42）酒井哲哉『近代日本の国際秩序論』岩波書店、二〇〇七年、三一頁。

（43）このことはモーゲンソーの一九四〇年代の論考群からも追検証が可能である。この時期のモーゲンソーは、理想主義的な倫理観や法道具主義・法実証主義を非難した議論が目立っているが、これは国際法共同体における普遍主義と権力政治との不可分の結びつきを分析対象としたものである。Cf. "Positivism, Functionalism, and International Law", *The American Journal of International Law*, 34–2, 1940, "The Machiavellian Utopia", *Ethics*, 55–2, 1945, "The Evil of Politics and the Ethics of Evil", *Ethics*, 56–1, 1945, "Diplomacy", *The Yale Law Journal*, 55–5, 1946, "The Twilight of International Morality", *Ethics*, 58–2, 1948,

"The Mainsprings of American Foreign Policy : The National Interest vs Moral Abstractions", *The American Political Science Review*, 44–4, 1950.

（44） Hans Morgenthau, *Die internationale Rechtspflege*, Leipzig : Universitätsverlag von Robert Noske, 1929.

（45） Hans Morgenthau, *La Notion du "Politique" et la théorie des différends internationaux*, Paris : Librairie du Recueil Sirey, 1933.

（46） Carl Schmitt, *Der Begriff des Politischen*, München : Duncker & Humblot, 1932.（田中浩・原田武雄訳『政治的なものの概念』未来社、一九七〇年）。

（47） Morgenthau, *La Notion du "Politique" et la théorie des différends internationaux*, pp. 47–48.

（48） William Scheuerman, *Carl Schmitt: the end of law*, Oxford : Rowman and Littlefield Publishers, 1999, p. 244.

（49） Hans Morgenthau, *La Réalité des Normes : en particulier des normes du droit international*, Paris : Alcan, 1934.

（50） 同著書は多少、論理が錯綜しているものの、ケルゼンの純粋法学に触発されながらも、シュミットを批判的に継承している。但しアメリカ亡命以降、モーゲンソーは「政治的なるもの」を正面からは論じていない。

（51） Hans Morgenthau, *Scientific Man vs Power Politics*, Chicago : University of Chicago Press, 1946.

（52） Ibid, p. 95.

（53） ibid, pp. 167, 173.

（54） Ibid, p. 87.

（55） リアリズム全般についてこの点を指摘したものとして中本義彦「レイモン・アロンの『リアリズム』批判」『法政研究』第九巻第四号、二〇〇五年、九五頁。

（56） 酒井『近代日本の国際秩序論』、三一頁。

（57）Morgenthau, *Politics among nations*, op. cit., p. 372. 訳書　五五六頁。

（58）Ibid, p. 373. 訳書五五八頁。

（59）Ibid, pp. 35–36. 訳書三六頁。

（60）Hans Morgenthau, *In Defense of the National Interest*, New York : Knopf, 1951.

（61）Campbell Craig, *Glimmer of a New Leviathan*, Columbia : Columbia U. P., 2003, p. 68.

（62）Morgenthau, *In Defense of the National Interest*, pp. 116–p. 117.

（63）Michael Joseph Smith, *Realist thought from Weber to Kissinger*, Baton Rouge : Louisiana State University Press, 1986.（押村高訳『現実主義の国際政治思想』垣内出版、一九九七年、一九八頁）。

（64）Morgenthau, *In Defense of the National Interest*, p. 35.

（65）Ibid, p. 39.

（66）Hans Morgenthau, *Truth and Power*, New York : Praeger Publishers, 1970. p. 382.

（67）Ibid, p. 14.

（68）該当部分の論稿は"The Intellectual and Political Function of Theory", Horace Harrison（edt.）, *The Role of Theory in International Relations*, New York : Van Nostrand を採録したものである。ibid, pp. 248–261.

（69）Morgenthau, *Politics among nations*, op. cit., pp. 21–22. 訳書二二—二三頁。

（70）Morgenthau, *Truth and Power*, p. 327.

（71）ibid, p. 32–p. 33.

（72）ibid, pp. 232–234.

（73）Hans Morgenthau, "Introduction : the great issues", id.,（ed.）*The Crossroad Papers*, New York : W. W. Norton and Company, 1966, pp. 10–11.

（74）John Mearsheimer, *The Tragedy of Great Power Politics*, New York : Norton, 2001.（奥山信司訳『大国政治の

悲劇』五月書房、二〇〇七年）。

（75）John Mearsheimer, "Hans Morgenthau and the Iraq War", opendemocracy.com, May 19, 2005, http://www.opendemocracy.net/democracy-americanpower/morgenthau_2522.jsp（最終アクセス日二〇〇七年一一月二九日）。

（76）以下を参照。"Iraq : the war debate", Council on Foreign Relations, February 5, 2003, http://www.cfr.org/publication/5513/iraq.html（二〇〇七年一一月二九日）。

（77）Alexis de Tocqueville, *De la démocratie en Amérique*, Paris : Pagnerre, 1850.

（78）Jean François Lyotard, *Le Postmoderne expliqué aux enfants*, Paris : Éditions Galilée, 1986, P. 21.（菅啓次郎訳『こどもたちに語るポストモダン』筑摩書房、一九九八年、二一一頁）。

第三章　〈物質〉の叛乱のために

――レーニンの唯物論と反映論

白井　聡

だがしかし真の哲学者は命令者であり立法者である。すなわち彼らは言う、「かくあるべし！」と。彼らこそがはじめて人間の〈何処へ？〉と〈何のため？〉とを決定し、その際にあらゆる哲学的労働者、あらゆる過去制圧者の予備工事を意のままに使いこなすのだ。――彼らは創造的な手をもって未来をつかみとる。存在するもの、存在したものの一切が、そのとき彼らの手段となり、道具となり、ハンマーとなる。彼らの〈認識〉は創造であり、彼らの創造は一つの立法であり、彼らの真理への意志は――権力への意志である――今日このような哲学者は存在するだろうか？　かつてこのような哲学者が存在したであろうか？　このような哲学者が存在しなければならぬのではあるまいか？　……

フリードリッヒ・ニーチェ『善悪の彼岸』

はじめに

歴史はつねに残酷なものである。ゆえに、歴史において過大評価を受けたテクストは、時を経れば必ず反対に過小評価を受ける運命を免れ得ない。レーニンの『唯物論と経験批判論――一反動哲学についての批判的覚書』（一九〇八年執筆、翌年刊行）は、そのようなテクストの見本のようなものだ。このテクストの有する顕著な特徴、すなわち、あまりに「論争的な」というよりも喧嘩腰と形容すべき文体、人をうんざりさせる同じ主張の繰り返し、哲学の素人による独断論、現代では完全に葬り去られた自然科学のパラダイムへの熱烈な傾倒――この昔日の唯物論の聖典を今日読む者が受け取る印象は、大方以上の諸点に集約されよう。歴史家のスティーヴン・カーンは、こう言っている。「レーニンがボグダーノフの社会的相対論と戦っている一方で、もっとずっと重要な相対論がアインシュタインによって育てられていた。……幸いなことに、レーニンは革命運動に多忙であって、アインシュタインの理論には気づかなかったようだ」[1]、と。哲学史において勝者と敗者の区分けをすることが果たして有意義であるのかどうかをあえて問わないとすれば、〈レーニンの哲学〉は明らかに負け組に属することになるであろう。

しかしながら、右のようなそれ自体としては全く正当な読者の反応は、このテクストがそれでもなお興味深い思想書であることと矛盾はしない。歴史によって、『唯物論と経験批判論』は哲学書としては不当な高みへと昇らされることになった。ゆえにこそ、歴史的現在においてこのテクストはほとんど完全な無視という憂き目にあっている。とはいえ、この書物を読むことがやはり驚きに満ちた経験であることに変りはない。この驚きを手放さないこと、このことのみが歴史の残酷さに抗う手段となり得る、と筆者は考える。

してみれば、このテクストの書き手のあまりの執拗さに閉口するとき、われわれはこう問うべきではないのか――それにしても、なぜ、この著者は自らの主張に飽くことがないのか、この著者を稀に見るような怒りとおよそ本人以外誰も付いて行くことができないほどの反復運動へと駆り立てているものは、果たして何であるのか、と。レーニンが、「物質」とは人間の意識から独立して存在する客観的実在であると言うとき、つまり「物質」は主観によって表象されるものではないと言うとき、人は言うかもしれない、それは表象し得ぬものの表象にすぎない、と。しかし、注意深く読む者がレーニンのテクストから引き出すことができるのは、語り得ぬものを語るためのひとつの戦略にほかならないのである。

1　『唯物論と経験批判論』をめぐる歴史的文脈

レーニンが、自らを哲学の素人と見なしながらも、『唯物論と経験批判論』というまがりなりにも体系的に唯物論哲学を論ずる書物を著すことになった歴史的事情はよく知られている。すなわち、ボリシェヴィキの同志であり、同時に党の政治路線、主たる問題としては帝政下の議会（ドゥーマ）への対応をめぐって当時レーニンと激しく対立していた、アレクサンドル・ボグダーノフが唱導していた「経験一元論」を観念論＝政治的反動主義と通底するものとして批判し、またボグダーノフに影響を与えていたエルンスト・マッハやリヒャルト・アヴェナリウス等の思想を反動主義に導くものとして断罪すること、このことがレーニンの明確な意図であった。ボグダーノフが領導した思想傾向は、当時のボリシェヴィキのうちでも、ルナチャルスキー等の賛同者を得つつあった。そして、この哲学論争が持ち上がったのは、一九〇五年革命における革命運動の高揚が完全に終息し、革命派はストルイピンによる弾圧の前に後退を余儀なくされていた時期である。さらには、同時期のロシアは、『道標』派に代表されるように、かつてマルクス主義にコミットしていたインテリゲンツィアの多くが観念論や宗教思想へと「改心」して行く時代でもあった。つまり、当時のレーニンにとって、革命運動の現状は総崩れとでも言うべきものであり、仮に「経験批判論」が単に観念論の亜種であって、ブルジョア・イデオロギーへの譲歩・転落にほかならぬものであるとすれば、危機は革命運動の直近の身内にまで迫っているということを意味したわけである。したがって、『唯物論と経験批判論』に込められた彼の意図は、当然、これらの逆流に抗するための理論的土俵を構築することにあった。(2)

右に略述した事情は、『唯物論と経験批判論』の執筆を動機づけたボリシェヴィキ内部の事情や、あるいはもう少し大きく言って、二〇世紀初頭におけるロシアの革命運動の趨勢という最狭義のコンテクストである。おそらくレーニンにとって、この最狭義のコンテクストにおける理論＝政治的介入が最重要の目的であった。だが、当時のより広範な思想的コンテクストから見てみた場合、当人たちがどれほど意識していたか否かに関係なく、この哲学論争は単にロシアの左翼政党内部での内輪もめとして総括できるものなどではなく、一種の世界的な思想上のパラダイム転換、あるいは世界像の転換の動きと密接に関わっていた。

レーニンが批難の主な標的としたマッハの思想は、アインシュタインの相対性理論に着想を与え、またその「現象主義」的構えはフッサールの「現象学」の先駆的存在ともなったと言われる。(3) つまり、マッハ思想は、今日から振り返れば、当時洋の東西を問わず各所で出現しつつあった諸々の哲学的新思潮のなかでも特に与えた影響の大きかったもののひとつとして挙げることのできるものである。これらの新思潮によって導かれた広範な思想上のパラダイム転換がどのようなものであるかについて、ここで全般的に論じることはできないが、一面を挙げれば、それはデカルトに端を発する物心二元論への懐疑、その乗り越えを志向するものであった。つまり、このパラダイム転換は、近代哲学・思想の根本的諸機制の転換に関わるものだったのである。この時代に進行した思想的パラダイムの転換の様相について、廣松渉は次のように整理している。

哲学史を繙いてみるまでもなく、マッハの時代は、実証主義的な風潮、心理学研究の進捗、等々を背景として、幾多の経験論的理説を生み出した時代であった。それはカント的「批判主義」の復興と並んで、第三者的・結果的にみるかぎり、「経験論」の復興が遂行された時期でもあった。かつての「イギリス経験論」がそうであったのと同様、経験論は論理必然的に現相主義的態度へと帰趨する。現に、物体と観念との中間物というべきイマージュから出発するベルグソン、内在主義のキュルペ、経験批判論のアヴェナリウス、純粋経験から出発するウィリアム・ジェームズ、純粋体験から出発する西田幾多郎等々、〝物心未分の場面〟から再出発しようとする構えは、前世紀の末から今世紀［＝二〇世紀：引用者］の初めにかけて、さながら流行現象の観があった。(4)

これらの新思潮はいずれも認識論に新たな視座を与えることを目指すものであったが、こうした動きを洋の東西を問わず数多挙げることができる。そして、レーニン＝ボグダーノフの論争は、疑いなく、新しい世界観を求める論争としての認識論をめぐる百家争鳴という同時代的文脈において戦われたものである。哲学に限らずボリシェヴィズムを支えた世界観を世界史、あるいは二〇世紀の精神史という大きな文脈に置き直して多角的に考察する研究(5)はまだ多くは現れていないが、こうした研究がレーニンの思想やロシア革命の問題性を新たに再考する契機となることは間違いなかろう。

さらに付け加えるなら、この時代の新思潮が取り組んだ課題に最終的に片がつけられたわけではない。哲学史の教科書風に語るとすれば、これら認識論における新思潮はやがて現象学へと発展的に解消され、さらにそこからハイデガーやサルトル等の実存主義思想が出現するということになるのであろう。そして、その実存主義も構造主義によって乗り越えられ、その後にはポスト構造主義が現れる……。こうした記述は滑らかではある。だが、それではこうした過程において最初に提起された問題そのものはいかにして解決されたのか。おそらく、この問いに対する正面からの答えは存在し得まい。こうした哲学史的推移のなかで、認識論というテーマ自体が、その明確な理由が明らかにならないまま、かつての重みを失って行くように思われるからである。廣松の言い方によれば、「認識論の流行」は物心未分の場面から新たな体系を構築しようと試みたわけであるが、やがてこの流行は停止する。それは、単に「〝流行〟の終熄」であったにすぎず、認識論は「破産を宣告されたわけでも、況や内在的に克服されたわけでもなかった」。言い換えれば、認識論がある種の問題をめぐって「途方に暮れた」[6]ために、論争の土台が打ち捨てられたということでもある。つまり、レーニン＝ボグダーノフが関わった問題は、それとは知られないままに、積み残されているということである。

あるいは、知的動向の世界的な地殻変動という文脈からすれば、問題を狭義の哲学に限ることは不当ですらある。一九世紀末から二〇世紀の初めの時代は、フロイトによる精神分析の創始、デュルケム、ウェーバー等による社会学の新展開といった新たな知的領域が開拓された時代である。またそれは、美術においては、印象派から表現主義、キュビズム、シュールレアリズム等へと目まぐるしく新様式が発生した時代でもある。そして、これらの変革の影響は、建築、写真、文学などをはじめとしてあらゆる表現領域へと波及して行く。合理的主体像は葬られ、ルネサンス以来の単一の焦点しか持たない遠近法は放棄される。こうした地殻変動の衝撃は、今日にまで続いていると言えるであろう。過去の歴史を俯瞰する今日の視点から見れば、これらの試みの多くは、近代の知的枠組みを対自化しそれを乗り越えようとする自覚的でラディカルな運動であった、と定義することができる。要言するなら、これらの試みにおいて模索されたのは、〈近代の超克〉にほかならなかった。

この時代の社会思想における大転換についての古典的研究となっているスチュアート・ヒューズの『意識と社会』には、次のような記述が見出される。

> 第一次世界大戦の直前の世代にあっては、これらの思想家たちは心理的な不安という広範な経験を共有していた。それはつまり、切迫した破滅感、旧来の慣行や制度がもはや社会の現実に適合しなくなったという感じである。……
>
> この古い社会の退譲期という感覚、加うるに次の新しい社会がどのようなかたちのものとなるかはわからないという不安と苦悶、そこにこの研究の時間的範囲をわたくしが限定した理由が暗示されている。その時期は、世紀末から一九三〇年代の大不況期のはじまりまで四十年に及んでいる。(7)

言うまでもなく、ロシア革命はこうした「不安と苦悶」の時代の只中に位置している。社会主義革命は、「切迫した破滅感」をその極点において人類の苦悩を絶対的に終息させる希望へとラディカルに転換しようとする試みであった。われわれが探求したいのは、二つの転換――すなわち、政治的革命と世界像の転換――がいかなる関係にあったのか、ということである。

右に指摘したさまざまな分野における転換の内容について網羅的に論じることなどもとよりできないが、間違いなく言えるのは、次のことである。すなわち、科学およびテクノロジーの発展、資本主義の発展と急速な都市化といった現象によって、現実そのものが日々刻々と変化しつつあったわけだが、この変化に対応するものとして諸々の認識論の新基軸が打ち出され、また新たな知的領域も開拓された。そしてそれらは、従前の人間像・世界像に対して根本的な懐疑の目を向けざるを得なくなった。言い換えれば、近代の学的諸前提、近代的人間像を変更せざるを得なくなった、ということである。そして、座標軸を失った旧世界の認識論的布置をいかにして変革し、またさらに現実そのものをいかにして変革するのかという問題が立ち現われてくる。自覚的か否かにかかわりなく、レーニン=マッハ主義の論争はこの問題にコミットするものであった。とはいうものの、今日の哲学史的視点からすれば、レーニンの行なった唯物論の顕揚は、所詮は素人談義にすぎず、これらの大転換のうねりを無視した、あるいはこのうねりに対して保守的に逆らおうとしたものである、という評価がなされがちである。しかし、われわれとしては臆断を避け、まずは論争の中身を検討することとしよう。

2　唯物論論争の問題機制

以下、レーニンとマッハ主義との論争・対立点について、両者の主張に即して見て行く。レーニンにとっての直接的な論敵となったボグダーノフは、ある辞典によれば「医師、経済学者、政治家、社会学者、哲学者、心理学者、小説家、および批評家」と記述されているほどの多才な知識人であったが、彼がマッハの著作のロシア語訳に手を染め、また自身の思想体系のなかにマッハ思想を取り込もうとした動機には、当然のことながら、マルクス主義思想を現代的に改造するという意図が存在した。ここで問題なのは、マルクス主義思想における一体何を〈近代の超克〉を果たすために更新する必要があると考えられたのか、ということだ。このような問いかけにおいてすでに重大な問題が含まれている。というのは、レーニンにとって、マルクス主義の教義に何かそれとは異質なものを付け加えようという発想そのものが極めて疑わしいものであったからである。そして、議論を錯綜させるのは、ボグダーノフとその同調者たちはマルクスやエンゲルスの学説を単に現代的に修正するというよりも、むしろ解釈を革新することによって彼らの本来の思想をより発展させる意図を持っていた、という事情である。[9]単なる経済論や歴史観としてではなく、高度な産業社会へと変貌しつつある社会に対応する人間の組織方法というものを展望するトータルな革命的人間論としてのマルクス主義哲学という視点がボグダーノフには存在したのであり、かような視点は、『経哲草稿』や『ドイツ・イデオロギー』が発見される以前であったことを鑑みれば、きわめて先駆的なものであった。だが、それはともかくとして、レーニンにとってもボグダーノフにとっても、マルクス主義の革命運動を根拠づける唯物論が必要であったことには、変わりがない。問題は、それがいかなる理路に基づいて獲得されるのか、ということだ。

　唯物論において中核に据えられるべきは「物」の概念である。したがって、これをどのように概念化するべきかが問題になる。してみれば、カントの「物自体」の概念への批判的検討が主題化されるのは、当然のことであったであろう。後にマッハによる「物自体」概念への鋭い批判も検討するが、ボグダーノフの「経験一元論」がカントの「物自体」に対する批判に重点を置いていることは、注目に値する。ボグダーノフは次のように述べている。

「物自体」の概念が、カントによって哲学的洗練の最高段階にまで仕上げられたとき、この概念の崩壊は不可避になった。すなわち、この概念は論理的に空虚であり、それとともに現実には無意味であることを、形式的な不透明性の外皮によって、批判の刃に対して隠すことがもはやできなくなったのである。この概念が表しているのは、それ以外に何も残っていないというところまでみすぼらしくなった現実性にほかならない、ということが明らかになった。この概念においては、何も思い浮かばない——「物自体」概念の主な欠点このようなものである。[10]

ロシア・マルクス主義の哲学という狭い文脈においてみた場合、右のようなボグダーノフの議論は、「ロシア・マルクス主義の父」たるゲオルギー・プレハーノフに対する批判を意図したものであったと推量されうる。後述するように、プレハーノフは自らの唯物論哲学において「物自体」の存在を肯定するのと同時に、認識論については「象形文字説」なる説を唱えていた。それは要するに、認識主体と絶対的客体とを本質的に隔絶し、主観の対象たる「現象」は「物自体」の「象形文字」であるとする考えであるが、ここには典型的な主客二元論を見て取ることができる。このような二元論によって位置づけられた「物自体」概念は、何の感性的特徴も持たない「空虚」であり「それ以外に何も残っていないというところまでみすぼらしくなった現実性」にすぎない一方で、それは同時に究極的な「客観的なもの」でもある。つまり、カントへの批判者にとって、「物自体」は、「客観的なもの」の次元を担保する概念ではあるものの、それと同時に、またそれ以上に、「客観的なもの」の没落を余儀ないものとし客観性の内実を実質的に滅却する両義的なものにほかならない。
「物自体」のこの二面性から、ヘーゲルがそうしたように、いっそこの概念をきっぱりと放擲してしまおうという発想が出てくるのは不思議なことではない。マッハは、例えば次の引用部にあるように、その著作の随所で、「物自体」概念の発生の理路に遡った上で、この概念を不合理で無用なものと宣告したのであった。

恒常的なものを一つの名で呼び、構成分をその都度分析することなく、ひとまとめにして考えるという合目的な習慣が、構成分を分けようとする傾動との間に特異な葛藤を惹き起こすことがある。あれこれの構成分が脱落しても目立った変化をしない漠然とした像は、一見、何かしらそれ自体で存在するもののようにみえる。任意の構成分を一つずつ取り去ってもこの像は依然として全体性を表わし、再認されつづけるので、構成分を全部取り去ることができる、そうしてもなお或るものが残るといった臆見を生ずることになる。こうして、極く自然のなりゆきで、初めは畏敬されたが後には奇怪だとされるようになった（それの「現象」とは別な、不可知な）物自体の哲学思想が成立する。(11)

つまり、マッハによれば、「物自体」とは、「思惟の操作を最大限に節約する」ことによって合理的な世界像を獲得しようとする人間理性の「合目的な習慣」である「思惟の経済(12)」が自然発生的に抱いてしまう幻影にほかならない。しかし、この幻影が世界を最終的なところで構成している客観的本体であると考えられるにいたって、それは看過し得ない有害なものとなる。なぜなら、そこには先に述べた両義性が呼び寄せられ、そのパラダイムにおいては、「客観的なもの」はその実質的内容を滅却されるか、あるいは知り得ないとする不可知論的世界観を甘受せざるを得ないからである。しかも、元はと言えば、世界の本体とされたこの「客観的なもの」とは、厳密に見れば現実にはその根拠が存在しない、人間主体の「思惟の経済」がつくり出したもの、つまり主観性の側からつくり出されたものにすぎない。してみれば、「物自体」が析出される構造は、フォイエルバッハが徹底的に批判した神なるものの不条理な存立構造と何ら変わるところがない。

思惟の構造がはらみ込んでしまうこうした不条理に対して、マッハが取った方策は、よく知られているように、カントよりももっと徹底的に経験に定位することであった。すなわち、認識行為という経験の向こう側に「物質」「物体」といった実在の証明が究極的には不可能な絶対的客体を置くことをせずに、知覚において現れる感性的諸要素——対象の形、感触、明るさ、色、味、等々の諸要素——に議論を限定する、という態度である。かつ、マッハの思想がさらに興味深いものである所以は、このようにラディカルに経験に定位しながらも、その経験の場となる主体・主観を特権化することを避けた点にある。彼の考えによれば、「物質」や「物体」の実在が証明不可能であるのと同じように、さまざまな感性的知覚を統一しまとめ上げる全能の中心のようなものの実在を証明することもまたできない。要するに、マッハは客体の側と主体の側の両方の実体を否定した。彼は物理学における認識論を起点として、「物質」や「物体」といった外在の側の実体を否定しただけでなく、思惟の側の実体、すなわち「精神」や「自我」の実在性をも否定したのである。

こうして外在的存在の側での実体と思惟の側での実体に代えて、それらを要素複合体に対する思想上の記号と見なし、それらが織り成す相互依存的関係のなかに実体的概念を還元することをマッハは提唱したのであった。カント思想が近代の主客二元論の代表者であり、その乗り越えが課題となっていたのであるとすれば、マッハの試みたことは、ひとことで言えば、経験による主客の綜合であった。「物体」も「自我」も両者の関係性を離れて自存的に存在するものではなく、両者の依属関係があってはじめて存立しうるものであるとされる。

さて、右に見たマッハの思想的構えから同時に看取できる顕著な傾向は、その反形而上学的な姿勢である。[13] それは「世界の背後」についての無用な考量を退け、世界と精神（もしそのようなものがあるのならば）とが具体的な関係を取り結ぶ場である感覚的諸要素をもっと注意深く取り扱うべきであると勧告する。実際マッハは、少なくとも自然科学の認識において、感性的対象の彼岸に探求すべきものは何もないと宣告し、哲学にとっても事情はおそらく同じであると示唆している。[14] そして、このスタンスは彼ひとりのものではなかった。形而上学的彼岸について、「生への嫌悪」を見出すか（ニーチェ）、あるいは「語り得ないものについては沈黙せねばならない」という当為への侵犯を見出すか（ウィトゲンシュタイン）、動機はさまざまであったにせよ、この時代の思想家たちの多くが反形而上学の傾向を有していたことは確かである。つまり、廣松の言う「流行」には、反形而上学の側面がまぎれもなく存在していた。

このような文脈を踏まえた上で、エルンスト・カッシーラーはレーニンの『唯物論と経験批判論』が出版された翌年に当たる一九一〇年に出版された『実体概念と関数概念』[15] において、次のように書いている。

形而上学に特有の手続きは、それが認識一般の領域を踏み越えるということにあるのではなく——というのも、この領域の外側には形而上学にとって可能な〈問題設定〉にたいする素材はもはやないであろうから——認識自身の領域内において相互的にのみ規定される一対の観点を互いに分離させ、こうして論理的に相関しているもの（das Logisch-Korrelative）を事物的に対立するもの（ein Dinglich-Gegensätzliches）へと解釈し直すことにある。〈思惟〉と〈存在〉の、認識の〈主観〉と〈客観〉の関係についての昔からの基本的な設問においてほど、この傾向が鮮明に浮き彫りにされ由々しい意味を持ち重大な結果を招いたことはない。この〈ひとつ〉の対立が、すでにそのうちに他のすべての対立を隠し持ち、つぎつぎと他のすべての対立にまで発展してゆく。ひとたび「事物」と「精神」とが〈概念的に〉区別されたならば、それらはただちに二つの別々の〈空間的〉領域にも、つまりその間にはなんら理解可能な因果的媒介のない内的世界と外的世界とにも分裂してしまう。そして、その対立はますます厳しいものになってゆく。(16)

カッシーラーの形而上学批判がマッハの路線を踏襲していることは一目瞭然であるが、それはマッハ以上に決然としておりかつ洗練されている。ここで明瞭に指摘されているのは、形而上学的思考方法＝超越的実体を想定する思考方法の無効性である。形而上学は、認識の客体の側にあるいは認識する主体の側に、あらゆる認識の根拠となる「実体」を追い求めるが、そのように想定されたものの概念はその本性上通常の経験的認識の彼岸にある。かかる構図においては、われわれは超越的客体を捏造的に想定するか、あるいは啓示的に定立される超越的主観を想定するほかない。だから、カッシーラーにしてみれば、形而上学が唯物論的な体系を持とうとも観念論的な体系を持とうとも、言いかえれば実体を物に求めようとも思惟に求めようとも、それが実体を措定し続ける限りそこに差異は存在しない。形而上学的な思考方法は蓋然的に誤りを含みうるがゆえに不当なものであるのではなく、単に無意味なのだ。それは認識領域において本来関数的に相関している諸側面の一部を特権化することによって、物（＝外的世界）が先か思惟（＝内的世界）が先なのかという誤った問題を設定している。このような問題設定は認識の範囲を完全に超越しているがゆえに、回答不能であり無意味である。

カッシーラーは続けて次のように言う。

> 客観が単に〈数他性〉としてのみ存立するならば、主観には〈単一性〉の要請が本質的であり、現実の本質に〈変化〉と〈運動〉の契機が属するならば、これに反して真の概念に要求されるのは〈同一性〉と〈不変性〉である。いかなる弁証法的な解決も、すでに基本思想のもともとの定式化において生じていたこの分裂を、あらためて完全に克服することは決してできない。形而上学の歴史は、その一方から他方を導出することにも、あるいは一方に他方を還元することにも成功することなく、この対立する傾向の間で揺れ動いてきたのである。(17)

形而上学的問題設定には意味がない。なぜなら、その問題設定が超越的であり、解決不可能の分裂を招き入れているからだ。ゆえにそれの歴史も無意味であり、無意味な問題をめぐって際限なく堂々めぐりをしていると判断される。それでは、果たして、レーニンの唯物論は、こうした無意味な堂々めぐりに一ページを加えたものにすぎないものであるのか否か――われわれの論決すべき問題は、これである。

3 「物質」の概念

レーニン『唯物論と経験批判論』において議論の焦点となるのは、「物質」の概念、そして「物質」への人間の接近方法たるいわゆる「反映論」であることに、疑問の余地はなかろう。レーニンは「物質」を次のように定義する。

> 物質の唯一の「性質」は、――哲学的唯物論はそれを承認することと結びついているのだが――、客観的実在である、すなわちわれわれの意識の外部に存在するという性質である。(18)［傍点原文］

> 物質の概念が認識論的に意味しているのは、人間の意識から独立して存在し、意識によって反映される客観的実在以外の何物でもない。(19)［傍点原文］

レーニンの措定する「物質」とはまずもって、人間の意識にとって内面化できない外なるものである。だが、右のように意識からの独立性・外部性として定義される「物質」が認識の対象として現れるとき、そこにはひとつのアポリアが生じざるを得ない。レーニンの言う「物質」は、人間の認識とは独立して、次元を異にして存在するものである。要するに、ここで主張されているのは「物質」の人間意識に対する絶対的な外部性である。であるとすれば、意識と「物質」はいかにして通約されうるのであろうか。単に意識に対する原理的異他性という形でのみ「物質」を定義してしまうならば、レーニンの唯物論はカント哲学と同じ意味で不可知論的なものとなってしまうだろう。なぜなら、「物質」と意識は別の次元に存在するものであり、意識が「物質」に到達することは原理的にあり得ないとされるからである。つまり、人間の意識、有限な主観は、「客観的実在」である「物質」の真理を永遠に把握し得ないということだ。

周知のごとく、このような帰結を避けるために、レーニンは反映論による認識論を展開している。すなわち、「客観的実在」としての「物質」を意識が模写・反映することによって、認識は真理に近づいて行くとする主張である。それでは、果たしてこの意識による反映が「物質」の真理を汲み尽くすことになるのであろうか。仮にそうであるとすれば、先に述べた「物質」の意識に対する根源的な他者性は究極的には消失するということになるであろう。だが、その反対に「物質」の真理は汲み尽くせない、すなわち反映はどこまでも「近似的反映」たるにとどまると断じるならば、レーニンの認識論は不可知論的なものであると言わざるを得ないであろう。しばしば言われるように[20]、レーニンの唯物論においてアポリアとして感じられる問題点はここにある。

右のごとき「物質—反映」の図式に対して、マルクス主義に内在する立場から批判を加えたのは、先にも触れた廣松渉であった。廣松の考えによれば、マルクス主義が克服した——と彼が主張する——はずの近代の主客二元論の構図に、レーニンの唯物論は深くとらわれている、という。それはなぜか。

「近世的な世界了解においては……事物一般がそもそも両義的になる」[21]。すなわち、古代＝中世の「形相プラス質料」としての「事物」というパラダイムが崩壊した後、「事物」には、能知としての人間主体に対する所知という立場が振り当てられるが、かくして「事物」は外的な客体であると同時に、主観によって構成されたものでもあるという「両義的」なものとなる、という事態である。そうなれば、カッシーラーも述べていたように、哲学体系の構築方法としては客体の側に就くか主体の側に就くかのいずれかの立場を取るほかないが、主観的なものと客観的なものが存在論的な地平で根源的に分離されてしまっている以上、そのいずれの立場も相手の立場を包摂し切ることができない。「物質」の実在性、そしてその第一義性を顕揚するレーニンの立場は、当然客体の側に就く立場と見なしうるが、その具体的内容は、廣松の整理によれば次のようなものとなるであろう。

世界は、主観から独立に客観的に実在する。そして、意識内容の両下位分類項、つまり知覚と観念とは、客観的実在の直接的な反映と間接的な反映との差異に照応する――という立場が成立する。この実在論的な立場においては、意識内容は知覚をも含めて、主観的な歪みを混入されているにしても、この歪曲は原理上矯正していくことが可能であり、従って、客観的実在の実相を把捉することが可能だとされる。この立場では、意識内容は、それが客観を正しく投影しうる限りで、いわば客体そのものの実相を透視する通路となる限りで意味をもつのであって、意識内容に変容を加える〝精神的実体〟なり〝純粋作用〟なりは、客観を把捉する原理的可能性という場面では括弧に収めうるものとなる。[22]

レーニンが「現代の唯物論、すなわちマルクス主義の観点からすれば、われわれの知識が客観的、絶対的な真理に接近する限度は歴史的に条件づけられているが、しかし、この真理の存在は無条件的であり、われわれがそれに近づきつつあることは無条件的である」[23]［傍点原文］と述べ、認識の進化（絶対的真理の側から見れば、主観による歪曲の「矯正」）による「客観的実在の実相の把捉」可能性を論じていることを鑑みれば、廣松のここでの整理は的確なものと感ぜられる。ここでも問題はやはり、「主―客」の構図において、いずれかの項がもう一方の項を包摂し切れるか否かというところに帰着する。「矯正」が完成されるならば、主体は客体を呑み尽くすことができよう。すなわち、主体による客体の完全無欠な「反映」という事態である。しかし、そのときには、レーニンが「物質」の概念にそもそも置き入れた他者性は失われるように見える。そして、この方向性を突き詰めるなら、レーニンの唯物論からは思いがけない観念論が引き出されることにもなるであろう。スラヴォイ・ジジェクは次のように言っている。

レーニンの「反映論」がはらむ困難は、その密かな観念論にある。物的現実が意識の外部に独立して存在するのだという強迫的なまでの主張は、それ自体ひとつの徴候的な読み替えとして読まれるべきである。というのもそこでは、意識それ自体が、それが「反映する」現実に対して外的なものとして暗に措定されているという根本的事実が隠蔽されざるを得ないからだ。事物が現実にそうであるそのあり方、すなわち客観的真理に向かって際限なく接近するという隠喩それ自体が、この観念論を露呈することになる。すなわち、この隠喩がその考察から取りこぼしているのは、この主観がそれが反映する過程に含まれているからこそ、「主観における反映」の部分性（歪曲）が起きるという事実である。[24]［傍点原文］

廣松と同じように、ジジェクが指摘しているのは、「主観—客観」という構図が含んでいる根本的な問題でもある。この構図において、もし客観的なもの（＝「物質」）の優位を強調するのならば、主観はそれを全く歪曲なしに映し出すなめらかな鏡面のごときものとならなければならない。しかし、この鏡はつねにすでに客観的事物の集合体たる現実の只中に置かれている、というあり方で存在している。したがって、仮にこの鏡面が完全な平面をなしており、きずひとつない完璧なものであったとしても、それを取り巻く事物の存在がもたらす光の屈折によって、完全な像が得られることはない。ゆえに、「現実についての「客観的」知識は、われわれという意識がつねにすでにその一部であり、まさにその真っ只中にあるがゆえに、不可能であることが強調されねばならない——われわれが現実についての客観的知識から引き離されるのは、われわれが現実に巻き込まれて在るということそれ自体によってなのだ」[25]。したがって、こうした事情にもかかわらず主張される完全な鏡としての意識という概念はまさに観念論的に措定されている、とジジェクは言っている。こうした批判は、廣松渉が繰り返し説いた「主観とそれが含まれるこの世界は、つねにすでに社会的・歴史的に構造化され共同化された共同主観性としてのみ存立している」という議論と通底するものでもある。ここに提出された問題は、徹底的な実在論的唯物論の立場が、これまた徹底的な主観的観念論の側面を持ってしまう可能性があるということであり、これらは廣松が言うところの「近世的な世界了解」が原理的に取りうる二つの立場にほかならない。

あるいは、少々異なった方向から言えば、ここでレーニンが行き当たっているのは、マッハも独自の思想を生み出す契機としてそれと苦闘したように、「物自体」の問題であった、と論ずることもできよう。

「物自体」はそれが「物」たる限りで唯物論の系譜に位置づけられる可能性を持つ一方で、それがつまるところ実在性を持ち得ない純粋観念たる限りで観念論の系譜にも位置づけられる可能性を持つ。言い換えれば、「物自体」の概念（より正確には「物自体―現象」という二項構造）が客観的実在論と主観的観念論の二つの立場を可能にしているということである。ゆえに、レーニンの「物質」は、「物自体」との対質においていかなる性格を有するのかということを、考察する必要がある。仮に、「物質」が主体にとって最終的に異他的であるとすれば、それはカントの「物自体」のごとき彼岸性を有するということを意味するのであろうか。

『唯物論と経験批判論』が出版された後、ボグダーノフは『信仰と科学』（一九一〇）という書物を著してレーニンに対する反批判を試み、そこでレーニンの「物自体」概念への態度が首尾一貫しないものであると主張している。ボグダーノフのレーニン批判のポイントを、同書の訳者である佐藤正則は次のようにまとめている。

一　世界とは感性的実在であるとする考え方。「物自体」はわれわれの外部にありながらも、われわれにには完全に認識できるものである。この点では「物自体」と「われわれにとっての物」との間、「物質」と「現象」との間には本質的な差異は存在しない。両者の違いは後者が前者の一部分、あるいは一側面であるという点にあるにすぎない。この概念は、『唯物論と経験批判論』第二章第三節において、フォイエルバッハに賛同する形で提示されている。

二　プレハーノフを支持し、「物自体」のいかなる感性的な特徴をも否定する見解。つまり「物自体」はまったく外見を持たない。これは『唯物論と経験批判論』第一章第四節において、バザーロフのプレハーノフ批判に対する反論の形で示されている。

三　いわゆる「反映論[26]」。

ここで指摘されている問題も、先述の「物質」概念における両義性と本質的に同一である。「物質」＝「客観的実在」を「われわれの意識の外部に存する」ということ以外のあらゆる定義から逃れるものとするならば、それは到達不可能なものとして定義されることになる（二の見方）。しかし、このような定義にとどまっては一種の不可知論に追い込まれることになるから、「物自体」は厳密にカント的な意味では存在しないと主張し、それが感性的なものに還元され尽くされるとしなければならない（一の見方）。もしそうならば、ボグダーノフが言うように[27]、この見解はマッハのそれと違いがない。三の反映論は一で主張される認識の道行きをなすものと整理することができよう。つまり、レーニンの「物質」の意識からの独立自存性、外在性を強調するならば、それはカントの「物自体」概念に近いものと考えうるし、反映による接近可能性に力点を置いて理解するならば、それは「物自体」とは程遠いものとなる。こうして、前者の立場を取るならば、客観主義が帰結し、後者の立場を取るなら主観主義が帰結するように思われる。かつ、こうした両義性はすでに見たように、「近世的な世界了解」における運命的なカップリングなのである。

4　経験される「物質」

しかし、ここで銘記されねばならないのは、レーニンが次のように言うとき、彼は唯物論と観念論の決定的な違いを、往々考えられているように「主体から始めるのか客体から始めるのか」という点に必ずしも求めてはいない、ということである。

感覚から出発して、唯我論へと導く主観主義の路線で進むこともできれば（「物体は感覚の複合または組み合わせである」）、唯物論へと導く客観主義の路線で進むこともできる（感覚は、物体、外界の像である）。第一の観点――不可知論、または少し進んで主観的観念論――にとっては、客観的真理なるものはあり得ない。第二の観点、すなわち唯物論にとっては、客観的真理の承認は本質的である。(28)

カントの哲学の基本的特徴は、唯物論と観念論との調停、両者の妥協であり、種類の違った、相反する哲学的傾向をひとつの体系において結びつけていることである。カントが、われわれの表象にわれわれの外にある何か、何らかの物自体が相応すると認めるとき、そのときカントは唯物論者である。彼がこの物自体を認識不可能な、超越的な、彼岸のものと言明するとき、カントは観念論者として発言している。経験、感覚をわれわれの知識の唯一の源泉と認めるとき、カントは彼の哲学を感覚論の路線に方向づけ、さらに一定の条件のもとでは感覚論を経由して唯物論へと方向づけている。(29)

われわれが何から始めるのか（世界が何から始まるのか、ではなく）。その際に感覚から出発すること自体は、決して観念論を意味するのではない。むしろ二つ目の引用部に言われているように、感覚論は唯物論へと至るための正しい道ですらある。このことは、マッハやマッハ主義者たちがレーニンにとって度し難いのは、彼らが彼らの探求を始めるにあたって感覚から出発しているためではないことを、意味している。観念論と唯物論が分岐するのは、その次の段階においてである。すなわち、外的存在（と思われるもの）を主観の構成物ないし主体と客体の間の関係による形成物と見なすか、それとも外的存在は「像」であると見なすのか――この差異こそが観念論と唯物論を分かつのである、とレーニンは言っている。だが、「像」（образ）は、主観による構成物と果たしていかなる点で本質的に異なるのであろうか。かつ、この論点はレーニンにおいて、不可知論と全知を目指す立場とを分かつ重要なものとしても提起されている。

二つ目の引用部はカントについての見解だが、レーニンのカントに対する哲学史的位置づけは、ユニークなものである。言うまでもなく、通常カントは経験論と合理論の綜合者と見なされている。レーニンはこれを「唯物論と観念論との調停」者と強引に読み換える。すでに述べたように、経験批判論者のみならず唯物論者もまた感覚から、すなわち経験から出発する。つまり、ここでレーニンは経験論を唯物論に、合理論を観念論に対応させている。してみれば、オーソドックスな哲学史的整理からすれば、レーニンが固守しようとしている唯物論の路線とは、経験論の路線にほかならない。

だから、レーニンが拘っているのは、実在的な外界の存在を認めるか否かという問題であると同時に、経験の問題である。あるいは、もっと厳密に言えば、後で見るように、これはひとつの問題なのだ。レーニンは紛れもなく経験論者である。この観点からすれば、われわれは「物質」概念の両義性をめぐって議論を進めてきたわけだが、この概念が唯物論的であるのか、観念論的であるのか、と問うことには意義がないことがいまや明らかになる。そして、経験の次元で見たとき、レーニンの言う「物質」概念のユニークさは、それが主観の構成物や主客の関係の産物ではなく、客体の「像」であるという点に見出される。レーニンが次のような形で定義を下すとき、「物質」が「物質」たる所以は、それは感覚によって受容されるものだが、主観による構成の産物ではなく、構成の過程なしに、いわば瞬間的に、一挙に把捉される「像」において実現されるものとしてとらえられている、という点にある。

> 物質とは、人間に感覚において与えられており、われわれの感覚から独立して存在しながら、われわれの感覚によって模写され、写真に撮られ、反映される客観的実在を標示するための哲学的範疇である。[30]［傍点引用者］

ここでレーニンが問題にしているのは、いわば経験の質なのだ。『唯物論と経験批判論』において、レーニンがプレハーノフの唯物論におおむね賛意を示しながらも、認識の「象形文字説」に対しては異を唱えたことは、この論点を浮き彫りにしている。象形文字説とは、プレハーノフによれば、「われわれの感覚、それは一種の象形文字であり、現実に起こっていることをわれわれに知らせる」と考え、「象形文字はそれによって伝達される出来事には似ていない[31]」とする議論である。この認識論をレーニンは以下のように解釈する。すなわち、それは「人間の感覚と表象は、存在するものや自然の過程の模写、それらのものの写像ではなく、記号、象徴、象形文字等々である[32]」とする理論である、と。そして、レーニンによれば、「プレハーノフは唯物論の説明にあたって明らかな誤りを犯した」[33]。

両者の行論において対立的にとらえられているのが、模写・写像（レーニン）と象形文字・記号（プレハーノフ）であるのは明らかだ。すなわち、後者にあっては、感覚において与えられるもの（記号）は感覚を触発するもの（物自体・物質）と性質を根本的に異にするとされている。これに対して前者にあっては、感覚において出現するものとその出現を触発するものは、根本的に性質を異にしているものの、感覚は対象を「模写し、写真に撮り、反映する」ことによってそれを感覚へと直接的にもたらすとされている。両者において感覚とその対象の性質とが根本的に異なるという論点は共通である。しかし、象形文字説にあっては感覚に受け止められたものは未だ解釈・解読を要する「記号」（＝象形文字）であるのに対して、レーニンの反映論にあってはそれは直接的に、いわば直覚されるものとされている。それはすなわち、角度を変えて言えば、プレハーノフの認識論は言語ないし記号による表象という水準にとどまろうとしているのに対し、レーニンの認識論は記号を要さない無媒介な認識を目指しているということでもある。客観的なもの、「物質」は、われわれの側からの読み取りの過程を跳び越して、主観のうちへといわば踊り込んで来るのである。

そして、この直接性の論理を支えているのが、「写真に撮られ」（фотографироваться）という隠喩である。この隠喩は、単なる物の喩えと見なすには過剰な意味を発散している。というのも、一九世紀前半に発明された写真技術が大衆的に普及して行ったのは、マルクス主義の創始・発展の時代とまさに同じ時代においてのことであったからだ。後にヴァルター・ベンヤミンは、写真と社会主義がもたらした芸術の危機の接近、そしてその内在的超克の可能性について語ることになるだろう[34]。写真の発明と発展が認識論あるいは哲学一般に対して与えたインパクトについて分析する視覚文化論的言説は、すでにいくつも出現しており、それらについて広範な検討を加えることはここではできない。ただ、確実に言えるのは、次の事柄である。すなわち、われわれの論じてきたこの時代における哲学思潮の転換は、一般にデカルト的「精神」、あるいはカント的「超越論的統覚」に対する異議申し立てとなって現れたわけだが、写真のもたらしたインパクトは、生理学や心理学上の発見と並んで、こうした古典的な概念への懐疑を惹き起こした切掛けのひとつとして数えられる、ということだ。人間主体の不安定性、すなわち人間の認識はカオス的であるという事実が自然科学によって新たに示されつつあったが、写真は視覚の断片性を明るみに出すことによってこのことを立証するのに一役買う技術としても機能した(35)。

しかしそれ以上に重要であると思われるのは、レーニンの言う「感覚による撮影」は、ある種の意志の隠喩となっているように思われることだ。ジョナサン・クレーリーは、『知覚の宙吊り』において、われわれの論じてきたパラダイム転換に先鞭をつけた思想家としてショーペンハウアーを挙げているが、彼に関して次のように論じている。

ショーペンハウアーの仕事全体のなかでもっとも重要な提案のひとつは、超越論的な綜合作用としての統覚というカントの概念が放棄されたことである。カントのこの概念は、いかにして世界がわれわれに表象されるのか、連続する諸知覚が知的に一貫性をもつようになるのはどうしてか、を説明するものであった。統一というアプリオリな原理に代わって、ショーペンハウアーは、意志のみが、あらゆる表象を包括できるものであると考えた。もちろん、ある意味でこの意志は、ショーペンハウアーにとって統一の原理ではある。しかし、彼は、もはやカントとはいかなる共通の基盤ももたない世界にわれわれを据える。カントにとって、知覚の経験に必然的で絶対的な特徴を与えているのが、統覚による綜合的統一であったとすれば、ショーペンハウアーにとっての意志とはまず、外見の背後にいかなる理性や論理や意味をもたないものである。(36)

「超越論的統覚」が解体された後、それでも主体が単なるカオスでないとするなら、そこになお残る統一原理は「意志」である、とショーペンハウアーは考えた。「意志」は、現象の世界とは次元を異にして、世界の内奥の意味を担っている、とされる。見てきたように、レーニンが批判したマッハ主義は「統覚による綜合的統一」の不可能性を挙証する理論であった。そして、この態度をレーニンは「新手の主観的観念論」であると繰り返し断定する。果たして、この断定は単に的を外したものにすぎないであろうか。『唯物論と経験批判論』が数々の点（特に、量子力学の成立によって古典物理学における〈観察者〉と〈観察対象〉の独立性という前提が崩壊したという事実）でおよそ現代の視点からは受け入れがたい哲学の言説であるにもかかわらず、それでも興味深いものであるのは、レーニンが、マッハ主義の構えにおいて、カント的統覚の失墜後に前景化された意志が隠蔽されていることを見出しているからである。再びクレーリーの言葉を借りるなら、マッハ的思潮の同調者たちは「世界の客観的な絵を与えるようなあらゆる試み」を放棄し、「その代わりに、彼らはそれぞれ、いかなる本質的な実体や永続性ももたない諸要素の多様な複雑さを表象する一時的で実践的な方法を模索した」(37)。かくして、彼らにあっては客観性の次元は放棄され、より確実な（と見なされる）次元が獲得される。それは即自的には（主観の客観への）超越への意志の衰弱・欠如である。しかし、レーニンはそれを「主観的観念論」であると断定する。彼の考えでは、超越への意志が完全に無化されるということはあり得ない。つまり、「一時的で実践的な方法」によるとはいえ、いやしくも何事かが認識されるとき、その認識には世界をどのような力に貫かれたものとして把握するのかということについてのメタ認識、世界観、あるいは意志が含まれざるを得ない、ということをレーニンは前提としている。言い換えれば、そこには必ず、純粋な経験以前の意志が存在すること、現象としての世界以前の何かに対する洞察が存在すること、このことをショーペンハウアーと同じようにレーニンは確信している。無論、こうした意志は、ある意味で経験を超越しており、したがって主観性を超越している。してみれば、「主観―客観」という配置を無用な形而上学として棄却する「現象主義」の態度はこうした意志を隠蔽しており、それを「一時的で実践的な方法」とすることに対して、レーニンは、超越の力能を奪われた主観が抱くルサンチマンを感じ取るのである。こうして、レーニンがマッハ主義を「主観的観念論の現代的亜種」であると執拗に論難することによって明るみに出されているのは、超越への意志の隠蔽、一種のルサンチマンとも見なすことのできるものである。マルティン・ハイデガーが、おそらくはマッハ主義を念頭に置きつつ、次のように言うとき、指摘されている問題は同断である。

ひと度物が、感覚所与の多様性へと粉砕されてしまうやいなや、物の統一的な本質についての解釈は、ただ、次のように進捗しえたのみである。すなわち、こう述べられたのである。本来、物とは、単に感覚的なデータの集積にすぎず、その他になおそれがもっているものといえば、使用価値と美的価値と――我々がそれを認識する限り――真理価値なのである、と。物とは、価値の付着した集積なのである。そこにおいては、感覚は、それだけで表象される。感覚は、物とは一体何であるのかと、あらかじめ述べられることもなく、それ自体、物とされる。物が分解して、その破片――感覚――が、自称根源的なものとして残っている、ということであるのに。[38]

こうした立場をハイデガーは、「ヨーロッパの思考において、すでに極めてすばやくのさばり、今日でもなお断然乗り越えられていない見解[39]」と呼び、そしてこれをデカルト＝カント以来の「数学的なものの見方[40]」の帰結と見なしている。言うまでもなく、ハイデガーにとって、この帰結に対していかにして抗うかということが彼の思想的課題にほかならなかったわけだが、マルクス主義的コミュニズムが近代を丸ごと超克するための思想であるとすれば、レーニンの唯物論にとっても課題は同じ場所に設定されている。まずは「主観―客観」という形で分割された世界を、そしてさらには「物の破片」として分解された世界を、いかにして再構築することができるのか。この問いにおいて、ハイデガーのプロジェクトとレーニンの唯物論は現実に出会っている、と言いうる。

すでに述べたように、レーニンがこだわっているのは、経験のあり方、あるいは主観と客観が形づくる関係性のあり方の問題でもある。われわれが感性から出発するからといって、なぜそこで「客観的実在」の存在、あるいは端的な「物」が否定されなければならないのか、そこにはいかなる意志が働いているのか、そしてその意志のあり方によってわれわれの経験はどのように規定されるのか――レーニンの問い掛けている問題はこうした事柄である。「客観的実在」が葬り去られ破砕されるとき、その反対項的相関者たる主観もまた感覚のカオスのなかに溶解する。マッハこそ、この必然的帰結を徹底的に推し進めた思想家にほかならなかった。マッハの拓いた世界において、それでもなお残りうるのは、「物の破片」であり、それが「根源的なもの」としての地位を主張することとなる。その主張とは、ニーチェ流に言うとすれば、超越への欲望を迂回させることを命じられて衰弱し隠蔽された「力への意志」が形を取ったものである。かかる意志のあり方によってわれわれの経験は必然的に分解し断片化されることになるであろう。してみれば、われわれが「物の統一的な本質についての解釈」あるいは「世界の客観的な絵を与えるようなあらゆる試み」を放棄することによって得ることができるのは、認識のより確実な地平ではなく、「物の破片」とそれに応じて断片化された主観性であるにすぎない。そして、このような経験の貧困化への不満は、レーニンやハイデガーにのみ認められるものではない。「現象」の概念についてマッハから触発されたフッサールが、後にマッハの「心理学主義」「生物学主義」を批判し、主観性を「最も驚嘆すべきもの」[41]として再発見し、そこから独自の現象学を構想するにいたる背景には、おそらくは同じ問題が横たわっている。

「物」の分解によって没落するのは「物」だけではない。それは主観性、そしてそれが持つ経験をも没落させずにはおかないであろう。ひとことで言えば、そこにおいて経験の真正性は無化される。レーニンにおいて、こうしたことすべては、あの「物質」が人間主体へ、そして世界のなかへ踊り込むことを妨げる。レーニンが次のように言うとき、彼が言い当てているのは、われわれの論じてきた世界像の転換において生じた、ある種の意志の衰弱にほかならない。

多くの観念論者と不可知論者（カント主義者とヒュームを含め）が唯物論者を、実際、形而上学者

呼ばわりするのは、外界の存在を認めることは経験の限界外に出ることであるかのように、彼らには思われるからである。(42)

ここで言われている「観念論者と不可知論者」とは、勿論、マッハ主義者たちを名指している。そしてレーニンいわく、彼らは「経験の限界外に出ること」を恐れている。逆に言えば、レーニンにとって、「物質」を認めること、あるいはさらに進んで「物質」を写し撮ることは、「経験の限界外に出ること」を意味しない。否むしろ、レーニンにとって、認識するとはそもそも他なるものと意識との無媒介的な接触を意味しているのであり、この接触・衝突において真理がつかみ取られる。だから、外界の「客観的実在」を認めることは、このプロセスが「経験」において不断に起きていることを認めることである。換言すれば、それは、超越への意志がつねにすでに作用していることを認めることにほかならない。先に触れた「写真」のメタファーが単なるメタファーにとどまらず本質的問題に関わっているのは、この技術がかかる経験のあり方を可能にし、超越をもたらす「力への意志」を全面的に解放するテクノロジーである、とレーニンが考えているからだ。

われわれの論じてきた時代における新思潮の多くが、一面では経験主義的な構えを取ると同時に、例えばベルグソンの「生の躍動」や西田幾多郎の「純粋経験」に典型的に見られるように、経験において経験を成り立たしめている、思惟以前あるいは主客未分の次元における「直接的なもの」を追究していたことは、非常に示唆的である。経験主義的構えのなかに見られるこうした傾向がすでに、経験主義の超克への衝動を示しているように思われる。すでに見たように、経験主義を最も徹底化したマッハにおいて、主体も客体もその輪郭は失われた。明滅する諸感覚の要素連関のうちに、確たるものは没して行ったのである。それは奇妙な体験であっただろう。われわれには経験のみがある。だが、あらゆる実体が打ち捨てられ、移ろいやすい感覚のさざ波だけが残るとき、その経験の真正性は一体何によって確保されるのであろうか。つまり、そこには奇妙な逆説がある。経験だけが信ずべきものとして残されるとき、それは同時に真正性を欠いた虚ろな脱け殻のようにも感じられざるを得ないのである。してみれば、多くの思想家たちが追い求めた「直接的なもの」とは、経験そして認識におけるアウラ的なもの、真正性を回復するための試みでもあった。そして、この真正性への衝迫とは、超越への欲望に裏打ちされたものにほかならない。

こうした視角から見た場合、レーニンの唯物論的認識論のユニークさは際立っている。彼にあって直接的なものとは、主体の側にあるのではなく、主観のうちへそのまま侵入してくる「外界」=「客観的なもの」=「物質」にほかならないからだ。レーニンにおける「客観的実在」としての「物質」、そしてそれを「写真に撮る」こと、それは経験の真正性を確保するための概念配置であると同時に、断片化された世界と主観性とをテクノロジーに媒介させることによってそれぞれ統一的なものへとまとめ上げることを志向するものであった。

こうしたことをなぜ写真というテクノロジーは可能にすることができるというのであろうか。あるいは、レーニンはこのテクノロジーにどのような夢を見ていたのであろうか。ロラン・バルトいわく、写真を撮るとは、被写体に不意打ちを加え、「非常にうまく隠されているため、当事者さえも知らないかまたは意識していない事柄を、暴露する」(43)ことである。この定義に従うならば、レーニンにとって写真が偉大なテクノロジーであるのは、それが世界に不意打ちを喰らわせ、現在の世界がいまだ意識していないことまでをも明るみに出す武器たりうるからである。おそらく、レーニンにとって客観的に実在するものとは、物理学における「物体」よりもむしろ、例えば資本主義の搾取機構であり、資本家階級であり、ツァーリズムであり、ブルジョア国家であっただろう。実際、『唯物論と経験批判論』の以前にも以後にも、レーニンの紡ぎ出す政治的テクスト、経済学的テクストは、これらの「客観的実在」に対して容赦のない暴露の砲撃を加えたのであった。

だが、これらの「客観的実在」は、「像」である限りにおいて、現在の社会の表象にすぎない。そして、述べてきたように、レーニン的「物質」の真面目は、それが表象の次元を突き破った場所の実在であるというところにある。彼の構想した革命とは、現在の秩序のなかで抑圧された真に客観的なものを歴史の現実へと踊り込ませ、全面的に展開させるための出来事にほかならなかった。言うまでもなく、レーニンのすべてのテクストは、この出来事、真に客観的なものの蜂起を生ぜしめるために書かれている。そして、われわれが論じてきた「物質」の両義性はここでその政治的機能を発揮する。つまり、唯物論者の理論的意識は、資本制度、ブルジョア国家等々の破壊されるべき「客観的実在」=「物質」を「写真に撮る」。だが同時に、意識と「物質」がある面では通約不可能である以上、そこに写る像は（ブルジョア的）意識から逃れ去るものを含んでいる。してみれば、そこで暴露されるのは「客観的実在」において意識に対して隠されていること、言い換えれば、ブルジョア世界の無意識にほかならない。マルクス主義の理論が、レーニンにとって、単にトータルな世界観を与えるものであるだけでなく、現存する世界の底を突き破って出現する革命を導くものであったこと、すなわち世界の無意識へと遡行することを可能にするものであるがゆえに特権的なイデオロギーであったことを想起するべきであろう。写真とマルクス主義理論の機能は、等価なのである。

ヘーゲルが言ったように、「現実的なものは理性的であり、理性的なものは現実的である」ならば、革命運動の前に立ちはだかる「客観的実在」のなかに本当に展開されるべき物質は宿っており、それは叛乱の秋を待っている。してみれば、レーニンの唯物論的認識論とは、ハンマーによって現実の外皮を叩き破り、無底の物質を引き出すための、不可欠なヴィジョンにほかならなかったのである。

注

（1）S・カーン『空間の文化史――時間と空間の文化：一八八〇―一九一八年／下巻』浅野敏夫・久郷丈夫訳、法政大学出版局、一九九三年、六―八頁。

（2）ちなみに、この意図が「政治的な」ものであるかそれとも「学問的な」ものであるかと問うこと、換言すれば、レーニンの本質的意図はボリシェヴィキ内部での多数派工作であったのか、それとも哲学的真理の探求であったのか、と問うことは無用である。なぜなら、レーニンにとって政治理論と哲学思想のあいだに本質的な懸隔は存在しなかったし、このことは当の論争の直接の相手にとっても同様であった。

А. А. Богданов, Эмпириомонизм, М., 2003, С. 215.

（3）木田元『マッハとニーチェ――世紀転換期思想史』新書館、二〇〇二年、一七―一九頁。

（4）廣松渉『事的世界への前哨――物象化論の認識論的＝存在論的位相』ちくま学芸文庫、二〇〇七年、八五―八六頁。

（5）このような研究の例として挙げることができるのは、佐藤正則『ボリシェヴィズムと〈新しい人間〉――二〇世紀ロシアの宇宙進化論』水声社、二〇〇〇年、である。同著作は日本で初めての本格的なボグダーノフ研究の書でもある。その序文には、以下のように書かれている。「ロシア革命とソ連の成立が二〇世紀の世界にとってきわめて重要な意味をもっていることとそれ自体にたいしてはおおかたの異論はないだろうが、それがいかなる点において二〇世紀的と言えるのかについては十分に説明されてはいない。たとえば、自明のもののように思われがちなボリシェヴィキの思想ですら、実際にはそれほどよくわかっているわけではない。そのため、ロシア革命が二〇世紀世界にとって重大な意味をもっていることは疑いないにしても、思想としてのボリシェヴィズムにはたして二〇世紀的な特徴を見出すことはできるのか、という問題はまったくもって不明のままである。その原因の一端は、これまでの研究がもっぱらボリシェヴィキの政治や経済面での政策に集中し、彼らの世界観といったものを正面からとりあげてこなかったことにある」（一二頁）。また、同じく佐藤によるアレクサンドル・ボグダーノフ『信仰と科学』、未來社、二〇〇三年、に寄せられた「訳者解説」も、同様の問題を扱っており、本稿が成る上で、筆者も多くの示唆を得たことをここに記しておく。

(6) 廣松渉『世界の共同主観的存在構造』講談社学術文庫、一九九一年、二四—二六頁。
(7) H・S・ヒューズ『意識と社会——ヨーロッパ社会思想　一八九〇—一九三〇』生松敬三・荒川幾男訳、みすず書房、一九九九年、一一頁。
(8) 佐藤正則、前掲書、四九頁。
(9) 同書、四二頁。
(10) **А. А. Богданов, Эмпириомонизм, М., 2003, С.108.**
(11) E・マッハ『感覚の分析』須藤吾之助・廣松渉訳、法政大学出版局、一九七一年、七頁。
(12) E・マッハ『認識の分析』廣松渉訳、法政大学出版局、二〇〇二年、三七頁。
(13) マッハの哲学における主著『感覚の分析』の第一章は、「反形而上学的序説」と題されている。
(14) E・マッハ『認識の分析』、九七頁。

(15) この著作のタイトルに現れている「実体から関数へ」というフレーズはマッハ主義の合言葉であった。上山安敏『フロイトとユング』岩波書店、一九八九年、一五六頁を参照。

(16) E・カッシーラー『実体概念と関数概念——認識批判の基本的諸問題の研究』山本義隆訳、みすず書房、一九七九年、三一五頁。

(17) 同書、三一五—六頁。

(18) В. И. Ленин, ПСС, изд., 5-ое, Т. 18, С. 275.〔『全集』第一四巻、大月書店、三一四頁。〕

(19) Там же, С. 276. 同書、三一五頁。

(20) 例えば、大澤真幸「失敗する指導者」:『本』、二〇〇六年一一月号、講談社を参照されたい。

(21) 廣松渉『マルクス主義の地平』講談社学術文庫、一九九一年、七八頁。なお、引用中の「近世」という用語を廣松は「近代」と無差別に使用している。

(22) 同書、八〇—八一頁。

(23) В. И. Ленин, ПСС, изд., 5-ое, Т. 18, С. 138.〔『全集』第一四巻、一五八頁。〕

(24) Slavoj Žižek, Afterword: Lenin's Choice : Žižek eds., *Revolution at the Gates*, London & New York : Verso 2002, p. 179-180.〔S・ジジェク『迫り来る革命——レーニンを繰り返す』長原豊訳、岩波書店、二〇〇五年、四一—四二頁。〕

(25) Ibid., p. 180.〔同書、四二頁。〕

(26) 佐藤正則「マルクスを読みなおす〈マッハ主義者〉たち——〈ロシア・マルクス主義〉の多面性のために」:『情況』二〇〇三年五月号、一四一頁。

(27) A・ボグダーノフ『信仰と科学』佐藤正則訳、未來社、二〇〇三年、四七頁。

(28) В. И. Ленин, ПСС, изд., 5-ое, Т. 18, С. 128.〔『全集』第一四巻、一四六頁。〕

(29) Там же, С. 206.〔同書、二三五頁。〕

（30）Там же, С. 131. [同書、一五〇頁。]

（31）Г. В. Плеханов, Очерки по истории материализма, сс. из В. В. Зеньковского, История русской философии, М., 2001, С. 699.

（32）В. И. Ленин, ПСС, Т.18, С. 244. [『全集』第一四巻、二七九頁。]

（33）Там же, С. 250. [同書、二八六頁。]

（34）W・ベンヤミン「複製技術の時代における芸術作品」:『ボードレール他五篇――ベンヤミンの仕事2』野村修編訳、岩波文庫、一九九四年、七一―七二頁。

（35）J・クレーリー『知覚の宙吊り――注意、スペクタクル、近代文化』岡田温司監訳、平凡社、二〇〇五年、一三六―一四三頁を参照せよ。

（36）同書、六〇―六一頁。

（37）同書、一六〇頁。

（38）M・ハイデッガー『物への問い・全集　第41巻』高山守ほか訳、創文社、一九八九年、二二〇頁。

（39）同書、二二〇頁。

（40）同書、二二二頁。

（41）H・スピーゲルバーグ『現象学運動』立松弘孝監訳、世界書院、二〇〇〇年、上巻・一六八頁。

（42）В. И. Ленин, ПСС, Т. 18, С. 59. [『全集』第一四巻、六五頁。]

（43）R・バルト『明るい部屋――写真についての覚書』花輪光訳、みすず書房、一九九七年、四六頁。

※　本論文は、日本学術振興会特別研究員制度および特別研究員研究奨励費による研究成果の一部である。

第四章　ヴェーバーとワイマール大統領制

――人民投票的指導者民主制の理論

森元　拓

はじめに

本号のテーマは「歴史における理論と現実」である。前世紀の歴史の中で最も衝撃的な「現実」の一つが、全体主義の現実態として登場したナチス・ドイツの蛮行であることに異論はないだろう。そこで、本章では、この歴史的「現実」に大きく関わった、「人民投票的指導者民主制」(Die plebiszitäre Führerdemokratie) の「理論」に焦点を絞り議論を展開する。

人民投票的指導者民主制は、ワイマール憲法第四八条とともに後世の法学者・政治学者の評判が良くない。これらは、ナチスが合法的に政権奪取する過程で悪用され、議会主義を機能不全に陥れた犯人だとされているからである。すなわち、ワイマール共和国末期、ライヒ議会が反議会主義を掲げるナチスと共産党によって機能不全に陥った際に、ライヒ首相の任免権を握るヒンデンブルク大統領は、少数内閣（大統領内閣）を組織し、第四八条に基づく非常大権を濫発することによって議会と完全に乖離した統治を行った。この結果、ワイマール共和国にとどめをさし、このことがナチスに政権を取らせる契機になったとされている。このような歴史認識に基づけば、ワイマール憲法第四八条の規定と人民投票的指導者民主制の理論に基づく大統領制が、ドイツの民主主義を崩壊させ、全体主義への途を拓いた元凶とされることになる。

そして、このワイマール共和国の人民投票的指導者民主制の産みの親といわれているのが、マックス・ヴェーバー（Max Weber）である。(1) ヴェーバーは、ワイマール憲法の原案を作成した内務省憲法委員会の有力な委員であった。彼が国民の直接投票による大統領制の導入を強く主張し、その結果、ワイマール共和国のライヒ大統領が誕生した。(2)

本章では、ワイマール共和国の最期という「現実」に大きく関係していた大統領制――人民投票的指導者民主制――が、どのような「理論」を基に構想されたのか、ということを検討する。ナチスドイツという歴史的「現実」を見据えた上で、「理論」が意図していたことを改めて検討すること――このことは、歴史的な考証としても意味があるであろうし、過去の教訓を現在に活かすということからも意味のあることであろう。

1 モムゼンのヴェーバー論とその前提

(1) ビスマルクの遺産――未熟な議会と国民

まず、ワイマールに先立つ第二帝政下のドイツの政治状況をヴェーバーがどのように分析していたのかを概観する。ヴェーバーは、第二帝政の統治体制を「ビスマルクの遺産」とみていた。彼の同盟者ばかりか政治的敵対者からも「熱烈な個人崇拝[3]」を受けていたビスマルクは、山積する問題を解決し、新生ドイツを安定させることを至上命題と考え、自己の統治を極力効率よく進めるための国制の構築に腐心した。このため、ドイツ第二帝政下の国制は、ビスマルク自らの統治を容易にすることに最大限の注意を払いつつ、彼がわずか一晩で書き上げたといわれる憲法――まさに彼の遺産――に委ねられた。そして、その国制が造り上げたものといえば、政治的に無能な議会と政治家、そして国民であった。比類なき「偉大な政治家」であるビスマルクにとっては、その方が効率的な統治を遂行できるため、都合がよかったのである。ヴェーバーによると、「議会と政党政治家の政治的空虚さこそ、まさに彼［ビスマルク―引用者注］が欲していたところであり、彼が故意に持ち込んだ[4]」ものであった。

ところで、ヴェーバーは議会の本来のあるべき姿をどのようにみていたのだろうか。ヴェーバーはそれを「議会主義」と称し、議会主義とは、①行政を指揮する政治的指導者を議会が選抜し、②その政治的指導者が議会に対して責任を有し、③議会が行政をある程度コントロール可能な状態におくことのできる体制であるとした[5]。議会は、これらのことを確保できてはじめて、国制の中で「積極的な政治の一要素」となることができ、「このような政治が行われる場合には、その政治が正しいかどうかは別として、それは〈国民国家〉Volksstaat であるといわれる。しかし、支配される者の議会が、支配する官僚に対抗して消極的な政治を行う場合には、その議会は〈官憲国家〉Obrichkeitsstaat の一類型ということになる[6]。」しかし、「ビスマルクは、どのような性質のものであれ、何らかの自立的な、つまり自分の責任に従って行動する勢力が一個たりとも自分のそばに存在することを許さなかった。内閣の中でもそうである。…議会の中でも同様である。ビスマルクの政治の目論んだ事は、とにかく、強力で自立的な立憲政党を固まらせないようにすることであった[7]。」ビスマルクの目論みは、彼の在任中はもちろんのこと、彼が失脚した後までも成功しつづけることになった。第二帝政下のライヒ議会は真の意味での政治的指導者を選出することができず、ヴェーバーのいうところの議会主義を形成することができずに終焉した。

　もちろん、ビスマルクの目論見が成功しえた原因を、議会のみに求める訳にはいかない。議会の質は国民の質に依存する。国民が政治的安眠を貪り、自ら覚醒しようとしない間は、議会が覚醒するわけがない。この点についてもビスマルクは周到であって、彼は、議会のみならず市民を馴致することも忘れていなかった。ビスマルクにしてみれば、市民革命を一度たりとも成功させたことのない国民を覚醒させずにおくのは難しいことではなかった。国民にとって、ビスマルクは、（小ドイツ主義的解決ではあったが）ドイツ帝国を建国し、ドイツに立憲君主政体をもたらした立役者であったし、また、（形式的とはいえ）立憲的憲法の下で国民の公権を保障し、救貧法など社会福祉政策を推進してくれる「スケールの大きい為政者[8]」であった。実際、ドイツ第二帝政のライヒ憲法は、国民を「臣民」として、すなわち統治の客体としてのみ扱ったが、国民も、そのような憲法と統治に満足していた。ビスマルクは、ドイツ国民を骨抜きの状態にしておくことが望ましいと考え、事実、その状態に留め置くことに成功した。ヴェーバーは、このような状況を次のように語る。

> …ビスマルクの政治的遺産とはいったい何だったのか。彼は、政治教育のひとかけらも受けていない国民をあとに残した。その教育水準は、この国民が二〇年前に既に到達してた水準をはるかに下回っている。そしてなによりも、ビスマルクは、政治的意志のひとかけらも持ち合わせない国民をあとに

残した。それゆえ、この国民は、頂点に位置する大政治家が自分達のために政治をやってくれるだろう、という考えに慣れきってしまった。…国民は、驚くべき無邪気さで統治の手綱を握った人々の政治的資質に疑惑の眼を向けることもなく、自分自身についての決定を、「君主制的統治」の名のもとに運命として耐え忍ぶことに慣れきってしまった。ビスマルクは、そういう国民をあとに残した。これは命とりになるほどの傷であった。[9]（強調は原著者。以下の引用文においても同様である。）

（2）処方箋としての指導者民主制

ビスマルクが造った第二帝政は、ドイツ国民の政治性に命とりになるほどの傷を残した。そして、ドイツは第一次世界大戦を戦い、敗戦の憂目に遭う。ヴェーバーは、一九二〇年の切迫した政治状況下で演説した「職業としての政治」において次のように述べた。

ぎりぎりのところ道は二つしかない。「マシーン」を伴う指導者民主制を選ぶか、それとも指導者なき民主制、つまり天職を欠き、指導者の本質をなす内的・カリスマ的資質を持たぬ「職業政治家」の支配を選ぶかである。そして後者は、党内反対派の立場からよく「派閥」支配と呼ばれるものである。現在のところドイツにはこれしかない。[10]

もちろん、ヴェーバーは、第二帝政によって負った「命とりになるほどの傷」を癒すために指導者民主制（すなわち人民投票的指導者民主制）の選択を国民に迫ったのである。彼は、この危機的な政治状況を救い、瀕死の傷を治癒してくれる存在として、人民投票的指導者というカリスマ的指導者に賭けたのだ。というのは、ヴェーバーには「支配の社会学」という理論的根拠があった。それによると、人民投票的指導者民主制は、カリスマ的支配の現実態の一つであるが、このようなカリスマ的支配は「非日常的なもの」[11]であって、危機的状況において出現し、危機を脱出するために大きな威力を発揮する。[12]ヴェーバーは、このようなカリスマ的支配者の存在こそがドイツを政治的危機状況から救い出すと同時に、瀕死の傷を負ったドイツ国民の政治性を修復してくれると考えたのである。

なお、議会主義的な意味からすると、指導者の選出が本来は議会の仕事であることは、ヴェーバーもよく了解している。しかし、ワイマール体制のライヒ議会では、拘束名簿方式による比例代表制によって議員が選出される。ヴェーバーは、現状ですら政治的に未成熟な議会が、比例代表制によって様々な利益集団や圧力団体の利害調整と権力配分の場に成り下がってしまい、カリスマ的指導者を選出する能力など到底持ちえないと予測していた。それに、ヴェーバーは、議会によって選出される大統領と比較して国民によって直接選出される大統領の方が、より強固な統治体制を確立できると考えていた。[13]

従って、ヴェーバーは、直接投票の大統領による指導者民主制（人民投票的指導者民主制）のみが、政治的に無能力なドイツ国民を救い出してくれる治療薬たりうると考えていた。すなわち、「大統領——議会によってではなく人民投票によって選出された——大統領だけが、指導者に対する期待を満たす唯一の安全弁となる」[14]とヴェーバーは考えていた。

（3）人民投票的指導者民主制への批判

しかし、このような危機に対応すべく設計された人民投票的指導者民主制は、諸刃の剣でもあった。人民投票的指導者民主制自体が、何らかの政治理念や政治原理を指示することはない。従って、実際にいかなる政治原理・指導原理に基づいて政治が行われるかは、指導者次第である。この点について、ワイマール共和国の辿った歴史的現実をふまえつつ、ヴェーバーの人民投票的指導者民主制が後のナチズムを招き入れたものであるとして、ヴェーバー理論に対する痛烈な批判を行ったのがモムゼン（W. J. Mommsen）である。(15) モムゼンによると、ヴェーバーの人民投票的指導者民主制の概念は、シュミット（C. Schmitt）によって権威主義的なカリスマ的指導者民主制に改釈され、ナチズムの理論的正当化に間接的に加担したのみならず、ヴェーバーの理論的基盤の上に導入されたワイマールのライヒ大統領制がワイマール共和国末期の大統領内閣の途を開き、ヒトラー政権誕生へと決定的な手助けをしたとする。(16)

モムゼンは、このような事態を招いたのはヴェーバーの人民投票的指導者民主制の理論内在的な問題があるとし、具体的には、ヴェーバーが「人民投票的・民主制的支配のカリスマ的・権威主義的支配への転換の危険性を全くもって無視している(17)」ことに原因があるとする。ヴェーバーは、指導者民主制において、官僚制支配への対抗という要素を重視した。そのために、議会主義を形式的に利用したものの、その理念までは摂取していなかった、とモムゼンはいう。(18) すなわち、ヴェーバーの思想において「人民の意志を代表する団体の決議した法律に基づく合法的な民主制の支配という原則は、人民投票的・カリスマ的指導者思想によって排除されてしまう。」換言すれば、「人民投票的・カリスマ的正当性は、議会主義的立憲国家の合理的な正当性を排除し、それに取って代わる(19)」ことになってしまう。

モムゼンのヴェーバー批判は、確かに一面では妥当している。ヴェーバーの人民投票的指導者民主制は、シュミットがそうしたように、その理論を権威主義的に改釈することが可能であろう。しかし、そのような解釈は、あくまでヴェーバーの理論の一部分のみを取り出して解釈したものであって、モムゼン自身も認めているように「シュミットの理論は、確かに一面的である」[20]に過ぎない。従って、シュミットがヴェーバー理論の一部分を改釈して議論したからといって、そして、そのシュミットの議論に難点があったからといって、即座にヴェーバー理論全体に難点があったと評価することはできないだろう。[21]もしこの点が誤りでなければ、この見えないヴェーバー＝シュミットの連繋線を、（シュミットを理解する際の「たぐり糸」として検証することには意味があるとしても）ヴェーバーの側から理解しようとするのは——つまり、シュミット理論の難点がヴェーバー理論の一部分を密輸することに由来するとしても、それでヴェーバー理論に難点があると考えようとするのは——大きな誤謬を犯しているように思えてならない。

2　人民投票的指導者民主制の性格

これまでの議論を踏まえて、我々は、ようやく次の点に立つことができる。すなわち、「ヴェーバーは、ワイマール大統領制をどのような理論的根拠に基づいて構想しようとしたのだろうか」ということである。これは、既に述べたとおり、前世紀の歴史における「理論と現実」に関する最も大きな問題の一つである。ヴェーバーの大統領制は、本来の議会主義とはかけ離れて機能するであろうワイマール・ライヒ議会とある種対抗的に機能すべく意図されたものであることは間違いないし、この制度構築において、ヴェーバーがカリスマ的な指導者民主制的政治を実現しようとしたことも事実である。その意味で、ヴェーバーが実現しようとしていた統治体制は、理念型的な議会主義体制ではない。そこで、ヴェーバーが何を意図していたのか、ということを検証しなければならないし、その上で、ワイマール共和国の末路やナチズムの台頭を評価しなければ、正当な思想史的評価とはいえない。以下、この点について検討を行っていく。

(1)　真正カリスマ的支配と反権威的カリスマ的支配

ヴェーバーがワイマール体制で導入しようとしていた人民投票的指導者民主制は、支配の三類型によると、カリスマ的支配に分類される。通常、カリスマ的支配は、第一義にカリスマ的支配者の権威に服する。その意味でカリスマ的支配というのは、権威主義的である。[22] モムゼンが問題視したのは、まさにこの点である。すなわち、モムゼンは、「カリスマ的人民投票的指導者民主制の体制では、カリスマ的資質を持った指導者の役割が絶対化されてしまい、それにともなって、人民の意志が単なる歓呼・賛同に格下げされ、さらに民主主義的立憲国家の正当性付与システムが単なる形式的な合法性に還元されてしまうことになり、その結果、こうした体制は…カリスマ的な独裁への転換の危険性を直接に内に孕んでいることになる。[23]」モムゼンにとって、「人民投票的な指導者民主制に関する彼［ヴェーバー――引用者注］の説は、権威主義的な意味に解釈がえが可能[24]」であるものであったし、現に、ワイマール共和国の行き着いた先は、ナチスだったのである。

しかしながら、ヴェーバーは、カリスマ的支配の構造をそれほど単純なものとは考えていなかった。カリスマ的支配は第一義に権威主義的な正当性根拠を有するものであるが、そのような権威主義的カリスマ的支配が反権威主義的に解釈がえされる可能性がある。なぜなら、カリスマ的支配は究極的には被支配者の承認に基づくものであるが、この承認は、権威的なカリスマ的支配の帰結としてカリスマ的支配者の人格に対する帰依という形で行われる（このような状況下でのカリスマ的支配を、ヴェーバーは「真正カリスマ的支配」という）。従って、そこでは、カリスマ的支配者を承認することが被支配者にとっての当然の義務となる。これに対して、被支配者による承認が被支配者の自由で自発的な意思に基づく承認である場合、支配の正当性が支配者のカリスマに担保されている限りにおいてカリスマ的支配であるが、支配者の人格や血統などにナイーヴに帰依することによってではなく、自由な意思によって承認が行われるという意味で、被支配者による承認は、反権威主義的に解釈がえされたカリスマ的支配（「反権威的カリスマ的支配」という）となる。（典型例は、国民の自由な選挙によって選出されるカリスマ的指導者による統治。）このようなカリスマは、カリスマ的支配の帰結ではなく、カリスマ的支配の正当性の根拠であり前提であるとみなされ、「支配者は、今や、自由に選挙された指導者へと転化する。[25]」そして、このような反権威的カリスマ的支配の典型例として、人民投票的指導者民主制をヴェーバーは挙げる。「『人民投票的民主制』――これは指導者民主制の最も重要な類型である――は、その真正な意味からすれば、一種のカリスマ的支配――被支配者の意思から引き出され、この意思によってのみ存続する正当性、という形式のもとにかくされたカリスマ的支配――である。[26]」従って、ヴェーバーにとって、少なくとも理論的には、人民投票的指導者民主制は、人民の意思を単なる歓呼・賛同に格下げすることなく、ヴェーバーが「大統領には、法律を侵害したり、独裁的に統治しようとするどんな試みにも、『絞首台と縄』がいつも眼前につる下がっていることを解らせるようにしておかなければならない[27]」と述べているように、人民は、大統領をいつでも弾劾し、解雇する権限を有していることになる。[28]

このように、ヴェーバーは、カリスマ的支配について真正カリスマ的支配と反権威的カリスマ的支配とに区分した上で、人民投票的指導者民主制を後者に数えた。ヴェーバーの人民投票的指導者民主制論が、権威主義的な全体主義へと即座に移行する理論であるとモムゼンのように考えるのは、カリスマ的支配のこのような理論的構造を看過しているからに他ならない(29)。

(2)　カリスマ的支配と〈承認〉

それでは、カリスマ的支配を、真正カリスマ的支配と反権威主義的カリスマ的支配とに区分する基準はどこにあるのだろうか。カリスマ的支配の本質は被支配者の〈承認〉にあった。しかし、真正カリスマ的支配と反権威的カリスマ的支配とでは、この〈承認〉の質が全く異なっているのであり、両者の本質的な差異もそこにある。ヴェーバーは次のように述べる。

カリスマの妥当性を決定するのは、証し（Bewährung）によって――始原的には、常に奇跡によって――保証された、啓示への帰依・英雄崇拝・指導者への信頼から生まれるところの、被支配者による自由な承認である。しかし、この承認は、（真正カリスマにおいては）正当性の根拠なのではなく、むしろ、それは召命（Berufung）と証しとによって、この資質を承認すべく呼び迎えられた者たちの義務なのである。この〈承認〉は、心理学的には、熱狂やあるいは苦悩と希望とから生まれた、敬虔な、完全に人格的な帰依である(30)。

つまり、ここでいう〈承認〉というのは、形式的には自発的であるとしつつも、実質的には宗教的義務感に根拠づけられた〈承認〉であり、その教義を信じる者の義務と化している。これに対して、反権威的カリスマ的支配の場合、それは、自由に選挙された支配者であり、その〈承認〉は被支配者の完全に自発的なものとなる。

> 自らのカリスマに基づいて正当性を有していた支配者（Herr）は、被支配者たちの恩寵による支配者へと転化し、彼らは、支配者を（形式的には）自由に自分たちの好みに従って選挙し、任命し、場合によっては罷免する。…支配者は、いまや自由に選挙された指導者（Führer）に転化する。[31]

もちろん、これらの記述は、ヴェーバー自身が述べているように、理念型的なものである。現実の支配は、真正カリスマ的要素も反権威的要素も混在しているだろう。重要なことは、カリスマ的支配が、権威的な真正的カリスマ的なものになるのか、反権威的カリスマ的なものになるのかは、被支配者の支配者に対する〈承認〉の質に依存するということである。

これは、次のことを意味する。すなわち、カリスマ的支配が権威的なものになるのか反権威的なものになるのかを想定するのは、制度の問題ではないということである。モムゼンは、ヴェーバーの大統領制が権威的に改釈される危険性を指摘し、もって全体主義的危険因子であると診断したが、制度的要因は関係ないのである。制度的要件はあくまで副次的なものに過ぎない。制度的に真正カリスマ的であっても、被支配者が指導者の任免権を実質的に握っている場合もあろうし（イギリスが議院内閣制を慣習化させ、下院議員選挙が実質的に次期首相選挙となっている例）、逆に、制度的に反権威的カリスマの装置を持っていたとしても、既に権威的体質が圧倒していて、自由な選挙や指導者の罷免権が実質的に機能しない場合もあろう（ワイマール体制は、制度的には反権威的カリスマであった）。むしろ、問題は被支配者の〈承認〉の質にある。この点についての検討が、モムゼンを含め、これまでの「ヴェーバーとナチズム」の理論的連関を問う議論に決定的に欠けているのである。

ともあれ、被支配者の承認が、より自発的・自律的・被支配者内在的になればなるほど支配体制におけるカリスマ的支配は反権威的になり、より義務的・他律的・被支配者外在的になればなるほど権威的になる。つまりそれは、国民が支配者を承認する際、その支配を、理念や政策に依拠して正当だと考えるがゆえに承認するのか、または、支配に内在的ではない要素——たとえば、宗教的奇跡の発生、支配者の血統・人格など——によって承認するのかの違いということになる。これは、結局、国民が何に基づいて支配の正当性を判断するかという問題であり、国民の政治的判断力・政治能力の問題である。カリスマ的支配が権威的なものになるか反権威的なものになるかは、制度の問題ではなく〈承認〉の質の問題であったが、それは国民の政治的判断力・政治能力の問題に還元することができる。

3　ドイツ国民と国民教育

では、ヴェーバーは、ワイマール憲法を制定する際、いかなる理由で人民投票的指導者民主制を主張したのだろうか。それは、ヴェーバーが、人民投票的指導者民主制を「命とりになるほどの傷」に対する治療薬となる可能性を有していたと考えていたからである。ヴェーバーは、ドイツ国民が「ビスマルクの遺産」によって、政治的にあまりにも無教育で無能力な状態に捨て置かれていたとみていたし、むしろその地位を自ら望んでさえいたとみていた。このような国民のもとでは、支配者に対する承認の質――政治的判断力の水準――の高さなど望むべくもないだろう。それでもなお、いや、だからこそヴェーバーは、ドイツ新体制に人民投票的指導者民主制の導入を強く主張したのである。ヴェーバーは、ドイツに共和制――人民投票的指導者民主制――を導入する意義を次のように述べる。

以上のような直接現在の状況から生ずる政治的理由のほかに、もっと別な、共和制にとって永続的に重要な事柄が、われわれ急進主義者［ヴェーバーら共和制支持者―引用者注］に有利な材料を提供している。国家技術的な問題は、遺憾ながら重要でないことはないが、しかし、当然それは、政治とって一番重要な事柄ではない。むしろドイツの未来にとっては、市民層の大衆が、責任をとる覚悟と自己意識とをより多く備えた新しい政治精神を育て上げるかという問題の方がはるかに決定的である。これまで数十年このかた、「安全」の精神が支配していた。すなわち官憲の庇護、大胆な革新に対する不安、一口でいえば臆病風に吹かれた無気力が、これである。行政の技術的優秀さ、つまり全般的にみて物質的にことが旨く運んでいるという事情こそが、（単に市民ばかりでなく）住民の広範囲な層をこの外枠に慣れさせ、あの国家市民の誇りを押しつぶした。この誇りがなければ、どんなに自由な制度も単なる幻想に過ぎないのである。共和制は、このような「安全」を終わらせる。社会および物質的な特権と利益は、神の恩寵という歴史的正当性の中で庇護されることがなくなる。このことによって、市民層は、労働者層が長いことそうであったように、もっぱら自分自身の力と仕事だけに依拠するようになる。(32)

ヴェーバーにとって、共和制導入の意義は、指導者の選抜の場の確保とか、大ドイツ問題解決への足掛りとか、そういった統治上の技術的な課題への対応策という点よりも、ドイツ国民を政治的に教育し、いかに「新しい政治精神」を育て上げるかという点にこそあった。これまでの議論に即していえば、ヴェーバーにとっては、いかにして反権威的カリスマ的支配の正当性を確立するか、そして、いかにして国民の政治的判断力を鍛錬し、〈承認〉の質の水準を向上させるか、ということが決定的に重要であった。従って、ヴェーバーは「王朝の正統性を断固として拒否することを、究極的には市民層をも政治的に自立させるための手段とみなしている。だからこそ、…我々としては、無条件にはっきりと共和制を支持する(33)」と強い決意表明を行ったのである。何より、このドイツ国民の政治性の問題は、ヴェーバーが社会政策学者としてスタートした当初から最も関心があったことがらでもあったし、このような社会政策としての国民教育こそ、まさに社会政策学者ヴェーバーが取り組むべき問題であったことを彼自身、自覚していたのだ。

4　イェリネクの人権論とヴェーバーの宗教社会学

ところで、ヴェーバーがドイツ国民に植えづけようとした「新しい政治精神」——承認の質の水準を上げること——とは、具体的に、どういったものを想定すればよいのだろうか。すなわち、いかなる政治的精神が、近代大衆民主制＝人民投票的指導者民主制を真正カリスマ的支配に陥らせずに、反権威的カリスマ的支配へと導きうるのだろうか。

この点について、本節では、ヴェーバーが宗教社会学を研究する契機となったイェリネク（Georg

Jellinek）の人権論にまでいったん立ち戻り、その上でヴェーバーの宗教社会学を検討し、その過程で、上述の疑問――ヴェーバーが求めている「新しい政治精神」とは何か――に答えることとする。

（1） イェリネクとヴェーバー

ハイデルベルク大学でヴェーバーの同僚であったイェリネクは、ヴェーバーに国民の精神的風土と宗教との関係の重要性に眼を向けさせ、彼を宗教社会学へと向かわせた人物である。[34] ヴェーバーは「運命が私にやりとげさせてくれたものへの最も決定的な刺戟を彼［イェリネク―引用者注］の偉大な労作から受けている」[35]と告白し、社会科学方法論、社会学と〈社会的国家理論〉概念の創出、宗教社会学の研究などについて、イェリネクの研究から決定的な影響を受けたとする。

（2） イェリネクの人権論と反権威的主体

イェリネクは、『人権宣言論』の中で、フランス人権宣言の思想的淵源を、ルソーではなくアメリカ諸州の権利章典に求め、さらに、アメリカ諸州の権利章典の淵源をイギリスの権利章典ではなくピューリタニズムの独立教会派に求めた。イェリネクによると、独立協会派は「宗教の領域における卓越した個人主義」に基づき、教会の自治を確保する必要から教会と国家の完全な分離を要求した。その結果、彼らは本国オランダを脱出し、アメリカ大陸で新たな共同体を形成することになった。そして、その過程で、政治共同体の支配からは自由な、完全で無制限な良心の自由を要求するに至ったとする。[36] 更に、このような要求は、諸ゼクテとイギリス国教会との宗教的闘争を生み、この闘争から宗教上の信念に関する完全な自由、礼拝の自由、市民的自由と政治的自由の独立へと形成・発展していくことになり、これが各州憲法及び独立宣言へと結実していくとした(37)。

そして、このようにして形成・展開していった人権概念は、政府や権力者から授与された特許状や免除状に基づくものではなく、人が生まれながらにして有している「高次の権利」に基づくものとして歴史上初めて宣言したことにこそ意義がある。そして、国家がこのような人権を国家が侵害した場合には、各人は国家と対決してでもこの権利を守らなければならないものとして観念された。イェリネクは、次のように述べる。

この原則［信教の自由の原則―引用者注］は、アメリカの民主主義を産んだ宗教的＝政治的大運動ともっとも深く結びついており、それは、つぎのような確信から発するものである。すなわち人間は、市民への与えられた権利ではなく、生まれながらにして権利を有しており、良心のなすこと、すなわち宗教意識の発現は、このような、より高次の権利の行使として侵すことのできないものであり、そのようなものとして国家と対峙している、という確信である(38)。

更に、このような良心の自由と信教の自由を不可譲の権利と観念できたことによって、そこから様々な人権が生じることになった。

国家に左右されない良心の権利というものがあるとする確信によって、個人の譲り渡すことのできない権利が個別的に規定される足掛かりができた。支配権力が個人の自由な活動に対して圧力を加えることによって、その圧力の傾向に対応した個別の人権が存在するという観念が生じてきた。かくして、信教の自由の要求と並んで、出版の自由、言論の自由、結社及び集会の自由、移住の自由、請願権、恣意的な逮捕・刑罰・課税からの自由などの要求、さらに、これらすべての制度を支えるものとしての、個々人の国家生活への参与への要求、ならびに、自由かつ平等な人間の結合としての国家の形成への要求が出てくる。このような盛りだくさんの法益は、過酷な闘いに勝った褒美なのであり、思弁の産物ではなかった。[39]

歴史上、アメリカにおいて初めて実定的権利として観念された様々な人権は、まさに「国家と対峙して」、「過酷な闘い」を闘い抜いて勝利した結果であり、形而上学的自然法的な観念の産物でも、権利というものが国家の立法によって国家全体の福祉と幸福の増進のために恩恵的に与えられるものではない、ということである。そして、このような「過酷な闘い」を耐え抜くための基盤は、国家権力という権威に反抗してまで自らの宗教的確信を守り抜くという反権威主義的意識であった。逆にいうと、この反権威主義的意識が存在しないところでは、このような闘いは生じなかっただろうし、仮に生じたとしても、その主張を貫徹させ、人権を生じさせることはなかったであろう。この意味で、反権威的主義意識こそが、人権概念の核心だったのである。[40]

(3) ヴェーバーの宗教社会学

人権が国家権力との闘争の中で成立し、その基盤を提供したのが宗教的精神から発生した反権威主義的意識である、というイェリネクの研究を受けて、ヴェーバーも宗教社会学において、イェリネクと同様の議論を展開する。(41) しかし、ヴェーバーは、イェリネクよりも更に宗教的側面の考察を深化させ、それぞれの国民の宗教的意識と政治的意識との関係を探り出す。彼は、次のように述べる。

> 寛容は、近代の「自由」思想と何ら異なるものではない。すなわち、あらゆる人間的権威を「被造物神化」として排斥する原理を宗教的に固執することと、唯一神とその律法に由来する無条件の自己放棄を価値なきものとすることである。…このように、完全に宗教的な動機から、「反権威主義」が導出されたということが、ピューリタン諸国における「自由」の歴史的に決定的な「心理学的」基盤であった。(42)

本章の議論に即して言えば、寛容の精神の前提となっている「被造物神化」の拒否は、同時に、人間的権威の無条件の受容をも拒否することであり、ピューリタン諸国ではこのような宗教的基盤の上に「自由」が存在している。従って、これらの国々では権力者に対して是々非々で接し、権力者の権威を必要以上に賞揚することはない。この点について、更に、ヴェーバーは次のように述べる。

> ピューリタニズムの歴史をもつ諸国民がカエサル主義に対して比較的大きい抵抗力をもっている、という事実もまた、それ［ピューリタニズムの被造物神化の拒否の思想―引用者注］とかかわりを持っ

ている。だからこそ、イギリス人は一般に内面的自由を保っていて、一方では大物の「価値を承認」しながらも、他方では、大政治家に対してさえ批判的であり、彼らへのヒステリックな偏愛だとか、政治上のことがらについて誰かに「感謝」をもって服従すべきだというようなナイーヴな思想を、拒否しえたのでった。——これは、われわれが一八七八年以降ドイツで、積極的にであれ、消極的にであれ、体験した多くの出来事とはまさに逆だ。(43)

プロテスタンティズムの中でも予定説を前提とするピューリタニズムにおいて、信徒は、神と直接交流するために被造物が介在することを神との直接交流の障害とみなし、被造物を神のように崇めることを禁止する。この被造物神化の拒否は、個々人の心の内の徹底的な孤立化・内面化を促し、神の栄光を現世で実現するための合理化を促すと同時に、被造物の発現である現世内権力の権威の拒否へと人々を導く。従って、ピューリタニズムを信仰する人々は、カエサル主義——ビスマルクへの態度に典型的にみられるような、権威にナイーヴに盲従してしまう傾向——への抵抗力となったのである。逆に、同じプロテスタンティズムでも予定説を前提としないルタートゥームが流布したドイツにおいては、被造物神化拒否の思想がみられず、これがカエサル主義に対する抵抗力の欠如につながったとする。つまり、「政治的に見るなら、ドイツ人は、事実、言葉の最も内面的な意味における『臣民』そのものであったし、また現にそうであり、従って、ルタートゥームがドイツ人にはうってつけの宗教であった。(44)」

ヴェーバーは、ピューリタニズムの国々において存在する国民の高い政治意識の本質を、被造物神化の拒否を背景にした反権威的なピューリタニズム的意識の中に見た。従って、「新しい政治精神」の意味することは、権威に対するナイーヴな思想を拒否するピューリタニズム的な反権威主義的意識であったのだ。これこそが、反権威的カリスマ的支配の中核となるものであり、ヴェーバーが大統領制によって育て上げようとしたものである。[45]ヴェーバーの意識の中には、この「ドイツにおける反権威主義的意識の生成」というプロジェクトが一貫して存在しており、ヴェーバーは、このプロジェクトを遂行するための理論（支配の社会学）と方策（社会政策）を常に考えてきたのだ。ヴェーバーは、教授就任時の公演を基にした初期の「国民国家と経済政策」という論文で次のように述べる。「我々の果たすべき最高の義務は、一人一人が身近なところで、わが国民の政治的教育に協力するというこの課題を自覚することである。他ならぬ我々の科学の究極目標もまた、わが国民の政治的教育という点に置かれなければならない。[46]」

5　人民投票的指導者民主制と反権威主義的意識

しかし、未だに疑問は残る。人民投票的指導者たる大統領はドイツにおいて反権威主義的意識を生成し涵養することが本当に可能なのだろうか、もし可能なら、それはどのようにして可能なのか、そして、現実は一体どうだったのか、という疑問である。

ヴェーバーが政治的国民性を語る際、あるべき姿として彼の念頭にあったのは、前述のピューリタニズムの国々――具体的にはイギリス――の政治であった。そこでは、理念型的な意味での議会主義がおおむね実現されている上に、ピューリタン的宗教観念を背景にした反権威的意識を有した国民が存在している。ヴェーバーは、ドイツにおいて、この状態を実現することを目標とした。ヴェーバーによると、議会主義の第一の機能は政治的指導者の選抜である。しかし、ワイマール体制のライヒ議会に、（真の意味での）

政治家を育成し指導者として選出することなど、前述のとおり望むべくもなかった。従って、ヴェーバーにとって、国民に対する政治的教育の機能をライヒ議会が担うことなど考えられなかった。

しかし、イギリスの状況を翻ってみてみると、確かに議会が政治的指導者たる首相を選出しているが、首相の力は議会を凌駕している。それは、首相の正当性の源泉が議会ではなく国民そのものにあるからである。ヴェーバーは「今日のイギリスの首相の地位は、ことの性質上、議会およびその政党の信任に根ざすものではけっしてなく、国内の大衆および交戦中の軍隊の信任に根ざしている。議会も（内心いやいやながら）この事態に順応している(47)」と分析している。そうであれば、ライヒ議会に期待できない以上、イギリスの実態に即して政治的指導者の正当性を国民から直接調達する以外の選択肢はないとヴェーバーは考えた。

更に、このような形で、国民から直接、支配の正当性を調達した指導者は、その国民的正当性を武器に利害調整の場と化した（ヴェーバーの意味で）悪しき議会と闘うことが可能になる。逆にいえば、議会と闘争可能な存在は、人民投票によって選抜された大統領以外ありえない。国民から直接支配の正当性を調達する大統領は、（議会が「悪しき議会」であれば）議会と闘い、常に国民の支持と自発的追従を――カリスマ的正当性を――確保しなければならないからである（これを怠れば、国民から罷免される）。それに、「政治は全てその本性上闘争であるために、政治的闘争の中で選抜された人物だけが常に政治的指導者のための訓練を受けている(48)」のであり、「あらゆる政治の本質は、…闘争であり、同志と自発的追従者を徴募する活動である(49)」のだから、人民投票的指導者は、闘うことが宿命づけられていることになる。

このような大統領と議会との不断の闘争は、国民を政治的に教育する。ヴェーバーは、（先に引用した

「共和制は『安全』を終わらせる」という言葉に端的に表現されているように）このことを何よりも狙ったのではないか。大統領と議会との闘争は、争点を明確にし、必然的に、大統領を選ぶのか議会を選ぶのかを、国民に迫ることになる。このプロセスの中で、ヴェーバーは「国民の政治的教育」のプロジェクトを実現しようとしたのではなかろうか。

もしこの試みが、一度良い方向へ動き出したなら、国民の政治教育と指導者選抜の良い循環が生じるはずである。つまり、「新しい政治精神」がより有能な政治的指導者の選抜を可能にし、より有能な政治的指導者は、ますます国民を教育する…。ヴェーバーは、ワイマール共和国で、このような良い循環が生成されることに賭けたのではないか。この循環装置を動かすための最初のボタンが人民投票的指導者民主制の導入だったのだ。そして、この循環は、政治精神や国民文化を変革させる、いわば「下部構造の変革」とでもいうべき効果を発揮させ、ドイツ国民を反権威的カリスマ的支配の実現へと導くことになるだろう。つまり、ヴェーバーは、人民投票的指導者民主制の導入という「上部構造の変革」によって「下部構造の変革」の循環を作り出そうとしたのである。以上のことから理解できるように、ヴェーバーの人民投票的指導者民主制論には国民教育のプロジェクトが潜在しているのであり、この点を了解した上でなければ、ヴェーバーの人民投票的指導者民主制論を正確に理解することはできないであろう。

おわりに

我々は、再び歴史における「理論と現実」の問題へと立ち戻ることにする。これまで検討してきたことが正しいのであれば、何故あのような悲劇的「現実」が発生したのか。この点に全く触れないで本章を終わりにする訳にはいかない。この点について全面的な検討を行うことは、本稿の範囲を超える。しかし、敢えて一点指摘すれば、歴史の「現実」が余りにも過酷であったために、「理論」をもとに構築した社会システムが「現実」に作用するよりも前に、引き返すことのできない地点にまで社会が到達してしまったのではないか。国民の政治的教育、すなわち人々の意識の変革は時間がかかる。ヴェーバー自身が指摘しているように、「一世紀をかけての政治的な教育事業は、十年間で取り戻すことはできない[50]」のである。ヴェーバーが死去してから本格的な船出をしたワイマール共和国の航跡は、まさに波乱に満ち満ちたものであった。戦勝国の報復的賠償とそれを原因とする経済的・政治的混乱、世界恐慌と各国のブロック経済化、小党分立と反議会的政党の台頭による議会の麻痺…。この新しい船とその乗員には、航海を上手く乗り切るための訓練も習熟運転も許されなかった。それはあまりにも、歴史の過酷な「現実」ではなかったか。

これ以上の言及は「歴史に if を持ち込む」という禁忌を犯すことになるので差し控える。ただ、最後にワイマール末期のある事実を指摘しておきたい。ワイマール共和国最後の大統領であるヒンデンブルクは、ナチ党が議会で第一党となり、ライヒ議会が致命的なまでに機能不全に陥った状況にあっても、「他の諸政党に対してきわめて不寛容な一政党に全政府権力を委ねることは、神と自己の良心と祖国とにたいして、余の責任の負いえざるところである」と述べ、ヒトラーの首相指名要求を二度にわたって拒否している（三度目には、要求に屈してしまったが[51]）。歴史家から決して評判の良くないヒンデンブルクをしてかく言わしめ、ヒトラー政権誕生の最後の防波堤（それは脆くも崩れてしまったが）となさしめたという、この「事実」をどう見るか。ヴェーバーの人民投票的指導者民主制という「理論」がはかなくも残した最後の「砦」であったのか、それともヴェーバーの人民投票的指導者民主制という「理論」がもたらした当然の「帰結」であったのか。どちらにしても、「理論」がもたらした「現実」ではあるが、そこから得られる評価と教訓は、百八十度違うものとなる。我々はこの点に十分留意しつつ、歴史における「現実」と、その動因となった「理論」とについて検証していかなければならない。

注

（1）このため、ヴェーバーは「ナチズム前のヴェーバー」（佐野誠『ヴェーバーとナチズムの間』名古屋大学出版会、一九九三年、六頁）と評され、ナチズムの理論的支柱となったといわれているカール・シュミットを、ヴェーバーの「正当な弟子」「私生児」とみなす。参照、Wolfgang J. Mommsen, ***Max Weber und die deutsche Politik 1890-1920***（以下、***Mommsen*** と略記）, 2. Aufl., Tubingen, 1974, S. 407ff.,（安世舟他訳『マックス・ヴェーバーとドイツ政治一八九〇—一九二〇Ⅱ』（以下、「モムゼン」と略記）、未来社、一九九四年、六七四頁以下）。

（2）ヴェーバーは、この会議の後、「憲法の基本のところは出来上がった。それは私の提案に非常に近い形である」と満足げに語ったとされている（***Mommsen***, S. 393, Anm.109（「モムゼン」六八九頁））。

（3）*GPS*, S. 314.（「政治論集２」三四二頁）。

（4）*GPS*, S. 313.（「政治論集２」三四二頁）。

（5）*GPS*, S. 340.（「政治論集２」三七一頁以下）。

（6）*GPS*, S. 340.（「政治論集２」三七二頁）。

（7）*GPS*, S. 315f.（「政治論集２」三四四頁以下）。

（8）*GPS*, S. 311.（「政治論集２」三三九頁）。

（9）*GPS*, S. 319.（「政治論集2」三四九頁）。このようなドイツ国民の政治性に関するヴェーバーの理解は、彼が学者として第一歩を踏み出した、かのフライブルク大学教授就任演説「国民国家と経済政策」からの一貫したモティーフである。（参照、*GPS*, S. 21f.（「政治論集2」五八頁以下）。）

（10）*GPS*, S. 544.（「政治論集2」五九四頁）。

（11）*WuG*, S. 140.（「支配の諸類型」七〇頁）。

（12）*WuG*, S. 655.（「支配の社会学Ⅱ」三九八頁以下）。逆に、伝統的正当性や合法的正当性は、本来的に日常的状況において威力を発揮する統治形態である。

（13）「国民選出の革命的正当性に支えられた大統領は、固有な権利に基づいて他の国家機関に対抗するので、議会選出の大統領とは全く別な権威を持つことになろう。」（*GPS*, S. 469.（「政治論集2」五一七頁）。参照、*GPS*, S. 498ff.（「政治論集2」五五〇頁以下）。

（14）*GPS*, S. 545.（「政治論集2」五九五頁）。

（15）モムゼンのヴェーバー批判は、大きな論争を巻き起こした。参照、佐野、前掲書、三頁以下、雀部幸隆『公共善の政治学　ウェーバー政治思想の原理論的再構成』、未来社、二〇〇七年、五一頁以下など。

（16）*Mommsen*, Kap. X.（「モムゼン」第一〇章）。

（17）*Mommsen*, S. 428.（「モムゼン」七一四頁）。

（18）モムゼンが言うところの「議会主義的な理念」とは、彼自身が明示的に述べているように「民主制の自然法的な基礎づけ」（Wolfgang J. Mommsen, *Max Weber. Gesellshaft, Politik und Geschichte*, Frankfurt am Main, 1974, S. 63（中村貞二他訳『マックス・ヴェーバー　社会・政治・歴史』未来社、一九七七年、八〇頁）である。参照、雀部、前掲書、五二頁以下。

（19）*Mommsen*, S. 428.（「モムゼン」七一五頁）。

（20）*Mommsen*, S. 408f.（「モムゼン」六六九頁）。

(21) シュミット自身も、ヴェーバーの理論の一部分のみを輸入していることは自覚していたのではないか。だからこそ、彼は、ヴェーバーを明示的に引用することを避けたのではないか。この点は、ワイマール期の法理論家達とヴェーバーとの理論的連関を手繰る上で極めて興味深い点であり、稿を改めて考察したい。
(22) *WuG*, S. 155f.（「支配の諸類型」一三八頁）。
(23) *Mommsen*, S. 435.（「モムゼン」七二三頁）。
(24) *Mommsen*, S. 436f.（「モムゼン」七二五頁）。
(25) *WuG*, S. 156.（「支配の諸類型」一三八頁）。
(26) *WuG*, S. 156.（「支配の諸類型」一四〇頁）。
(27) *GPS*, S. 499.（「政治論集２」五五一頁）。
(28) これを実定化したのがワイマール憲法第四三条である。第四三条では、「ライヒ大統領は、ライヒ議会の提案により、国民投票によってこれを解任することができる」と規定している。
(29) 同様の指摘として、佐野誠『ヴェーバーとリベラリズム　自由の精神と国家の形』、勁草書房、二〇〇七年一四六頁以下など。なお、佐野は、ヴェーバーが第一次世界大戦終結前から反権威的カリスマ的支配を「第四の支配の正当性類型」として構想していたことを指摘し、この反権威的カリスマがワイマール共和国のライヒ大統領へと結実したことを説得的に論証している。
(30) *WuG*, S. 140.（「支配の諸類型」七一頁）。
(31) *WuG*, S. 156.（「支配の諸類型」一三八頁）。
(32) *GPS*, S. 453f.（「政治論集２」五〇〇頁以下）。
(33) *GPS*, S. 454.（「政治論集２」五〇一頁）。
(34) ヴェーバーとイェリネクとの関係については、佐野、前掲書、八九頁以下、F・W・グラーフ「ハイデルベルクにおけるアングロサクソン研究の伝統」、深井哲朗他編著『ヴェーバー・トレルチ・イェリネック』、聖学院大学出版会、二〇〇一年、Andreas Anter, "Max Weber und Georg Jellinek," in : Stanley Paulson und Martin Schulte (hg.), *Georg Jellinek–Beiträge zu Leben und Werk*, Tübingen, 2000, S. 67ff. などを参照のこと。

（35）Marianne Weber, *MAX WEBER Ein Lebensbild*, Heidelberg, 1950, S. 520.（大久保和郎訳『マックス・ヴェーバー』、みすず書房、一九六三年、三六〇頁）。参照、上山、前掲書、一九八頁以下。

（36）Georg Jellinek, *Die Erklärung der Menschen- und Bürgerrechte*（以下、*Erklärung* と略記）, 4 Aufl., München und Leipzig, 1927, S. 42ff.（初宿正典訳『人権宣言論争』（以下「人権宣言」と略記）、みすず書房、一九九五年、八六頁以下）。なお、上山安敏『ヴェーバーとその社会』、ミネルヴァ書房、一九七八年、二九七頁以下参照。

（37）*Erklärung*, S. 55.（「人権宣言」九七頁）。

（38）*Erklärung*, S. 55f.（「人権宣言」九八頁）。

（39）*Erklärung*, S. 65.（「人権宣言」一一六頁）。

（40）紙幅の都合上、これ以上イェリネクの人権論・法論について言及することはできないが、後に述べるヴェーバーの人権概念の核心は、イェリネクから決定的に得ている（本章注四五参照）。また、イェリネクの反権威的で禁欲的性格を有する権利概念は、彼の法の妥当根拠論や国家論を決定的に規定している。この点において、イェリネクの権利論や国家論は、ラートブルフやケルゼンのそれとは全く性格を異にしている。イェリネクの権利論については、拙著、「不法と闘争の法哲学―イェリネクの法理論」日本法哲学会編『現代日本社会における法の支配　法哲学年報二〇〇五』、有斐閣、二〇〇六年、一六五頁以下を参照のこと。

（41）たとえば、*RS*, S. 183f.（「プロ倫」三一八頁以下）。そこでヴェーバーは、「スポーツの書」をめぐるピューリタンとジェームズ一世・チャールズ一世との闘争について分析を行っている。

（42）*Archiv für Sozialwissenschaft und Sozialpolitik*, BD. XXI, S. 43.

（43）*RS*, S. 99.（「プロ倫」一六九頁）。

(44) *WuG*, S. 652.（「支配の社会学Ⅱ」三九三頁）。
(45) モムゼンのヴェーバー論は、このような宗教社会学的観点が完全に欠けている。上山は前掲書において、モムゼン批判を展開している。ただし、それは、本章の議論とは若干視点を異にしている。上山は、モムゼンがヴェーバーの人権論の解放＝啓蒙主義的側面と禁欲＝ピューリタニズム的側面からなる二面性に顧慮しなかったことを批判している。上山の議論には基本的に賛成であるが、人権の二面性的理解の前提にあるのは、彼の宗教社会学であり、そこまで立ち入って検討しなければ、十分とはいえないだろう。この点のより詳細な論証は、権利概念のみならず、「近代とは何か」に関する議論に直結する大変興味深い論題であるが、本稿ではこれ以上立ち入らない。
(46) *GPS*, S. 24.（「政治論集1」六一頁）。
(47) *GPS*, S. 394f.（「政治論集2」四三一頁）。
(48) *GPS*, S. 392.（「政治論集2」四二八頁）。
(49) *GPS*, S. 347.（「政治論集2」三七九頁）。
(50) *GPS*, S. 22.（「政治論集1」五九頁）。
(51) 雀部幸隆『ウェーバーとワイマール』、ミネルヴァ書房、二〇〇一年、第3章、特に二一二頁以下。逆に、この時点でヒンデンブルクがナチスに対して断固とした態度をとれば、ヒトラーの野望を打破できたはずであるという指摘も多数ある。たとえば、Friedrich Meinecke, "Die Deutsche Katastrophe," in : *Friedrich Meinecke Werke, Bd.* 8, Stuttgart, 1969, S. 388f.（『世界の名著』第六五巻、中央公論新社、四九七頁以下）。なお、ヒンデンブルクはヒトラーを「成り上がり者の上等兵」と馬鹿にしていて、政治的カウンターパートとして認めていなかったという指摘もある（参照、山口定『ヒトラーの抬頭』、朝日新聞社、一九九一年、三一五頁）。

◎参考文献

本章で引用したヴェーバーの原著及び邦訳書の表記は、以下の略記法に従った。なお、訳文は、原則として邦訳書に従っているが、適宜修正している。

GPS : *Gesammelte Politische Schriften*, 4 Aufl., Tübingen, 1980.

WuG : *Wirtschaft und Gesellschaft*, 5 Aufl., Tübingen, 1976.

RS I : *Gesammelte Aufsätze zur Religionssoziologie*, Bd I, Tübingen, 1920.

「支配の社会学Ⅱ」：世良晃志郎訳『支配の社会学Ⅱ』、創文社、一九六二年。

「支配の諸類型」：世良晃志郎訳『支配の諸類型』、創文社、一九七〇年。

「政治論集１」：中村貞二他訳『政治論集１』、みすず書房、一九八二年。

「政治論集２」：中村貞二他訳『政治論集２』、みすず書房、一九八二年。

「プロ倫」：大塚久雄訳『プロテスタンティズムの倫理と資本主義の精神』、岩波書店、一九八九年改訳。

第五章　一九世紀ドイツ憲法学における国家と公共

西村清貴

1　はじめに――憲法と公共

本稿は、憲法（学）と公共Öffentlichkeit[1]とはいかなる関係にあるか、という問題を一九世紀ドイツ憲法学の議論を素材としつつ、検討したい。

近年の法哲学や政治哲学における市民的公共圏論や熟議民主政deliberative democracy論の隆盛を背景としてか、憲法と公共というテーマが論じられることがしばしばある。本稿もまた、このテーマを検討するものであるが、しかし、憲法と公共の関係を理解することは、けっして容易ではない。したがって、まず、従来の憲法学が公共概念をいかなる形で理解していたかを確認したい。

林知更によれば、憲法学とは、集権的に組織された国家を前提とした上で、このような国家を規制することを目的とする学である[2]。そのため、国家の機関として法的に権限づけられた組織のみが法的規律の対象となり、国家の領域を越えて存在する、国民の自由で流動的な政治的活動は憲法の見地による法的把握になじまない。また、公論や政党、利益団体といった社会的ファクターはそのままでは憲法学の対象とならない。そのため、このようなファクターによって担われる政治的意思形成過程を憲法学がストレートに受け止めることはけっして容易ではないとされる。公共的利益と私的利益の媒介は主として選挙というフォーマルな契機を通じて実現されてきたのであり、そしてそれに尽きる。憲法学においては、それ以上に公共的利益と私的利益の媒介という問題が詳しく論じられることはなかったといえる。その結果、例えば、政党や利益団体といった、政治過程においてきわめて重要な役割を果たすもろもろの団体の政治的意義を憲法学は十分に論じることができず、これらの団体に対する法的規制はいかにあるべきかという問題を憲法学は等閑視せざるを得ない、という事態が発生する。

憲法学がこのような性格を有することとなった一要因として、公共とは国家の独占物である、という認識があげられる。国家は特定の範囲内における唯一の公共的団体であることを標榜し、他方で、国家以外の諸団体を私的利益のために集合しているものとみなす。したがって、国家以外の諸団体が、みずからの行為や利害を公共的利益の名で正当化する視角が否定される。私的利益は国家という回路を通じてはじめて公共的利益という資格を得る。ここでは、なにが公共的利益にあたるか、という判断基準は国家に独占され、国家が認めた利益のみが公共的利益と見なされるのである。(3)

このような国家イメージは、カール・シュミット(4)によってその完成形に達したといえるだろう。シュミットによれば、基本権あるいは人権は、本来、孤立した個人に認められる前政治的な権利であり、絶対的に保護される。それゆえ、表現の自由や結社の自由の行使が政治的性格を有するようになるならば、このような保護は撤回され、国民の同一性を損なう、無責任な社会的勢力の活動と見なされる。このような諸基本権が有するはずの私性は、人々に大きな影響を与えるメディアの登場とともに薄れていく。そのため、あらゆる国家は、みずからの決断能力を維持するため、メディアやもろもろの国家内団体に対する対抗措置をとらなくてはならないのである。ここでは、これらのメディアや団体の活動は、部分利益の表出にすぎず、けっして公共的活動と見なされない。むしろ、本来、私的であるにもかかわらず、政治に関与しようとすることによって、国家の公共的活動を阻害する攪乱要因と見なされているのである。

憲法学が前提とする国家像に対する以上のような理解は、今なお、そのまま保持されているわけではないが、しかし、完全に放棄されたわけでもない。前述のような公的国家像の憲法学における重要性を説く議論として、例えば樋口陽一の憲法学説があげられる。樋口は、人権の享有主体が個人であることに徹底してこだわった論者であるが、彼の理論の核としては、国家と個人の二極構造があげられる。樋口は（シュミットに強い影響を受けつつ）、フランス革命に憲法学の原像を見いだす。フランス革命において、諸中間団体は公的承認を奪われ、個人は国家に対して、直接に向き合うこととなった。このような絶対主義的・集権的国家の成立と中間団体の排除によってはじめて、人権享有主体にふさわしい個人が析出される。人権とは、このような「国家に対して個人としての人間が有する権利」である[(5)]。このような樋口の議論を本稿の関心から読み直すならば、その前提として国家による公共の独占という認識が存在することを指摘できるだろう。

このような憲法学における伝統的な公共理解に対して、改めて、憲法学に公共概念を導入しようと試みている最近の議論は、全く別の公共概念を想定しているといえる。例えば、ユルゲン・ハーバーマスによって説かれた「市民的公共」である。[6] この議論によれば、公共を官僚機構たる国家の独占物と見なすことはできない。むしろ、市民同士による自由なコミュニケーションこそが、(市民的) 公共を作り出しているのである。

このような公共概念を前提として、例えば愛敬浩二は、国家と個人を二極分化して理解する樋口の憲法学説においては、このような市民的公共を理論化できないという問題が存在することを指摘し、樋口がメディアに対して特別な憲法上の位置づけを与えることができないことはその帰結である、と述べる。[7] また、毛利透は、市民的公共概念を踏まえつつ、統治機構論上の問題であるフォーマルな選挙制度と人権論上の問題である表現の自由が切断的に論じられている現状を批判的に把握し、表現の自由を民主政と結びつけて理解するために、憲法学において市民的公共圏論が啓発的な意義を有することを説いている。[8] とはいえ、毛利自身も認めているように、公共概念が表現の自由を擁護する哲学的基盤を与える契機を有するにせよ、このことが憲法学に具体的にいかなる影響を与えるか、といった問題に対する解明は、いまだ発展の途についたばかりのように思われる。換言すれば、国家による公共の独占、という理解が適切ではないとしても、市民的公共という概念が具体的に憲法学においていかなる形で取り入れられるべきか、といった問題はいまだ十分に検討されていない、といったところが実情であるように思われる。

ここまで、近年の問題状況をごく簡単にではあるが、確認した。しかし本稿は、このような問題に対し直接の解答を与えることを目的とはしない。本稿の目的は、このような問題状況はいかなる形で登場したのか、という点をわずかながらだが思想史的に検討し、憲法学がこの公共という概念をどのように考えてきたかを明らかとすることによって、憲法と公共という問題を考える際の端緒を与えることにある。

先に確認した、公共は国家によって独占される、という認識は思想史的に見るならば、けっして自明なものではない。このような認識は、日本の憲法学が、公共を国家に独占させ、私人による公共への関与を原則として認めないドイツ憲法学における伝統的なモデルを強く継承したがゆえに生じるものであると考えられる。したがって、以下では、憲法と公共をめぐる問題に対する予備的考察として、一九世紀ドイツ憲法学における議論を紹介することによって、国家による公共の独占という事態がいかにして成立したのか、という問題を検討したい。

その際、本稿が具体的な素材として取り扱うのは、一九世紀ドイツ憲法学の根本ドグマをなし、その後の憲法学の発展にとっても大きな影響を与えた国家法人論を説いたカール・フリードリッヒ・フォン・ゲルバーとパウル・ラーバントの憲法理論である。ゲルバーは一八六五年に出版された『ドイツ国法綱要』(9)において、国家法人論にもとづく憲法体系を叙述した。ゲルバーを引き継いだラーバントは、『ドイツ帝国国法』(10)においてこのような憲法体系を完成させた。その後のドイツ憲法学は、批判的にであれ、肯定的にであれ、国家法人論を中心にその議論を行ったといえるだろう。

しかし、ゲルバーは、国家法人論を説いた『ドイツ国法綱要』以前に著された一八五二年の『公権論』(11)において、国家の把握方法として、国家有機体論を採用していた。私見によれば、この国家有機体論から国家法人論への変遷においてこそ、憲法学における公共論の性格を決定づけた一要因が存在する。あらかじめ本稿の結論を述べれば、『公権論』におけるゲルバーは国家有機体論を採用することによって、身分的団体に準公的性格を認め(12)、国家による一元的な公共の独占を回避しようと試みたが、国家法人論への改説に伴い、国家による一元的な公共の独占という理論が完成された、というものである。以下では、このような点に注意しつつ、憲法学における公共概念の位置づけを思想史的に検討したい。

2　国家有機体論

本節では、『公権論』の時期におけるゲルバーの国家観を検討する。すでに確認したように、国家有機体論を採用する『公権論』と国家法人論を採用する『ドイツ国法綱要』の間には、国家以外の諸団体に準公的性格が付与され得るか否か、という相違が存在する。以下では、この相違を明らかとすることを叙述の中心としたい。

『公権論』においてゲルバーが国家有機体というイメージを用いる最大の理由の一つとして、家産国家論、私法的国家論に対する対決的姿勢が挙げられる。この国家論は、国家権力の作用を私法的構成、すなわち契約や所有という概念によって把握するものである。このような理論に従えば、君主は国家の構成員ではなく、国家の外に立ち、臣民や国土に対する権限を契約によって、あるいは所有によって獲得することとなる（öR, S. 3-4）。

しかし、ゲルバーはこのような国家論、国家観は一九世紀にはふさわしくないと論ずる。一九世紀の憲法学は、国家を客観的で自律的な基盤の上に据えなければならないのであり、国家を君主という一個人の意思によって支えることは許されない。一九世紀の憲法学にとっては、むしろ、国家を有機体として把握することこそがふさわしい。国家有機体論は、国家を君主によって支配される客体であるとか、君主と相並ぶ主体であるというように取り扱うのではなく、君主を国家有機体の一構成員 Glieder として取り扱い、君主が自らの権利を、私権のように恣意的に行使することを認めない点にその意義が存在する。君主による国家権力行使は国家の一部分として行使されるにすぎない。つまり、国民全体の利益のために行使されることとなるのである（öR, S. 16–17）。

かくして、ゲルバーは国家の公共的性格[13]を表現するために、国家を有機体として把握した。次に問題となるのは、この国家の有する権利がいかなる機関によって、行使されるのか、というものである。ゲルバーは君主の権利、官吏の権利、臣民（国民）の権利について述べる（öR, S. 38–40）。このうち、官吏の権利は君主の補助者としての権利にすぎず、君主の権利に従属した二義的な権利とされるので、詳細は省き、残る二者について触れておく。

ゲルバーは君主の権利として1．法律を与える権利、2．下命及び命令に対して服従を求める権利、3．国家領土を支配する権利、4．対外的に国家を代表する権利をあげる（öR, S. 48–50）。憲法上の権利としては、これらの権利を論じることですでに議論は尽くされており、これ以上の権利を論じることは不要かもしれない、とゲルバーはいう。しかし、君主のみを国家機関である、と判断することは、有機体という政治的イメージに反する。というのは、君主及びその補助機関たる官吏のみが現実の国家機関であり、国民に君主の意思決定に与る可能性が存在しないならば、それは有機体というより機械の概念が全面に出ることを意味することとなるからである。したがって、国民の意見を国政へと反映させる議会を理論的に位置づけることによって、有機体というイメージは維持されなければならない。この問題に対し、移り変わりの激しい世論によって政治がなされることを否定するゲルバーは、より確固とした基盤を有する、自律的性格を有した身分的諸団体の代表者を議会構成員とすることによって、有機体というイメージが維持されるべきであるとする。したがって、本来あるべき有機体というイメージを維持するために、国民の全体を編成Gliederungし、特別に組織化Organisierungするという課題が存在することとなる（öR, S. 68）。このような国民編成の具体的実現が議会であり、議会に対する選挙・被選挙権は私人の意のままになる私権と区別された、公権であるとされる。

次に問題となるのは、この選挙・被選挙権がどのような形で与えられるか、というものである。この問いに対し、ゲルバーはまず、私権の本質を説きおこす。ゲルバーにとって私権の本質とは、各人の持つ財は自分自身のものであって、全体の分肢として全体社会Gesamtheitの利益から与えられ全体の日々の移り行く情勢によって与えられたり与えられなかったりするものでは決してなく、法の変動によっては直接には決して脅かされない個人財産である、という点にある。ゲルバーは、私権の持つこの堅牢な性質を公権に結びつけようとする（öR, S. 75）。

このような試みは、けっして新奇なものではない。この試みは、既に古いドイツの帝国法や領邦の法においてなされていたし、イギリスにおいて長い期間に渡りなされ続けているのである、とゲルバーは論じる。帝国議会の構成員資格は高級貴族の家族の権利であり、領邦におけるそれは騎士身分の家族や様々な団体Corporationの権利であった。イギリスの上院における統治の権利は大貴族達の個人的権利であり、地方議会の選挙権も一八三二年の第一次選挙法改正までは、比較的大きな土地所有者、家族、団体の権利だったのであった。しかし、それでも、これらの権利は決して内容上、私権ではなく、公権なのである。これらの権利は、確かに私法上の形式によって伝えられていくが、国家有機体に関連して行使される、という点において立派な公権であるのである、とされる（öR, S. 76–77）。

これに対して、普通選挙権を採用した政治体制においては事情は異なる。

「個人の法的空間において特定の場を持たず、抽象的原理として宙に浮かび、ただ時折、公権保持者に権限を与えるような公権は、公権保持者にとって常に、何か見知らぬもの、少なくとも彼の人格に直接結びつかないものであると見られるだろう（öR, S. 77–78）」。

自らの人格に結びつかないならば、公権保持者は、それをただ政治的状況の変化によって容易に与えられたり、奪われたりするものであると見ることしかできず、自身に認められるものであると見ることはできないのである。したがって、私権の形式と結びついた公権と比べ、普通選挙制に基づく公権は個体、すなわち一定の身分を有する個人や団体との結びつきが著しく弱く、簡単に与えられたり奪われたりする。無論、私権の形式によって保障されていたからといって、立法権によるこの権利の侵害に対して完全に保障されているわけではないが、さりとて、この公権と結びついている私法的基礎、例えば貴族制が破壊されない限り、この公権は保障されることとなるのである（öR, S. 78–79）。

つまるところ、ゲルバーにとって本質的なのは、絶対君主制と大衆民主制の中間を歩むことである。国家有機体論を採用する以上、君主の恣意が国政を左右する絶対君主制を採用することは許されない。さりとて、大衆民主制も恣意が支配するという意味では同断である。したがって、民族の歴史に根ざす身分的・団体的編成が国家権力の発動の際の歯止めとして必要とされるのである。

しかしながら、ゲルバーの認識によれば、一九世紀ドイツにおいてこのような身分的・団体的編成はほとんど失われつつある。それゆえ、『公権論』末尾において、もっぱら政治的考察に属する問題、と留保をつけながら、ゲルバーは旧来の団体的・身分的伝統の復興を促すこととなる（öR, S. 84）。『公権論』におけるこのようなゲルバーの議論は、国家による公共の独占と、私人の恣意が無差別に国家へと介入することをともに退けるものであるといえるだろう。ゲルバーによれば、国家を代表する君主のみに公共が独占されるならば、国家は官憲的支配に堕する。それゆえ、国民の意見が国家の機関である議会に媒介されることによって、このような官憲的支配は妨げられなければならないのである。他方、ゲルバーは国政が日々移りゆく世論によって支配されることによって、国家の公的性格が失われることをも批判的にとらえる。国家の公共的性格は、身分的・団体的編成を通じて、国民の意見が国家へと反映して初めて可能となるのである。

このようなゲルバーの議論は、国家が公共的団体であることを前提としつつ、しかし、国家による自足的な公共の体現を否定するものであるといえるだろう。国家は公共的団体であるが、それはけっして所与ではなく、国民の意見が身分的団体を媒介としつつ国政へと反映されることによって、みずからの公共的性格を確保することができるのである。したがって、ここで、公共的団体である国家は社会の諸意見に対し超然として存在しているわけではなく、むしろ、伝統に根ざし、日々の世論によって容易にその意思が動かされない身分的諸団体を通じて、国民の意見を国政へと反映させることが期待されているのである。

ところで、このような国家把握はゲルバーにとっていまだ不十分なものであった。というのは、ゲルバーにとって、法学とは人格の意思を対象とする学であり、意思を表明し得ない有機体それ自体は法学の対象としてはふさわしくないからである。[14] それゆえ、ゲルバーは『ドイツ国法綱要』において、国家を人格としてとらえる国家法人論へと転向し、この国家人格の意思たる国家権力を重視するようになる。このことは、法学方法論という観点において、大きな変化を意味しているが、この国家観の変遷は、ここまで確認した国家の公共的性格にも大きな変更を強いることとなる。次節では、この点を確認したい。

3　国家法人論

A．ゲルバー『ドイツ国法綱要』

続いて、ゲルバーの『ドイツ国法綱要』における国家法人論の検討を行いたい。『ドイツ国法綱要』においてもゲルバーが家産国家論を最大の標的としていることは間違いない。しかし、すでに述べたように、国家を人格として把握する『ドイツ国法綱要』は、『公権論』に比べ、より体系的性格を持つ。そのため、『ドイツ国法綱要』においては国家権力が国法学の体系の中心へと据えられることとなる。(15)

国家法人を中心とするこのような体系化の結果、相対的に国民の有機的編成という発想は後退することとなる。確かに、『ドイツ国法綱要』においても、身分的議会は維持されるべきであると説かれている。しかしながら、『公権論』において明確に存在していた、公権たる参政権は誰に帰属すべきか、という問題意識が『綱要』においてはほとんど見られない。つまり、国家権力の発動という憲法学上フォーマルな領域から、身分、団体といった憲法学上非フォーマルな要素が閉め出されたとみてよいと思われる。

このことは、憲法と公共がいかなる関係にあるかを検討することを目的とする本稿にとって、きわめて大きな変化である。『公権論』の段階では、国家は公共的団体である、という理念が存在したが、しかし、国家が自足的に公共的性格を獲得できるわけではなかった。国家は、身分的諸団体を通じて国民の意見を反映することによって、はじめて公共的性格を確保したのである。これに対し、『ドイツ国法綱要』では、有機体論の後退とともに、国家がこのような形で公共的性格を確保する必然性は存在しないこととなる。実際、『ドイツ国法綱要』においては、『公権論』においてあれだけ力を入れて説かれていた「国民の身分的編成」という問題意識はほとんど見て取ることができないのである。

では、国家法人論において国家の公共的性格はいかにして確保されるのであろうか。憲法の体系的叙述に専念する『ドイツ国法綱要』においてゲルバーはこの問題をいわば所与と見なしており、詳しく論じてはいない。政治哲学的な知見をも少なからず用いて、憲法学が前提とすべき国家像を描き出すことを出発点とした『公権論』と異なり、体系書として書かれた『ドイツ国法綱要』においては、憲法学を支える政治哲学的な側面が前面には現れない。法学方法論が一定程度、確立された『ドイツ国法綱要』ではそのような政治哲学的前提を押し出す必要がさして存在しないと思われる。それゆえ、国家論という側面においては、『ドイツ国法綱要』の国家法人論と『公権論』の国家有機体論を単純に比較することはできない。したがって、以下では、ゲルバーを引き継いだラーバントの講義録である『国法講義』[16]の検討を通じて、この問題を検討したい。というのは、ラーバントはこの講義録において、国家法人論を前提としつつ、国家の公共的性格の意義について詳細に論じているからである。

B. ラーバント『国法講義』

続いて、ラーバントにおける国家論を検討したい。ラーバント国家論をスローガン的に表現するならば、「公益と私益の概念的に明確な区別[17]」といえるだろう。もちろん、このような区別は、すでに『公権論』の時期におけるゲルバーにも見られたものであるが、ラーバントにおいて、この点はより強固に主張されている。

ラーバントにおいても、国家の使命は『公権論』の時期におけるゲルバーにおけるそれと大きく異ならない（以下、ゲルバーとラーバントを比較する場合、『公権論』におけるゲルバーの議論を前提とする）。国家は個々人の私的利益ではなく、国民全体の利益を実現することがこの使命であるとされる（SV, S. 59）。しかし、ゲルバーとの相違は、この国民全体の利益とはなにか、ということを判断する主体がもっぱら君主＝統治機構としての国家に委ねられていることにある。身分的諸団体と結びついた国家にこそ、国家の公共的性格実現の秘訣を見いだしたゲルバーと異なり、ラーバントにおいて身分的諸団体は、もっぱらみずからが有する既得権益を主張するものである。このような諸団体は国民全体の利益を代弁しているわけではなく、むしろ、国民全体の利益を実現するにあたり、敵対的な役割を果たすにすぎないのである。絶対主義国家の形成過程において、君主＝統治機構としての国家こそが、より国民全体の利益を代弁してきたし、現に代弁している、とラーバントは説く（SV, S. 135–136）。

このような議論は、ラーバントの、ゲルバーと比べ、よりペシミスティックな社会認識によっても支えられている。ラーバントによれば、ある程度の社会的同一性が維持されたイギリスと異なり、当時のドイツにおいては、貴族、市民、労働者間における深刻な身分・階級間対立が存在する。イギリスにおいては、政党を通じて国民の意見が国政へと強く反映されたとしても、国家の公共的性格が失われることはない。というのは、イギリスでは、ウィッグ党とトーリー党という各政党が、ともに幅広い階層から成り立っており、相互の権利を否定しあっているわけではなく、両政党の相違は、せいぜい前者がより進歩的、後者がより保守的である、という点に見いだされるにすぎないからである。これに対し、激しい身分・階級間対立が存在するドイツにおいては、これらの身分、階級は相互にその存在を否定しあっており、このような階級対立が直接に国政へと持ち込まれた場合、国家の公共的性格は失われ、国家は私的利害によって支配されることとなる。ラーバントにおいてこのような身分・階級間対立を止揚する役割を期待されている主体こそがまさしく君主なのである（SV, S. 141-145）。かくして、君主＝統治機構としての国家は、国民の意見から断絶されることによって、その公共的性格を獲得することとなる。

ここで、ゲルバーとラーバントそれぞれにおける議会の位置づけについて確認したい。ゲルバーにおいては、議会は、国家の有機体論的・公共的性質を確保するために不可欠の機関である。当時のドイツにおいては、議会によって国家の有機体論的・公共的性質が確保されるために必要な身分的諸団体の編成が十分に整っているとは言い難いが、しかし、ゲルバーは国家の有機体論的・公共的性質の維持のために、このような身分的編成の必要性を強調したのであった。これに対し、ラーバントにおいても、社会的前提が整っているならば、議会制を重視することは否定されていない。しかし、当時のドイツにはそういう前提が存在しないため、ラーバントにおいて議会は軽視され、君主に期待がかけられることとなる。ゲルバーは、議会主義的立場とまではいえないにしても、身分的編成にその基礎を持つ議会なくしては国家の公共的性質が確保できないと見ているのに対し、ラーバントは、議会の意義を完全に否定しているわけではないが、身分的編成にもとづく議会なしでも国家の公共的性質を確保することは可能であると見ているといえるだろう。ゲルバーにとって、国家の有する公共的性格は所与ではなく、身分的団体を通じて国民の意見を反映することによって達成される理念であったのに対し、ラーバントにおいては、国家の公共的性格は所与であり、ただ私的利益から身を離すことによって国家は自足的に公共を調達することが可能となるのである。国家有機体論から国家法人論への変遷は、かような形で国家と公共を巡る問題の転換を成し遂げたのであった。

4　結び

以上、国家有機体論から国家法人論への変遷を、ゲルバーおよびラーバントというきわめて限定された論者の著作を参照するという形ではあったが、概観した。ごく簡単にではあるが、ここまでの議論をまとめたい。

一九世紀ドイツにおいて、家産国家論に対する対決的姿勢を明らかとするため、国家の公共的性格を強調する必要性が生じた。当初、この国家の公共的性格は、有機体というイメージにしたがいつつ、論じられた。すなわち、国家の公共的性格は、上からの命令を行う君主のみによって成り立つことはできない。むしろ、多様な国民の意見が、身分的諸団体を通じて国政へと実効的に反映されることによって成り立つのである。これに対し、国家法人論の登場は、身分的諸団体を通じて国家の公共的性格を実現するというプロジェクトを無効化する機能を果たした。いまや身分的諸団体は、国家の公共的性格に資するどころか、みずからの既得権を主張、擁護することによって、国民全体の利益の実現を阻害する要因と認識される。したがって、国家の公共的性格を実現する主体としては、もっぱら君主に期待がかけられることとなる。君主は、既得権護持に固執する身分的諸団体ならびにその他の国家内団体相互の利害対立から超越的立場をとり、国民全体の利益を実現するのである。ここでは、国家の公共的性格は、国民から隔絶されることによって、獲得されるのである。

法学的国家観における国家有機体論から国家法人論への変遷は、さまざまな観点から評価することができるが、本稿で検討したかぎりで述べるならば、公共という概念が空虚化する過程であると評価することができるであろう。国家有機体論は、統治機構としての国家のみを唯一、公共的性格を有する団体として把握したわけではなかった。身分的諸団体に準公的性格が付与されることによって、統治機構としての国家の公共的性格は相対化される。このような身分的諸団体を国家の統治機構へと組み入れることによって、国家の公共的性格ははじめて獲得されるのである。ここでは、国家の公共的性格は、所与ではなく、実現されるべき理念としてとらえられ、そしてこの理念を実現するための方策が論じられていた。

しかし、国家法人論における公共はきわめて空虚な性格しか有さない。もろもろの団体を通じて表現される国民の意見は、単なる私的利害の現れとしか理解されない。国家の公共的性格とは、このような私的利害を実現することを目的とするわけではない、というきわめて消極的な形でのみ表現されているにすぎない。国家法人論における国家の公共的性格を支えているのは、君主＝統治機構としての国家がみずからの私的利害にとらわれておらず、国民全体の利益を適切に認識し、実現する「はず」である、というきわめて楽観的な想定である。ここでは、国家の公共的性格は所与であり、前提である。

このように達成された国家による公共の独占というイメージがいまなお憲法学に大きな影響を与えていることは、本稿冒頭で確認したとおりである。国家による公共の独占が憲法学に対して持つ意義は大きい。本稿を終えるにあたり、国家による公共の独占という事態が憲法学に対して持つ意義を二点あげたい。

第一のものとして、ポジティブな意義、すなわち憲法学の叙述対象の明確化というものがあげられる。国家によって公共が独占されることによって、憲法学は、みずからの対象を、国家それ自体が有する権力範囲の画定に限定し、みずからの目的を、この国家権力と個人の関係を論ずる学である、と自己規定することが可能となった。このような自己規定は、憲法学が公私を区分し、憲法が統制するものは公的＝国家的なものであり、私的なものは直接にはその統制の対象とならない、という認識によって補強される。このことは、人権という政治・法哲学レベルにおいてはきわめてあいまいな概念を、「国家に対して個人としての人間が有する権利」という形で憲法学にとって利用しやすいように再構成する契機を与える。現代の憲法学は人権の体系として理解され得るが、このような認識が可能となるのは、憲法学がみずからの射程を国家権力の制約ととらえたが故である。このような議論対象の画定なくしては、人権概念は、きわめて融通無碍に用いられ、憲法学という特定の学の基礎概念たり得なかったであろう。また、このような人権概念の明確化は、裏を返せば、政治と憲法ないし法の分離を意味する。憲法学の叙述対象の明確化によって、法治主義が支配すべき領域への政治の侵入が排除されることとなるのである。(18)

第二のものとして、ネガティブな意義、すなわち憲法学が公共的団体としての国家を所与とすることによって、公共的利益が動態的に実現される（はずの）政治過程を正面から論じることができなくなったことがあげられる。本稿冒頭で確認したように、憲法学は、国家以外の団体、組織に認められる公共を扱いあぐねている。このことによって、例えば政党やマスメディアのような（社会学的機能からみて）準公共的性格が期待される団体、組織の憲法上の性格があいまいなものとなってしまっているように思われる。このことは、公共を独占する国家以外の団体に公共的性格を容易には認められない憲法学の態度に起因するものであるといえるだろう。政党にせよ、マスメディアにせよ、国家の機関ではないため、それ自体としては、私的な性格を有するということとなるからである。

しかし、国家は公共的団体であり、国民が有するもろもろの私的利害から超越的立場をとる中立的存在である、という意識は、必ずしも自明とはいいがたい国家像を前提としているように思われる。伝統的な憲法学が想定している国家像は、憲法学自身が与えられない前提に依存している。国家が唯一の公共的団体である、という自称から、現実に国家が唯一の公共的団体である、という認識を導き出すことはできない。ポジティブな意義において触れた際に述べた、「法と政治の分離」は、誰がこのような分離を承認したか、という問いを引き起こさずにはおかない。

もちろん、法と政治は分離されるべきであり、国家が唯一の公共的団体である、という意識が現実に国民の間で共有されているかぎりでは、このような形而上学は一定の実在性を有しているといえるだろう。しかし、事実の問題としては、国家に唯一の公共的性格が認められる、という意識は、近年薄れているように思われるし、今後もますます薄れていくように思われる。その結果、先に述べた国家像の衰退が予想されるが、国家＝唯一の公共的団体という所与が失われたときに、憲法学はどこにみずからのメルクマールを求めるのか、という問題は一つの難問であるといえるだろう。

このような問題に対し、例えば、憲法学から公共性概念を追放し、「憲法学とは、(なんらかの形で)国家を規制する学である」と定義することによって解答を与えることは可能であろうか。このような解答は、唯一の公共的団体としての国家に固執するドイツ型の国家論ではなく、英米型の、国家による公共独占を相対化し、国家を特権視しない多元的国家論への移行を意味するものと思われ、一定の説得力を持つように思われる。(19)

しかし、憲法学が全面的に多元的国家論へと移行することも困難であると思われる。というのは、多元的国家論は、国家を特権視しないがゆえに、国家への特別な規制を正当化できないからである。仮に「国家に対して個人としての人間が有する権利」、すなわち人権を擁護しようと試みるのであれば——このような必要は、国家による個人の権利侵害が、中間団体によって阻止されることが少ない日本においては、英米圏においてよりもより強いといえるだろう[20]——、なんらかの形で、国家への特別な規制を維持する必要があるだろう。仮に公共概念を放棄するとしても、人権を擁護するためには、この特別な規制の根拠を論じる必要は存在する。

筆者は、このような問題に対し、国家的公共を市民的公共によって絶えず補完しようとするハーバーマスの試みに一定のシンパシーを抱くが、紙幅と能力の関係上、この問題についてこれ以上、論じることはできない。本稿で行ったような思想史的研究はそれ自体としてこのような難問に解答を与えるものではないが、「憲法と公共」という問題を考えるにあたり、一つの論点を提示することができたのであれば、本稿の目的は達成されたといえよう。

注

（1）Öffentlichkeit の訳語として、「公共性」、「公共圏」という用語を与えることも考えられるが、前者は、性質論、後者は空間論としてÖffentlichkeit をとらえることにより、Öffentlichkeit の内容をある程度、先取りすることとなる。憲法学におけるÖffentlichkeit 概念の思想史的変遷を論ずる本稿は、Öffentlichkeit という用語にまえもって特別な意味を付与することは避けたいため、より中立的と思われる「公共」という訳語を採用したい。

（2）林知更「憲法学が民主政を論じる意味——毛利透『民主政の規範理論』をめぐって」（『Historia juris 比較法史研究一二』、未来社、二〇〇四年、所収）。なお、林はこのような前提にもとづいて、政党が事実としては、現代民主主義においてきわめて枢要な地位を果たし、その地位のゆえに特権（例えば政党助成金制度）と義務（例えば政治資金規正法）が認められるにもかかわらず、しかし、政党に対する規範的統制に関する議論が憲法学において不十分であることを指摘する。このことは憲法学における政党の位置づけが、一方では私的な結社とみなされ、他方では民主的政治システムにおいて、憲法上、特別に考慮されるべき団体と見なされるという具合に、きわめてあいまいであることに一因があるとされる。詳しくは同『政治過程の統合と自由（一）——政党への公的資金助成に関する憲法学的考察——』（『国家学会雑誌』、第一一五巻第五・六号、二〇〇二年、所収）、同「政党の位置づけ」（『論点探究　憲法』、弘文堂、二〇〇五年、所収）を参照。

（3）この点を強調するものとして石川健治「承認と自己拘束——流動する国家像・市民像と憲法学」（『岩波講座現代の法Ⅰ　現代国家と法』、岩波書店、一九九七年、所収）、三四頁以下参照。

（4）Carl Schmitt, Die geistesgeschichtliche Lage des heutigen Parlamentarismus, 2. aufl.（1926）.［カール・シュミット、稲葉素之訳『現代議会主義の精神史的地位』（みすず書房、一九七二年」およびders, Verfassungslehre（1928）.［カール・シュミット、阿部照哉・村上義弘訳『憲法論』（みすず書房、一九七四年）］。以下の本文におけるシュミット評価は毛利透「自由な世論形成と民主主義——公共圏における理性」（『憲法問題一五』、二〇〇四年、所収）、一九—二〇頁にもとづく。

（5）樋口陽一『国法学　人権原論［補訂］』（有斐閣、二〇〇七年）、七頁以下。

（6）Jürgen Habermas, Faktizität und Geltung. Beiträge zur Diskurstheorie des Rechts und des demokratischen Rechtsstaates（1992）.［ユルゲン・ハーバーマス、河上倫逸・耳野健二訳『事実性と妥当性（上）、（下）』（未来社、二〇〇二—二〇〇三年）］。なお、ハーバーマスについては毛利透『民主制の規範理論　憲法パト

リオティズムは可能か』（勁草書房、二〇〇二年）、第二章参照。

（7）愛敬浩二「立憲主義における市民と公共圏」（『憲法問題［一四］』、三省堂、二〇〇三年、所収）、一〇〇―一〇一頁。なお、愛敬は、樋口の憲法理論には、このような構造のゆえに、「諸個人が他者との対話を続けながら、公論を形成していくことで「市民」となるプロセスが介在する余地がほとんどない」と厳しく評価する。同「リベラリズム憲法学における「公共」」（森英樹編『市民的公共圏形成の可能性――比較憲法的研究を踏まえて』、日本評論社、二〇〇三年、所収）、七二頁。

（8）毛利（前掲注四）、二七―二九頁。

（9）Carl Friedrich von Gerber,Grundzüge des deutschen Staatsrecht, 3. Aufl.（1880）.

（10）Paul Laband,Das Staatsrecht des deutschen Reiches,5.aufl., 1 bis 4.（1911-1914）.

（11）Carl Friedrich von Gerber,Über öffentliche Rechte, Nachdruck.（1913）. 以下、出典を示す際はöRと略す。

（12）この表現は仲野武志『公権力の行使概念の研究』（有斐閣、二〇〇七年）、五三頁から借用した。

（13）なお、本節で取り扱うゲルバーにせよ、次節で取り扱うラーバントにせよ、国家の公共的性格を表現する際、公共体 Gemeinwesen という用語を用いることが多い。この概念については、村上淳一『近代法の形成』（岩波書店、一九七九年）、第一章、同『「権利のための闘争」を読む』（岩波書店、一九八三年）、一三九―一六三頁参照。

（14）本稿は、ゲルバーの法学方法論については取り上げることができなかった。ゲルバーの国家論と法学方法論の関係については、西村清貴「C・F・v・ゲルバーの国制論――「国家と社会」の観点から」――」（『早稲田法学会誌』第五七巻、二〇〇七年、所収）を参照いただきたい。

（15）Gerber,（Anm. 9）, S. 4, Note, 2.

（16）Paul Laband/Bernd Schlüter（hrsg.）, Staatsrechtliche Vorlesungen. Vorlesungen zur Geschichte des Staatsdenkens, zur Staatstheorie und Verfassungsgeschichte und zum deutschen Staatsrecht des 19.

Jahrhunderts, gehalten an der Kaiser-Wilhelm-Universität Straßburg 1872-1918（2004）. 以下、出典を示す際はSVと略す。

（17） この点について詳しくは西村清貴「パウル・ラーバントの国制論――『国法講義』を中心として――」（『早稲田法学会誌』第五八巻第二号、二〇〇八年、所収）を参照いただきたい。

（18） 樋口（前掲注五）、一頁。

（19） 例えば松井茂記『日本国憲法　第三版』（有斐閣、二〇〇七年）の憲法学体系は、このような前提に基づいているといえるだろう。

（20） 樋口陽一の憲法観、国家観は、このような日本における中間団体の惨状に対する強い批判的意識に由来している側面が大きい。さしあたり、樋口陽一『自由と国家』（岩波新書、一九八九年）、一六八頁以下参照。

第六章　公共圏の行方を巡って

──コミュニケーション論からメディア論へ

清家竜介

はじめに

独断のまどろみのなかで「アンチノミー（Antinomie）」に逢着したカントは、ヒュームが『人性論』で描き出した慣習的な知覚のカオスを超えるべく、「コペルニクス的転回（kopernikanische Wende）」を果たすことによって超越論的意識哲学のパラダイムの基礎をつくった。その転回の試みによって、カントは、宗教的な残滓を振り払った啓蒙理性の自律を高らかに宣言することになった。そのカントによって整えられた意識哲学の枠組みに依拠したヘーゲルは、人倫国家を理性的に解明することで、国民国家の存在を哲学的に基礎づけることとなる。

彼らの思想は、理性に依拠した普遍主義と国家主義を基礎づけるものであり、近代化を推進する上での言説空間の基本的枠組を提示するものであった。

二十世紀の前半に産声を上げたフランクフルト学派の批判理論は、カントやヘーゲルの思想によって牽引された啓蒙のリミットとも言うべき「市民社会の自己崩壊」に直面することから生じた。そのためフランクフルト学派の批判理論は、カント・ヘーゲル的な言説空間と批判的に対峙することになった。

例えば、アドルノは、「始源」を追い求める「第一哲学（prima philosophia）」の試みを廃棄し、常に実践的な歴史的・社会的現実というコンテクストに身を置く「最終哲学（ultima philosophia）」を標榜した。それは、意識の内に自閉した哲学のパラダイムを「社会的・歴史的なもの」へと向きを変えようとする「第二のコペルニクス転回」というべきものであった。(1)

そのような批判理論の系譜に連なるハーバマスは、新たな生活の文法を追い求める「新しい社会運動」に直面し、その思想的意義を救い出すべく、「コミュニケーション論的転回」を果たすことになる。この試みは、超越論的意識哲学から脱し、相互主観的な合意によって再生産される「生活世界」を重視することで、常に歴史的・社会的現実というコンテクストに身を置こうとする。それと同時に「語用論的転回（pragmatische Wende）」によって見出された無時間的で準超越論的な「コミュニケーション的理性」に依拠することで、ハーバマスは、脱コンテクスト化した普遍的ポジションを確保しようとする。ハーバマスは、その脱コンテクスト的な特権的ポジションから、ポスト伝統的な討議倫理を導き出すことになる。こうしたハーバマスの一連の仕事は、社会理論として展開されることで、社会諸科学の伝統に規範的次元を接合する稀有な社会哲学的試みとなった。

ところで、ハーバマスの社会理論が実際に有効に機能するための要は、「公共圏（Öffentlichkeit）」にある。ハーバマスによれば、公共圏は、規範的次元と事実的次元の二重性を持っている。本稿は、現代におけるシステムの変容と、それと連動した事実的公共圏の変容によって、ハーバマスの言うところのコミュニケーション的理性の効力が弱体化しつつあると見る。この弱体化は、現代社会の劇的変化によって生じた事実的公共圏の変容にともなう、規範的次元における公共圏の機能不全という問題の所在を明かしている。本稿は、ハーバマスの公共圏論の変遷を追うとともに、規範的・事実的次元において現代の公共圏が孕む問題を批判的に解明することを試みるものである。現代社会に浮上したシステムの構造転換と錯綜するメディアの問題に向き合わない限り、ハーバマスの社会理論は説得力を失ってしまい、「近代―未完のプロジェクト」もまた座礁してしまうであろう。

1　市民社会の自己崩壊と道具的理性批判

ハーバマスの初期の公共圏論は、フランクフルト学派第一世代の「道具的理性批判（Kritik der instrumentellen Vernunft）」の影響下にあるとともに、そのペシミスティックな理論の影響から逃れでようとする試みであった。ハーバマスの公共圏論を論じる前に、まず、その乗り越えの対象となった第一世代の基本思想を確認しておこう。

第一世代の批判理論は、二つの世界大戦と、その最中に生じたアウシュヴィッツやヒロシマ・ナガサキなどの破局へと至った「市民社会の自己崩壊」を解明することを主要な課題とした。それらの「市民社会の自己崩壊」ともいうべき出来事は、啓蒙理性によって牽引された近代の「大きな物語」の挫折と言うべき事態であった（DA : 1-7/ix-xix）。

市民社会を牽引した啓蒙理性に対する深い幻滅のために、「解放的関心」を有する哲学を中心に社会諸科学が協同する学際的唯物論という初期の社会研究所のプロジェクトを放棄したホルクハイマーとアドルノは、理性に対する文明史的な批判へと向かう。その試みは『啓蒙の弁証法』や『理性の腐蝕』という書物へと結晶し、徹底した道具的理性批判を遂行することになった。

彼らの批判が明らかにした理性の姿は、もはや「自然と人間の融和」をもたらすものではなく、自然支配の手段としての能力へと縮減されたものであった。

道具的理性の主体は、自らの自己保存を貫徹するために「根源的自然との融和」を求めるミメーシス衝動を犠牲に捧げることで自己支配を行い、さらには「外なる自然」を道具的に処理支配する（DA : 50–87/65–123）。ここにおける理性とは、融和を約束する能力ではなく、生きる意志に盲目的に仕える手段としての道具的理性となっている。「犠牲の内面化」によって得られる道具的理性という能力故に、人々は「自然との根源的融和」を妨げられているのである。

啓蒙理性は、外的自然の支配の手段であるテクノロジーを発達させることによって、人々の生活を合理的にしていくが、それと同時に、兵器の破壊力や管理の手段を強力なものにしてゆく。他方で、啓蒙による内的自然支配の持続は、失われた「自然と宥和した関係」に回帰しようとするミメーシス衝動を堰き止めることで「自然の叛乱」を着々と準備し、啓蒙自身の墓を掘る。

ホルクハイマーによれば、「市民社会の自己崩壊」へと至った時代のドイツは、経済的には国家独占資本主義の段階にあり、政治的にはファシズム化した権威主義的国家であった。すでに小企業家は没落し、批判的自律を担った教養主義的な人格の自律もまた社会の中核から消え去り、自ら進んで権威に同調することを欲する「権威主義的パーソナリティ」が蔓延していた。(2)

ドイツにおける権威主義的国家の支配の下、権威主義的パーソナリティを有する人々の積極的な同調によって展開されるファシズムは、市民生活を友愛と密告によって塗り固めた。そして愛国的秩序として純化した「民族共同体」を実現させることを目指したナチズムは、粗雑なレッテル思考によって搦めとられたユダヤ人たちを排除・抹殺していったのである（DA : 177–217/263–329）。

批判的思考を放棄し、権威主義的国家に過剰に同調する人々によって「近代市民社会の自己崩壊」という文明化された野蛮が引き起こされることになったのだ。啓蒙理性によって夢見られた進歩の約束は、「自然の反乱」に突きあたることで、偽りの約束であることを明かしたのである。

さらにナチスから追われアメリカに亡命したホルクハイマーとアドルノは、爛熟したアメリカの資本主義の内に成立した文化産業化の在り様に、大衆が画一化し批判的契機を喪失してしまう、もう一つの「啓蒙の自己崩壊」した姿を見た。

文化産業において、人々のミメーシス衝動は、ファシズムのように戦場へと駆り立てられるのではなく、娯楽と生産へと誘われる。彼らによれば、「娯楽は、後期資本主義体制における労働の延長である」（DA : 145/210）。なぜなら、娯楽とは、機械化され、強化された労働過程を回避しようと思う労働者が、そのような労働過程に耐えるために欲しがるものであるからだ。労働者は、消費者として娯楽によって気散じし、自らを労働過程に釘づけにする体制への批判の契機を消失させ、その体制の維持に加担してしまうのである。

啓蒙の主体であった自律的な市民は、後期資本主義体制において成立した文化産業によって慰撫・懐柔されることで、批判的な思考を放棄した単なる〈労働者—消費者〉として、後期資本主義システムの回路のなかに回収されてしまう。支配的な体制は、そのような「自然の叛乱」でさえ、システム維持の要素として巧妙に活用するようになっていたのだ。

ホルクハイマーやアドルノが見るところ、国家が積極的に経済過程に介入する後期資本主義の時代において、ハーバマスにとって批判的な公共圏を構成すべき重要な要素であるマスメディアは産業資本や国家によって予め占有されており、受動的にその情報を消費する大衆の批判的能力は既に失われていた。

2　『公共性の構造転換』における規範的次元の導入

ハーバマスが自身の公共圏論を展開する上での理論的な出発点は、こうした第一世代の批判理論のペシミズムを如何にして超え出るかということにあった。ハーバマスが自ら述べているように『公共性の構造転換』という書物は、理性への希望を失ったかに見えるシニカルになってしまった批判理論に、再び理性能力に由来する規範的次元を取り戻そうとする積極的な試みであった。

このような「批判的社会研究のより深い規範的基礎づけの提起」という側面は、『公共性の構造転換』において論じられる公共圏が規範的側面と事実側面の二重性をもったものとして論じられていることに如実にあらわれている（SÖ : 34/xxv）。

規範的側面の公共圏は、理性の規範的ポテンシャルに根ざしており「批判的公開性」を不可欠とする。この規範的ポテンシャルについては、後にコミュニケーション論や討議倫理学によって解明されることになる。この点については、後に論じるので、他方の事実概念としての公共圏を見ていこう。

事実的側面としての「公共圏」は、ある時代に特有な形態で形成される具体的事実としての公共圏であり、ハーバマスは、それらの特有な形態をヴェーバーの言うところの「理念型（Idealtypus）」として描きだしている（SÖ : 34/xxv）。

まず、前近代的で封建的な公共圏である「具現的公共圏（repräsentative Öffentlichkeit）」であるが、この公共圏は、国王や封建領主、あるいは聖職者達が、自らの威光や支配権を華やかな儀礼の場で民衆に向けて公的に表現することによって機能する。例えば王の戴冠式、大罪人の処刑、教会の記念日などで、権威は人々の目前で直接的に誇示された。

ハーバマスによれば、この公共圏の段階は、民衆の「排除」が条件となっており、内部からの批判が予め閉ざされているため、規範概念としての公共圏が孕む「自己転換のポテンシャル（Potential der Selbstransformation）」は発動しないようになっている（SÖ : 20/xi）。

このような前近代的な公共圏の支配は、十七世紀から十八世紀にかけて大きく変容することになる。というのもこの時期に民主的な討論に開かれた「市民的公共圏（bürgerliche Öffentlichkeit）」の雛型というべき「文芸的公共圏（literalische Öffentlichkeit）」が成立するからである。この文芸的公共圏は、ブルジョワ家庭という親密圏で行われる「読書」を共鳴板とするものであり、その共鳴板から批判的な市民的公共圏のポテンシャルが顕在化していくことになる。この「文芸的公共圏」は、より具体的に言えば、十七世紀後半のイギリスのコーヒーハウス、十八世紀初頭のフランスの社交サロン、十八世紀後半におけるドイツの読書サークルといった社交の場であった。

これらの社交の空間に集うことになった人々は、まさに討論する近代的公衆の先駆けであった。この初期の近代的な公共圏の特徴は、文学や芸術についての活発な批評にあった。この公共圏で人々は、日常的な私人としての社会的地位を度外視し、議論する私人として「対等性（Ebenbürtigkeit）」の作法を要求された（SÖ : 97/56）。

ハーバマスによれば、市民的公共圏の雛型である「文芸的公共圏」を母体にして、「政治的公共圏（politissche Öffentlichkeit）」が姿を現す。

「政治的公共圏」は、主に新聞・雑誌・書籍などの活字メディアを武器にして「世論（öffentliche Gewalt）」を形成することで、ブルジョワ階級の経済活動に対する障害であった絶対主義国家の重商主義政策の批判を行う。その試みは、同時に出版物をメディアにして「議論する私人たちの公衆」や「職業としてのジャーナリズム」を生みだすことと同義であった。この「政治的公共圏」の批判的公開性こそが、封建的な旧秩序を打倒し、近代的な市民革命を実現させる大きな力となったのである。ハーバマスによれば、この政治的公共圏は、一部のブルジョワによって担われているとはいえ、原理的に万人に開かれた性質を持っており、その潜在力を開花させていくことが可能である。(3)

さて、ここで強調すべきことは、『公共性の構造転換』の段階では、規範的公共圏の潜在力が、事実的公共圏を支える「貨幣」と「活字」という二つのメディアという物質的条件によって解き放たれると考えられていたことである。

まず「貨幣」であるが、ブルジョワ階級を構成する家父長の内面的自律を可能にしたのは貨幣というメディアであり、その経済的な支えが生活の必要から解放された政治的な私的自律の基礎となり、その自律を小家族という親密圏が心理的に支えた。この理論モデルは、アーレントの公共圏モデルに接近している。というのも公共圏における自律を「家政」という親密圏における経済的必要性に結びつて考えているからである。

さらに市民の「意見（Meinung）」を「公論（öffentliche Meinung）」へと集約したのが、読書する公衆の成立を可能にした「活字」というメディアにほかならない。活字メディアに媒介された間接的なコミュニケーションこそが、身体的で対面的な「親密圏」の制約を超えて、抽象的でより広範な「公衆」の形成を可能にする物質的な条件であった。

生活の必要性から解き放たれた私的自律を可能にし、抽象的な公共圏のネットワークを可能にした二つのメディアの使用の効果によって、内乱や内戦でなく、公衆の中で議論することが政治闘争の主要な方法となっていくのである。

つまり、この『公共性の構造転換』の段階では、規範的な潜在力は、貨幣経済が可能にする財産の私的処分権を基礎にしたブルジョワの「内面的な私的自律」とグーテンベルクの活版印刷術というテクノロジーによって可能となる活字メディアによって結びついた「公論のネットワーク」によって、市民的公共圏の弁証法的な運動が発動すると考えられていたのである。これは同時に、公共圏の規範的な潜在力は、それを支える現実的な事実的公共圏の物質的諸条件に左右されるということでもある。

3　社会国家化と市民的公共圏の再封建化

ところでハーバマスによれば、十九世紀半ば以降、市民的公共圏を支えていた自律的な「文化を論議する公衆」が受動的な「文化を消費する公衆」へと変化し、市民的公共圏はその批判的機能を劣化させていく。その主要な要因の一つは、「公共圏の構造転換」と連動する「資本主義の構造転換」にある。

かつての自由主義的な市民的公共圏は、私的所有権の主体である家父長を中心とした小規模商品生産を基盤にしたものであり、家父長達は、小家族という親密圏に支えられることで、その自律的な批判を可能にしていた（SÖ：107–116/64–72）。

しかしながら、資本主義は、資本の集中による工業的大経営の発展へと向かい、官僚的な経営組織を生みだす。それと同時に、資本主義の構造的な欠陥である周期的な恐慌に対処するため、国家もまた自由主義的な「夜警国家モデル」から、積極的に市場へと介入する後期資本主義的な「社会国家（福祉国家）モデル」へと変質し、官僚システムを肥大化させる。

かつて、自由主義的な市場に向かいあうことで、自律的に悟性を使用した家父長達は、社会の中核から姿を消し、大規模化した企業や行政に属する「組織人（Organization Man）」が姿を現すことになる（SÖ：241/210）。

財産の私的処分権を基礎にして市場に向かい合った家父長の私的自律の解体とともに、その権威は失墜する。その結果、人々を社会化するプロセスが、学校や私企業等の家庭外の権威に委ねられるようになり、家族という親密圏もまた空洞化してしまう。そうなってしまうと、批判を可能にした人格的内面化の力が弱体化してしまい、組織に追従する傾向が高まってしまう。

このような「資本主義の構造転換」とともに事実的公共圏の構造もまた転換する。ここに現われてくるのが、「消費文化的公共圏」である。この「消費文化的公共圏」の担い手は、大衆民主主義の担い手である「大衆（Masse）」である。

かつて自由主義的公共圏を支えたブルジョワが自らの私有財産の私的処分権を自律の基盤としていたのと異なり、公共圏に参入することになった大衆は、社会国家の福祉行政サービスによる私生活の公的身分保障に依存することによって得られる「派生的自律」しか行使することができなくなる（SÖ：249–250/217）。

そのような大衆は、市民的公共圏に「文化消費的公衆」として現れることになる。かつての「文芸的公共圏」は、営利活動を目的とするようになったマスメディアによって私的利害に奉仕し、批判的な文芸性を失った娯楽へと転化することで、文化財を消費する圏となってしまう。

また「政治的公共圏」の主要なメディアであった新聞もまた、政治革命を達成した後は、営利を目的とすることで売上の最大化を目指すようになり、広告や娯楽の要素を強め、批判的機能を喪失していくことになる。そうなると報道や論説は、脚色されることで物語化し、事実と虚構の境界が曖昧になっていく。こうなってしまうと、新聞報道は、理性の公的使用を促すことで議論を活性化するのではなく、消費本位の娯楽記事との混合物へと堕していくことになる。

さらに、ラジオやテレビなどの新たなメディアは、受け手に反省的かつ能動的な反応を促した活字メディアとは異なり、報道内容との距離感を喪失させ、受け手を受動的な立場へと追いやってしまう。そうした「消費文化的公共圏」で消費されるものは、公共性への関心をもったものではなく、娯楽や身の上相談等の個人的な私的生活への関心が主要なものとなり、私生活意識が公共化するようになってしまう。このような市民的公共圏は、政治性を喪失した二次的な親密圏の様相を帯びてくる（SÖ：263/228）。

政治的公共圏の要であった「議会的公共圏」もまた、その批判的機能を喪失してしまう。議会内で行われる演説は、討論者達が、公論を戦わせて説得することで合意へと向かっているのではなく、有権者たちに訴えるものになっている。

テレビやラジオによって拡張された公共圏は、討論を見世物として演出するようになる。その結果「公開性」は、批判的な討議を促すのではなく、示威的機能を果たすようになる。選挙の度におこなわれる演出や広報活動は、政治的マーケティングによって彩られており、社会心理学的に計算された広告技術によって、操作的な様相を帯びている。

このように報道と広告とを融合させた広報活動によって、かつて市民的公共圏を機能せしめた「批判的公開性」は、「操作的公開性」に圧倒されてしまい、公衆は意識操作の対象と化してしまう（SÖ : 270/234）。商品を提供する者たちは、一方的に受動的な立場へと追いやられた消費者や有権者達の前で、かつての近代以前の議論を排除した「代表的具現性」の威信を復活させることで、社会統合の実現を試みているのである。ハーバマスは、このような事態を公共圏の「再封建化（Refeudalisierung）」と呼んだ（SÖ : 292/264）。

このようなハーバマスの診断は、第一世代のホルクハイマーとアドルノの時代診断とそうかわることがない。しかし、大衆への失望から、宗教や芸術の批判的機能へと期待をかけた彼らとは異なり、ハーバマスは、開かれた討論によって生み出される公共圏のポテンシャルを手放すことがなかった。あくまでも市民達による批判的討議による理性化の契機こだわり、公共圏を再建しうる方途を見出そうとする。

しかしながら『公共性の構造転換』の段階における公共圏を再建するハーバマスの方策は、国家と社会の浸透したヒエラルヒー的な政党や公共団体等の領域に、批判的公開性を押し広げることで、それらの意見を結びつけ、公論へともたらすことで、市民的公共圏を活性化することを提示するに留まった。

4　新しい社会運動とコミュニケーション論的転回

ハーバマスの予想と異なり、ドイツにおいて公共圏の新生を促した声は、一九六八年を前後として立ち現れた学生反乱という異議申し立てであった。この学生反乱は、ルディ・ドゥチュケ等に率いられた社会主義ドイツ学生同盟を指導的な組織とし、世界的なヴェトナム反戦争運動と連動した反権威主義的な性格を持っていた。

この学生反乱の理論的支柱は、フランクフルト学派の一人に数えいれられるヘルベルト・マルクーゼの理論であった。当時アメリカで教鞭をとっていたマルクーゼは、アメリカの学生運動に強い影響を与えていた。一九六七年に西ベルリンで開催された「ヴェトナム会議」に参加したマルクーゼは、後期資本主義に取り込まれた労働者階級ではなく、学生をはじめとするいまだシステムに統合されていない人々が現代の革命主体であると名指しした。

皮肉なことにマルクーゼの著作とともに、ハーバマスの『公共性の構造転換』は、一九六八年を頂点とする学生反乱に強い影響を与えることになった。しかし、ハーバマスは、直接行動に訴える学生運動に対して好意的ではなかった。だが、この学生反乱を契機にして、旧来の労働運動に捉われない様々な市民の声が立ち現れ、反原発、反核、フェミニズム、環境保護などの「新たな社会運動」という多声的な実践的抗議を行うようになる。

ハーバマスも、学生反乱を契機にして立ち現れた新たな社会運動という新たな多声的な異議申し立ての要求を、重大な思想的課題として受け止め、自身のこれまでの理論的な立場から飛躍する契機とし、「コミュニケーション論的転回」を果たすことになる。

「コミュニケーション論的転回」を果たす以前のハーバマスは、意識哲学のパラダイムの圏域にあり、個々の主体を包括した「マクロ的主体の、単線的・必然的・間断なき・上昇発展」という理論モデルに依拠していた（RhM : 152–157/178–183）。

ハーバマスは、ガダマーとの解釈学論争などを契機に、「言語論的転回（linguistic turn）」という学問潮流に参入し、ドイツ観念論やヘーゲル的マルクス主義のパラダイムとなっていたモノローグ的な意識哲学モデルから脱却する。

言語論的転回という哲学的潮流に参入したハーバマスは、このような意識哲学モデルに見切りをつけ、ウィトゲンシュタイン、オースティン、サール等の言語行為論に依拠することで「語用論的転回」を果たすことになる。

ハーバマスによる語用論的転回は、彼自身の批判理論に「相互主観的転回」と「コミュニケーション的転回」という二つの飛躍を促すことになる。

まず、後期ウィトゲンシュタインの言語ゲーム論を経ることによって、「マクロ的な主体の自己実現」という理論モデルから脱し、「相互主観的転回」という理論的転換を果たす。それは、モノローグ的主体が直観において真理を明証的に認識するという意識モデルではなく、「規則（Regel）」を共有するディアローグ的な複数の主体を導きだすものであった（SGS : 64–66/92–94）。この理論的転回は、社会規範だけでなく、意識哲学のパラダイムに捉われていた真理概念の変更を迫るものでもあった。すなわち、モノローグ的な意識によって直観される「真理の明証説（Evidenztheorie der Wahrheit）」から、規則を共有する複数の主体間による対話によって得られる「真理の合意説（Konsensustheorie der Wahrheit）」への移行である（SGS : 107-110/163-167）。

更に、オースティンの言語行為論における「発語内行為」に着目し、それを自ら究明することによって「形式語用論（Formale Pragmatik）」を確立する。発話内行為には、人々がコミュニケーションを行う際に、不可避的に前提としている反事実的もしくは理想的な「一般的条件（allgemeine Bedingungen）」が存在している（TH2 : 416/中52）。ハーバマスは、その条件を、三つの妥当性要求を促す間主観的なコミュニケーション的理性の働きとして解明する。

ハーバマスは、この形式語用論によって、三つの妥当性を要求する相互主観的な「コミュニケーション的理性」を見出すことになり、アナーキックな言語ゲーム論のカオスを超える手掛かりを掴むことになった。

ハーバマスは、このコミュニケーション的理性に依拠することで、公共圏の規範的側面の原則である「討議倫理（Diskursethik）」を導きだすとともに、自身の社会理論や公共圏論を再編することになる。

ポストモダン理論が席捲する中で、最後の近代主義者としてドンキホーテ的役回りを割り当てられたかに見えるハーバマスではあるが、彼は決して単純な近代主義者ではなく、言語ゲーム論を基礎にすることで、ポストモダン的な差異性や多元性の次元を受け入れている。(4)

ただハーバマスは、ポストモダニストとは異なり言語論的転回を経た後でも、コミュニケーション論的転回という理論的飛躍によって、普遍的な理性的契機を手放なさずに済んだのである。形式語用論によって解明されたコミュニケーション的理性に依拠することによって、ハーバマスは、あくまでモダニストと

して振舞いうことができ「近代—未完のプロジェクト」を完遂することを標榜し得たのである。(5)

5 コミュニケーション論的転回以降の公共圏論とその限界

公共圏論からみた場合、「コミュニケーション論」とそれに依拠した「討議倫理学」は、公共圏の規範的側面の解明という性格をもっている。他方の公共圏論の事実的側面は、ハーバマスの社会理論の新たな展開とともに論じられることになる。

ハーバマスの社会理論は、コミュニケーション論的転回以降、「生活世界（Lebenswelt）」と「システム（System）」の二層の概念枠組みで論じられることになる。

まず生活世界から見ていこう。ハーバマスによれば、生活世界は、コミュニケーションを遂行する際に語られる内容のコンテクストをなす「文化的に伝承され言語的に組織された解釈範型のストック」であり、より広義にいえばコミュニケーション的行為によって得られる「合意」の更新によって再生産される社会領域である（TH2：189/下25）。具体的にいえば、了解志向的な家族や友人関係などの親密圏、非営利的なサークル活動・NGOやNPOなどの自由なアソシエーション、公共圏を構成するマスメディアなどのコミュニケーションのネットワークを考えればよい。

他方の「システム」であるが、こちらは行政国家と資本主義経済である。この社会領域は、「権力」と「貨幣」という制御メディアによって駆動する機能主義的理性によって、目的合理的に推進される。ハーバマスによれば、システムは、もともと生活世界に属していたが、貨幣や権力という制御メディアの働きによって分化し、自律的論理を持った行為領域を形成することになった。

ハーバマスは、生活世界とシステムとの関係を「システムによる生活世界の侵食」として捉える。その内実は、貨幣化と官僚化によって、システム的な目的合理性や機能主義的合理性が生活世界に侵入し、生活世界の再生産過程に機能障害を起こし、文化領域における「意味喪失」、社会領域における「アノミー」、人格における「精神病理」という「生活世界の病理現象」を生じさせるということである（TH2 : 565–567/ 下 402–403）。

ハーバマスは、このような「システムによる生活世界の侵食」によって機能不全に陥った生活世界からの抵抗や抗議の声を拾い集めて集約する場を「公共圏」という開かれた討論によって牽引される言説空間として捉える。ハーバマスの理論から見れば、「公共圏」から発する、システムからの侵食にともなう弊害の除去を求める異議申し立てこそが、生活の「新たな文法（Grammatik von Lebensformen）」を求める「新たな社会運動」であるということになる（TH2 : 576/ 下 412）。

その後、『事実性と妥当性』（1992）において、生活世界とシステムをつなぐ「蝶番」としての法に着目したハーバマスは、多文化主義的な複合社会に相応しい法治国家の新たなモデルとして、手続き主義的な法理論を基礎にした「憲法愛国主義（Verfassungspatriotismus）」を唱えることになる。

ハーバマスは、コミュニケーション的行為の妥当要求に応ずる可能性としての「コミュニケーション的自由」から生成する公共圏において集約された公論を、実定法を制定する間主観的な「コミュニケーション的権力」へと転じ、反省的になった正統的な秩序を創り出すことによって、システムを制御しようとする理論枠組を提示することになった。

さらにハーバマスは、この『事実性と妥当性』の段階で、コミュニケーション論的に転回された「私的自律と公的自律」と「法的平等と事実的平等」の関係について述べている。

コミュニケーション論的に見た場合の「私的自律」とは、コミュニケーション的行為の要求する義務に基づく公共圏から退く「消極的自由」と「積極的自由」とも言うべき倫理的自己実現として捉えられている。他方の「公的自律」とは、道徳律に基づいたカント的自律ではなく、ディアローグ的なコミュニケーション的行為に基づいた討議によって市民の自己立法を成し遂げることにある。ハーバマスは、これら公的自律と私的自律が、相互依存しており、弁証法的に展開するものであるとする（FuG : 109–165/ 上 107–162）。

ハーバマスにとって、近代における公的自律と私的自律は、万人に開かれたものとなっており、不可分である両者は、弁証法的な生成の過程にあり、そのポテンシャルを十全に解放させつつあると見ている[6]。また「法的平等と事実的平等」も、この「公的自律と私的自律」の弁証法の深まりとともに、実現されていくと考えられている（FuG : 493–515/ 下 145–164）。

しかしながら、ハーバマスの理論展開は、決して普遍化しうるものではない。ここで押さえておかねばならないのは、これらの論理は、あくまで社会国家（福祉国家）の介入主義を基調にした後期資本主義的な経済社会を念頭に置いているということである。

普遍的かつ抽象的な理論構成とは裏腹に、「システムによる生活世界の侵食に対する新しい社会運動という抵抗」あるいは「生活世界とシステムの蝶番である法を、コミュニケーション的権力によって制定することによって、システムを制御する」という論理は、後期資本主義という社会的・歴史的現実に根ざしているのである。

それは、社会国家的妥協によって、資本主義の再生産の回路に、人々を〈労働者―消費者〉として組み込むと同時に、福祉行政のクライエントとして社会統合を果たそうとするフォーディズム的な後期資本主義という基盤を持っている。それは、労使の妥協によって成立した「豊かな社会」の中で、階級闘争という旧来のマルクス主義的な図式が有効に機能しなくなった後期資本主義社会を前提にした理論図式なのである。(7)

市民社会の公共圏の新生を促した「新たな社会運動」は、フォーディズム的な体制が十全に機能する国民経済の内側で発揮されたのであり、後期資本主義の回路が十全に機能していた「豊かな社会」において批判のポテンシャルを顕在化せしめたのである。

ハーバマスは、この戦後達成された社会国家（福祉国家）という制度を、手放すことのできない発展段階であると見なしていたがために、これらの理論枠組みを普遍化し得たのである。だからこそ、その発展段階における生活世界からの反撃は、体制を打倒しようとするマルクス主義的な革命運動ではなく、「新たな社会運動」という抵抗運動となったのである。

しかしながら、フォーディズム的資本蓄積体制を基盤にした後期資本主義的な国民経済の枠組が揺るぎ、新自由主義的な言説のヘゲモニーによって牽引されるグローバル化に席捲されるポスト・フォーディズム的な資本蓄積体制において、ハーバマスの理論図式は有効に機能しうる社会的・歴史的基盤を失いつつある。

6　システムの変容と公共圏の機能不全について

ハーバマスの母国であるドイツでさえも一九九〇年代以降「産業立地点としての国民国家の終焉」による産業の空洞化が言われるようになり、それと連動するかのように社会保障費の削減が進み、社会保障国家としての機能を弱体化させつつある。この弱体化によって、社会国家の福祉行政によって支えられた法的平等と事実的平等の弁証法的な結びつきが切断されつつある。これは、システムの変容とともに公共圏が機能不全に陥っていることの証である。

公共圏の規範的潜在力に基づいたシステムの制御という観点は、大戦後の「埋め込まれた自由主義」という国民経済に対する制御が可能であったフォーディズム的な資本蓄積体制では有効であった(8)。しかしながら、ポスト・フォーディズム的なグローバルかつフレキシブルな蓄積体制への移行によって再編を続けるシステムの運動を、国民国家レベルでのコミュニケーションの流れによって、有効に制御することが困難になってしまうのは当然の帰結である。

いわばハーバマスが公共圏の規範的次元の解明と手続き主義的な法理論の整備に時を費やしている間に、システムの方が構造転換してしまい、公共圏の規範的次元と事実的公共圏との間にハーバマスの理論では埋め合わせ難い乖離が生じたのである。

この乖離は、一九六〇年代から一九七〇年代の初頭から先進諸国が、長期的なスタグフレーションに陥ることを契機にしている。

フォーディズム的な社会国家的妥協のもとに成立した「規模の経済」は、資本主義の黄金時代を現出せしめた。しかしながら、フォーディズム的な画一的商品が〈大量生産―大量消費〉のサイクルを循環し成熟飽和経済にいたることで、それらの商品が売れなくなり、フォーディズム的なテクノロジーが反生産的なものへと変貌してゆく。その結果、社会国家のケインズ主義的な経済政策は、有効需要を創出する効果を低下させてゆき、大量の失業者を生みだすとともに、慢性的な財政赤字を積み上げてゆくことになる。つまり「社会国家（福祉国家）の危機」というべき事態に先進諸国が直面したのである。(9) このことを契機にして、力を持ちはじめた言説が、新自由主義的言説である。

新自由主義的言説は、かつての「埋め込まれた自由主義」による市場経済の規制に対して反撃を加え、社会国家的・福祉国家的な社会的合意を突き崩してゆく。そうした言説は、権力をメディアにしたシステムとしての行政国家を、「大きな政府」から「小さな政府」へと構造転換することによって、自由主義市場経済を脱埋め込み化しようとする。

実際に、この新自由主義的言説が、アメリカとイギリスにおいて、レーガノミクスやサッチャーリズムとして実際の政策の基本方針として採用されることになった。そうした傾向は、ＩＭＦやＷＴＯなどの国際機関の指導のもとグローバルな次元で展開され、社会国家的・福祉国家的妥協や市場経済に対する社会的な統制を解体するとともに、国民経済の再生産の基礎的な論理を再編し続けている。

言うまでもなく、新自由主義的な経済潮流によって、貨幣に媒介されたシステムである市場経済も再編成過程にある。その潮流は、イノベーションなきフォーディズム的な〈大量生産―大量消費〉の循環に見切りをつけ、フォーディズム期に強化された労使の合意を切り崩し、イノベーションを可能にする生産性を探究すべく、競争を激化させることでメガコンペティションを現出させる。その結果、利潤を追い求める資本は、国境の内外で不断に生産過程や流通過程を再編し続け、ポスト・フォーディズム的なフレキシブルな蓄積体制を築き上げつつある。

このようなグローバルな次元での新自由主義的な潮流によって、ハーバマスの『事実性と妥当性』における憲法愛国主義へと収斂する手続き主義的な法理論は、明らかに失効しつつある。もはや、法治国家の枠内で、実定法というメディアによってシステムを有効に制御することはできないのである。

その事実を、ハーバマス自身も深刻に受け止めている。ハーバマスは、「法的平等と事実的平等との弁証法」を「私的自律と公的自律による弁証法」によって強化するという回路が、グローバル経済の急激な変化とともに、「一時的に停止」してしまったことを確認している（EA : 145/144–145）。

ハーバマスによれば、グローバル化は、システムの組織の拡大や細分化をもたらすと同時に、行為者の意識を拡大する二つの傾向にある（EA : 145–146/145–146）。

グローバル化によるシステムの拡大・深化は、経済の脱国家化をもたらし、国内政治における生産条件に対する課税などの経済を統制する力を衰退させている。また国際競争力の向上の名のもとに、規制緩和による福祉政策のコスト削減によって、政治による「再配分」の余地を縮小させせつつある。その結果、高度に発達した先進社会における社会国家化によって下火になったはずのマルクス主義的な「配分」を巡る問題が、再び熱を帯び始めている。

しかしながら、もう一方の衛星放送やインターネット等の情報技術の発達によって拡大したはずの行為者の意識は、相互に閉鎖的な村社会のように断片化する傾向にある。そのため拡大した公共意識が、開かれた討議によって様々な意見を結びつけ公論へともたらすはずの公共圏へと合流していないとハーバマスは見ている。そうなってしまうと、グローバル化に対応した社会連帯が極めて困難になってしまうという帰結へと至るのは当然のことであろう。(10)

現代のグローバル化によるシステムの構造変化に対して、生活世界の抵抗の力を集約し公論へともたらすはずの公共圏は、明らかに有効に機能していないのである。

むすび――超国家的公共圏の成立とメディアの経路について

今やハーバマスは、国民国家単位の政治では、解き放たれたグローバル化に対応できないことを率直に認め、超国家的レベルでの政治的行為能力を築くために「英雄的な努力」をすべき時であると述べている(EA : 149/149)。ハーバマスは、その努力を、民主主義的法治国家の規範的遺産である民主的意思形成のプロセスに繋がる形式、つまり自ら提唱する討議倫理を基礎にした公共圏の力によって達成すべきであると言う。(11)

しかしながら、ハーバマスは、コミュニケーション的行為によって、国際的な次元で「合意」をつくる力をもち、それを執行する機関が不在であることも認めている。そうした国際機関の形成は、大陸単位での統治形態間での協調プロセスなしには生まれないし、世界規模での流動化した「市民社会(Zivilgesellschaft)」のコミュニケーションの圧力によってのみ実現しうる政策のみが、平和的で公正な正統的秩序を創りだすとハーバマスは言う(EA : 153/152)。もしハーバマスの目論見どおりに進むのであれば、国民国家の止揚が現実のものとなり、カント的な世界共和国へと至ることになる。

しかしながら、ハーバマスのカント的構想が現実のものになるか否かの鍵は、ハーバマスがコミュニケーション論や討議倫理学で解明した公共圏の規範的次元を、グローバルなレベルで有効に機能させる事実的公共圏が存在し得るかにある。

現在、解明すべきことは、新たな情報技術によって拡大したはずの行為者の意識が、何故、村社会的で相互に自閉的なものになる傾向にあり、グローバルなシステムの運動に対する有効な公論を提示する批判的公共圏を形成し得ないのかということである。

ハーバマスのコミュニケーション論的に転回されたカント的構想が有効であるかどうかを確かめるには、かつてハーバマス自身が『公共性の構造転換』で論じたような、「事実的公共圏の構造転換」についての議論を、現代に相応しいかたちで新たに分析する必要がある。場合によっては、事実的公共圏を再構築するための処方箋を提示しなければならないだろう。

もしそうでなければ、ハーバマスの解明した公共圏の規範的次元の潜在力は、それが結びつく現実的かつ有効なメディアという経路を喪失することで失効することになるだろう。細分化し複雑化したメディアの論理を探究し、公論へと収斂するコミュニケーションの流れを有効に結びつける現実的経路を見極める必要がある。言わば、討議という形式を媒介し、様々な意見を結びつけ、公論という内容へと収斂させる形而下的なヴィークルの性質と経路の現状を確かめねばならないのである。

●注

（1） Adorno, T. W. *Stichworte, Kritische Modelle 2*, Shurkamp, 1969, S. 155. 大久保建治訳『批判的モデル集』法政大学出版局、二〇七頁。

（２）Adorno, T. W. u. a, *The Authoritarian Personality*, New York, 1950.

（３）ハーバマスの公共圏論は、様々な批判に晒されてきた。例えば、キャロル・ペイトマンによるフェミニズム陣営からの批判は、女性が構造的に政治的公共圏から排除されてきたことを指摘した。しかしながら、ハーバマスは、市民的公共圏が、フェミニズム陣営からの反論をも、排除されてきた「他者」からの言説として加えることができ、市民的公共圏の「自己転換のポテンシャル」を押し広げることになると応答している（SÖ : 19-20/xi）。

（４）ホネットが述べているように、ハーバマスとリオタールは、ともに様々な理想や価値志向性が競合する多元主義的な社会で、ごく一部の言語ゲームのみが公共圏を支配している状況を念頭においている。彼らは、社会的に抑圧された言語ゲームが真理要求を含んでいるという点において一致している。Honneth, A. *Das Andere der Gerechtigkeit, Aufsätze zur praktische Philosophie*, Suhrkamp, 2000, S. 136-143.

（５）ユルゲン・ハーバマス、三島憲一監訳『近代　未完のプロジェクト』岩波現代文庫、四―四五頁。

（６）ハーバマスの公共圏論は、古代ギリシアのポリスをモデルにしたアーレントの公共圏モデルからはっきりと離脱している。アーレントの公共圏論は、明確に私的領域と公的領域を分離し、私的領域である家族と家計において確保される私的自律こそが、ポリスにおける公的自律の基盤であると考えていた。それ故、アーレントは、国家全体の〈家計＝経済〉が、公における主要な関心事になる時代では、公と私の中間領域である〈社会的領域〉が出現し、私的必要から離れた自由を条件とする公共圏が成立しなくなってしまうことを問題にした。他方のハーバマスは、私的領域と公的領域が相互に影響しあい弁証法的に発展する関係にあると捉えている。ハーバマスは、アーレントの言うところの〈社会領域〉の出現を積極的に捉えている。ハーバマスの「未完のプロジェクトとしての近代」は、〈社会領域〉を媒介する市民的公共圏の中に胚胎した解放のポテンシャルに賭けられていると言っていいだろう。Hannah, A. *The Human Condition*, University of Chicago Press, 1958.

（7）この点については、吉田の論稿を参照されたい。吉田は、ハーバマスの思想地平が、後期資本主義社会における相互行為の回復を媒介にした「市民的公共性」の再興にあると見ている。吉田傑俊「ハーバマスとマルクス」吉田傑俊ほか編『ハーバマスを読む』大月書店、一九九五年、一九五—二二〇頁。

（8）「埋め込まれた自由主義」とは、一九三〇年代の大恐慌を契機にした破局を避けるために、第二次世界大戦以降の先進資本主義諸国おいて採用された政治経済構造である。剥き出しの自由市場では失業や不況が生じるため、先進資本主義諸国は、完全雇用・経済成長・市民の福祉を重視し、ケインズ主義的な財政金融政策や労使間の階級妥協等の調整的・緩衝的・規制的な諸制度によって、資本主義自由経済と国内の平和や安寧を同時に維持しようとした。ハーヴェイによれば、一九七〇年代までに「埋め込まれた自由主義」は使い果たされ機能しなくなっていた。この危機を脱するための回答の一つが、新自由主義というプロジェクトにほかならない。Harvey,D. *A Brief History of Neoliberalism*, Oxford University Press, 2005, 9-12.

（9）この点については、富永を参照されたい。富永健一『社会変動の中の福祉国家』中公新書、二〇〇一年。

（10）藤本によれば、新自由主義的なグローバリズムによって、「公共圏の治安維持化」が進行している。新自由主義は社会領域を市場の論理に委ねようとするため、「小さな政府」の担う役割が縮小し、貧富格差が固定化してしまう。その結果、治安が悪化し「社会不安」が生じる。もちろん、その「不安」は、再配分による調整によって解消されるのではなく、治安維持体制によって応じられる。言わば、新自由主義は、グローバル化時代の社会統合を、ハーバマス的な「合意」ではなく、「排除」によって達成しようとする。藤本一勇『批判感覚の再生——ポストモダン保守の呪縛に抗して』白澤社、二〇〇六年、一八—一八頁。

（11）例えば、そのような努力として、イラク戦争を契機としたヨーロッパにおける「反戦運動」の高まりを、「ヨーロッパ公共圏」の誕生として言祝ごうとしたハーバマスとデリダの二〇〇三年五月の共同声明と、それに呼応したヨーロッパやアメリカの知識人達の様々な論文の公表があげられるだろう。これらのイラク戦争を契機にした公共圏の経緯については、三島の論稿で詳解されているので参照されたい。三島憲一

「ハーバーマスとデリダのヨーロッパ」『早稲田政治経済学雑誌』三六二号、二〇〇六年、四―一八頁。

●参考文献

以下の著作に関しては、原則として本文中に略記し、最初に原著の頁数を、その後に（／の後に）巻の表記・訳書の頁数を記す。

DA : Horkheimer, M. und Adorno, T. W. *Dialektik der Aufklärung : Philosophische Fragmente*, S. Fischer, 1947.（邦訳、徳永恂訳『啓蒙の弁証法』岩波書店、一九九〇年。）

EA : Jürgen Habermas, *Die Einbeziehung des Anderen. Studien zur politischen Theorie*, Suhrkamp, 1996.（邦訳、高野昌行訳『他者の受容――多文化社会の政治理論に関する研究』法政大学出版局、二〇〇四年。）

FuG : Jürgen Habermas, *Faktizität und Geltung.Beiträge zur Diskurstheorie des Rechts und des demokratischen Rechtsstaats*, Suhrkamp, 1992.（邦訳、河上倫逸・耳野健二訳『事実性と妥当性（上）』未來社、二〇〇二年。河上倫逸・耳野健二訳『事実性と妥当性（下）』未來社、二〇〇三年。）

RhM : Jürgen Habermas, *Zur Rekonstruktion des Historischen Materialismus*, Suhrkamp, 1976.（邦訳、清水多吉監訳『史的唯物論の再構成』法政大学出版局、二〇〇〇年。）

SGH : Jürgen Harbermas, "Sprachtheoretische Grundlegung der Soziologie:" *Vorstudien und Ergänzungen zur Theorie des kommunikativen Handelns*, Suhrkamp, 1984.（邦訳、森元孝・干川剛史訳『意識論から言語論へ　社会学の言語的基礎に関する講義（一九七〇／一九七一）』マルジュ社、一九九〇年。）

SÖ : Jürgen Harbermas, *Strukturwandel der Öffentlichkeit. Untersuchungen zu einer Kategorie der bürgerlichen Gesellschaft*, *Neuaufl*, Suhrkamp, 1990.（邦訳、細谷貞雄・山田正行訳『公共性の構造転換（第二版）』未來社、一九九四年。）

TH1 : Jürgen Harbermas, *Theorie des kommunikativen Handelns I*, Suhrkamp, 1981.

TH2 : Jürgen Harbermas, *Theorie des kommunikativen Handelns II*, Suhrkamp, 1981.
（邦訳、岩倉正博・藤沢賢一郎・徳永恂・平野嘉彦・山口節郎訳『コミュニケイション的行為の理論（中）』未来社、一九八六年。丸山高司・丸山徳次・厚東洋輔・森田数実・馬場孚瑳江・脇圭平訳『コミュニケイション的行為の理論（下）』未来社、一九八七年。）

第七章　デューイ教育哲学と現代

ギブソン松井佳子

はじめに：教育の転換期をむかえて

近年の世界に広がるグローバル化や情報革命そして科学技術の発達などを背景として、多くの人々がインターネットにアクセスができるようになり、コミュニケーションのスピードも加速度を増している。情報伝達回路の形や質に大きい変容がもたらされているといえよう。教育に目を向ければ市場化の波が押し寄せ、教育産業の拡大にも拍車がかかっている。このような状況の中で、従来の知識伝達型の伝統的教育は根底からその存在理由を問い直されているのではないだろうか。教育の主要な目的が知識を得ることではなくなってきていることは間違いない。だとすれば教育の存在理由はどこに見出すべきか、学校とはどんな教育の場であるべきなのだろうかといった原理的な問いを発することが緊急課題となっていると考えられる。長年わたしたちが自明視して寄りかかってきた〈学校観〉や〈教育観〉にメスをいれ、Educational Turn にどう対処するかが問われているのである。現実の側からすでに挑戦状はつきつけられている。日本における教育／学校の現場の機能不全が指摘され、登校拒否、暴力、いじめ、学力低下、学校の市場化や自由の侵害などの深刻な諸問題が噴出していることと、教育が教育としての意味や機能を見失っていることとの間には必然的な関係性があるはずである。

本稿では、米国の教育哲学の領域においてユニークな理論構築を成就したジョン・デューイ（一八五九―一九五二）を取り上げ、この哲学的プラグマティストの諸理論がどのような形で今日的意味と切り結べるかについて考察を試みたい。現代はもちろんデューイの時代とは社会状況がかなり変化している。現代のわたしたちは情報革命その他のテクノロジーの発展による知の地殻変動の中で、未曾有の不透明な激動の〈生〉を経験している。デューイの時代の米国はどういう状況だったのだろうか。はたして南北戦争（一八六一―一八六五）後の米国は農業社会から工業社会への過渡期であり、不安定で予測不可能な状況にあった。すなわち国外国内を問わず、さまざまな〈移動〉が進展した時代であった。産業化や都市化が急速に進展し、外国からの移民流入、国際貿易が盛んになり、それと雁行する形で交通機関やコミュニケーション手段が急速に発展した。しかし現代と異なるのは、当時の米国では科学技術の発達や芸術的実験の試みなどに関しておおむね楽観的な見方が広がっていたことである。つまり社会の絶え間ない変化が可能性の証として未来へのヴィジョンとして肯定的に認識されていたのである。

伝統的教育は、静的な知識を伝達することに主眼が置かれていた。それはあたかもビンの中に入っている液体を別のビンに入れ替えるような作業として捉えられ、これこそが教師が生徒に〈教える〉という営為の基本的な形であり、教育の原型であると考えられていた。しかしデューイはこのような伝統的教育に疑義を唱える。なぜならデューイは知識の伝達は真の教育とはいえないと考えたからである。ではこのデューイの教育哲学は現代のわたしたちにどのような教育的改善の可能性を提示してくれるだろうか。激動の時代だからこそ問われる、この〈変化〉への対応能力に焦点を合わせながら、教育の目的が、知識の伝達から状況の判断能力や問題解決能力へとシフトしていることを示すひとつのグローバル・スタンダードの例としてＰＩＳＡの学力調査を見てみよう。

1　ＰＩＳＡ学習到達度調査とデューイ

二〇〇七年一二月四日に、ＰＩＳＡ＝Programme for International Student Assessment（ＯＥＣＤ生徒の学習到達度調査）の二〇〇三年調査結果が発表された。今回の調査には世界四一か国・地域から約二七万六千人の一五歳生徒たちが参加して、数学的リテラシー、読解力、科学的リテラシーおよび問題解決能力が評価された。この調査は知識習得度を計るものではなく、一五歳の子どもたちが持つ知識や技能が実際の生活場面においていかに応用可能であるかがポイントとなる。つまり知識の量そのものではなく、概念が正確に理解できているか、思考プロセスが身についているか、実際の具体的状況でそれらを実践と結びつける応用能力があるかどうかが重要視される。以下四つの調査分野の説明に目を通しておこう。

（1）数学的リテラシーとは、「数学が世界で果たす役割を見つけ、理解し、現在及び将来の個人の生活、職業生活、友人や家族や親族との社会生活、建設的で関心を持った思慮深い市民としての生活において確実な数学的根拠にもとづき判断を行い、数学に携わる能力」である。

（2）読解力とは、「自らの目標を達成し、自らの知識と可能性を発達させ、効果的に社会に参加するために、書かれたテキストを理解し、利用し、熟考する能力」である。

（3）科学的リテラシーとは、「自然界及び人間の活動によって起こる自然界の変化について理解し、意思決定するために、科学的知識を使用し、課題を明確にし、証拠に基づく結論を導き出す能力」である。

（4）問題解決能力とは、「問題解決の道筋が瞬時には明白でなく、応用可能と思われるリテラシー領域あるいはカリキュラム領域が数学、科学、または読解のうちの単一の領域だけには存在していない、現実の領域横断的な状況に直面した場合に。認知プロセスを用いて、問題に対処し、解決することができる能力」である。

（1）（2）の数学的リテラシーや読解力の分野で明らかなのは、「社会生活」「思慮深い市民としての生活」「効果的に社会に参加するため」という表現にも見られるように、リテラシーあるいは学力が社会貢献と不可分なものとして捉えられていることである。そして知識の習得度というよりも判断能力や思考能力が強調されている。（3）の科学的リテラシーの分野には「意思決定するために」以下の文章からわかるように、判断能力および問題解決能力の重要性が見て取れる。そして（4）の問題解決能力についていえば、〈生きる力〉すなわち複雑で解決困難な現実問題を解決するときに動員されなければならない知力〈学力〉が、領域横断的、総合的かつ創造的な力であることが明示されている。

ＰＩＳＡ調査は学力習熟度に加えて、態度や関心そして学習機会や環境という項目も用意されている。その中に生徒に起因した学級雰囲気指標や生徒のモラール指標なども調査項目に挙げられており、学級雰囲気と得点の高さ、および生徒のモラールと得点の高さに対応関係があることが結果として指摘されている。

このPISA調査で扱われている〈教育〉の射程とデューイの教育哲学との重なりは決して小さくはない。ここにデューイ教育論の先見性を見出し賛辞を送ることは許されてしかりだと思うが、デューイは決してそれを喜ぶまい。なぜならデューイは何よりもよどみや探求の停止を〈生〉を阻むものとして斥けようとしていたはずだから。以下デューイの教育哲学がどのような思考回路を有して〈連続する経験としての教育〉の意義を主張し続けたのかを考察することにする。

2　〈経験〉の連続性としての教育——経験のための経験

まずデューイは〈生の哲学〉の主唱者であった。何よりも〈人間の可能性〉をどこまでも信じる人であった。その意味でデューイは正真正銘の楽観主義者であったと言えよう。そしてこの人間の可能性をどんどん発展させること、つまり〈経験の更新による連続性〉こそが〈生きる〉ことであったのだ。デューイが数多くの著作の中で最も愛着をもって語っていた『民主主義と教育』の第一章で、「生活（ライフとルビ）とは、環境への働きかけを通して、自己を更新して行く課程なのである。」と述べた後、次のように教育を「経験」「更新」「再生」「連続」といったデューイ語録を網羅して説明している。少し長いがデューイ哲学の本質的な要として引用しておこう。

「われわれは「経験」という語を同様に充実した意味で用いる。そして経験に対しても、ただ単なる生理学的な意味における生活に対してと同様に、更新による連続という原理があてはまる。人間の場合には、肉体的存在の更新に、信念や理想や幸福や不幸や慣行の再生（リ・クリエーションとルビ）が伴う。どんな経験でも社会集団の更新を通じて連続するということは文字通りの事実である。最も広い意味での教育は生命のこの社会的連続の手段なのである。」一三頁

このようにデューイにとって、〈生きる〉プロセスそれ自体が教育であり、教育は生きるための目的でもそのための手段でもない。教育は、環境に不断に適応しながら経験の更新・進化を連続させていくプロセスそれ自体であり、適応による生命の存続である。この人間の自己更新としての教育には社会環境との関係性が不可避であり不可欠である。つまり人と人との関係性および人と環境との関係性がなければ〈生〉は成り立たない。お互いが有機的に相互媒介的に連動しているのである。したがってデューイにとっての〈成長〉とは個人内部で完成していくものではなく、環境との絶え間なき〈相互作用〉によってもたらされるものなのである。ちなみにダーウィンの『種の起原』が出版された一八五九年にデューイは生まれているが、デューイの知の成長過程を特徴づけている経験の再構成および認識の再構造化の様式にはダーウィンの進化論の影響が明らかに見て取れる。

デューイは自らの教育哲学をリンカーンのことばに倣って「経験の、経験による、経験のための教育に関する哲学」と表現していることからもわかるように、教育理論と経験主義を有機的に結びつけている。デューイの教育実践理論の支柱として最も重要な役目を果たしているのが、〈経験〉である。子どもたちにとって知識は〈経験〉というマトリックスを得てはじめて統合され成長に結びつくものであり、教育の目的は子どもたちの経験の持続する再構築以外のなにものでもない。デューイは教育の本質について、「経験が知的に発達しているか、知的に導かれているかを検証するよう、経験を自制させることほど、こ

の世の中で厳しい訓練はない。」と『経験と教育』の最終章に記している。

　ではデューイの経験主義の基本原理とは何か。それは二つある。一つは経験の連続性の原理、もう一つは相互作用の原理である。経験の連続性の原理とは、いかなる経験も各々がそれ自体として孤立して存在しているものではなく、過去―現在―将来という時間的連動性を有している。デューイの表現によれば「経験の連続性の原理というものは、依然の過ぎ去った経験からなんらかのものを受け取り、その後にやってくる経験の質をなんらかの仕方で修正するという両方の経験すべてを意味するものである。」教育者は児童のこのダイナミックな更新力としての経験を考慮して、未成熟な者への共感と理解をもって支援をすることが要請されることになる。教師の具体的な役割は、子どもの成長レベルに合わせて課題を選択して与え、問題解決に向けて思考習慣が形成されるように協働して経験の共有の場を創出することである。ここには明らかに、観察―データ収集―仮説を立てる―実験・検証―暫定的な結果の抽出という自然科学的方法が作動していると考えられる。

　連続性の原理は個人の内面で進行する経験を扱うが、もう一つの相互作用の原理は人間と環境（自然的・社会的）の間に生起するものである。つまり人間は社会的な条件や状況の中に存在しているのであり、社会的文脈から離れて個人として存在することはできない。すなわち人間が本質的に社会的存在であるがゆえに、教育は本質的に社会的なプロセスとして、個人と社会を有機的に結びつけて理解しなければならないという考え方である。これはリベラリズムとコミュニタリアニズム論争をある意味で超克した構想ではないかと考えられる。この認識を踏まえた上でデューイはこの二つの原理が相互に有機的関係をもち不可分であることを強調する。そしてこれはデューイの、哲学に政治・経済が連動すべきだという見解に直結している。具体的な経験から分離された文脈離脱の理論や孤立した諸個人の洞察に依拠した知識は差別や抑圧といった不正を抱える現実の社会問題を解決することはできないとデューイは考えた。個人と社会の間の相互作用および諸個人間のコミュニケーションの重要性について、デューイはこう述べている。「…意識的に共有している関心が、どれほど多く、また多様であるか、そして、他の種類の集団との相互作用が、どれほど充実し、自由であるか、ということである。」（一三六頁）価値の多元主義が認められ社会構成メンバー間に関心や情報が共有されてこそ、民主主義的かつ平等な教育が実現することをデューイは力説する。

先に述べた〈欠如〉とも共鳴するが、デューイのキー・コンセプトの一つである〈探求（inquiry）〉は不安や不満足の感情から始まる。コンフリクトのないところに〈探求〉は生まれないのであり、状況改善という要請があるからこそ、〈探求〉が呼びこまれることになる。デューイにとっての〈探求〉とは、反省的知性をもつ人間が適応して安定を成就するための手段であり、これを使って習慣を制御して新たな方法を生み出すことにつながる。ここには厳として生きるための重要な条件がある。それは経験の継続的な再構築・更新のプロセスである。この意味で、ダーウィンの進化論の「適者生存」原則の影響を強く受けたデューイの理論はTheory of KnowledgeではなくTheory of Inquiryとも呼びうるものである。前者が過去の遺産のような静的な印象を与えるのに対して、後者にはダイナミックなプロセスのもつ躍動感と生命力が感じられる。デューイの提唱する経験再構成・再構築を可能にする知性（intelligence）はいわゆる普遍的な理性の行使だけではなく、人間存在のさまざまなエネルギー（衝動や感情なども含む）をも射程に入れているのである。ちなみにデューイは〈主知主義的謬見（intellectualist fallacy）〉という用語を用いて、〈知ること〉を〈すること・生きること〉（人生における感情的、宗教的、倫理的、美的諸側面）の優位に位置づける二元論を厳しく批判する。デューイによれば抽象的・概念的思考と日常生活における問題解決実践能力は元来分けられるものではなく統合されているのである。そしてこの統合を可能にしているのが、とりもなおさず私たちの〈経験〉である。デューイは〈経験〉の中に「哲学（思考）と経験」「変化しないものと変化するもの」「理論の実践」「主観と客観」「理性と感性」「能動と受動」「科学と芸術」「教えることと学ぶこと」「精神と身体」「教師と生徒」「依存と自律」「個人と社会」「知識伝達教育と問題解決学習」といった従来二項対立的に捉えられてきた対概念を融合・統合する。なぜならデューイはギリシャ哲学から近代哲学まで綿々と受け継がれている西洋哲学の二元論的な思考法に決定的な誤謬および限界があると認識していたからである。このデューイの二元論超克の試みにはヘーゲルの弁証法とダーウィンの進化論の強い影響があることは周知の通りである。また彼がモダニズムとポストモダニズムの両方のモメントを共存させていたことも容易に見てとれる。二元論的な差異を非連続性のもとに分断現象と捉えることを拒否して、連続性あるいは統一体として理解するデューイの姿勢は、現代の世界で起きているさまざまなコンフリクトの解決（conflict resolution）に有益な一石を投じてくれることはまちがいない。

ではこれまで検討してきたデューイの教育実践理論は現実の教育現場の状況改善にどのような可能性を提供できるだろうか。子どもたちが学校で学生・生徒としてのパフォーマティヴ・アイデンティティを演じて内発的ではない外部から提示された目標に向かって効率的な知識受容に専念するのではなく、自分自身の経験としての〈まなび〉に自覚的になり、経験の連続性を念頭において、授業に積極的に参加し教材を吟味し内省し認識を深めて、試行錯誤の成長のプロセスを自己肯定感に結びつけることができるとしたらどうであろう。いつも監視・評価されているという教室ではなく、等身大の自己をありのまま解放できる教室であったとしたらどうであろうか。教師が生徒ひとりひとりのこれまでの経験についての情報を得て、生徒の経験の連続性を認識しつつ、学力が足りない生徒にそのことを恥じるのではなく〈まなび〉の条件として大切なのだと説得して積極的に学習に参加することを促しながら、教師が生徒と協働して相互コミュニケーションを続ける中から生徒自身がもっている「やる気」を呼び覚まし、失敗しても良い、試行錯誤が許される場としての教室を実現することができるとしたら、どうであろうか。児童中心主義で学力低下を招く劣悪な教育として即座に却下されることになるのだろうか。

3　デューイの〈成長〉概念——成長のための成長

デューイは『民主主義と教育』の中で、「成長の第一の条件は未成熟である。」と述べ、未成熟は欠如を意味するのではなく、「成長する力」そのものと捉えて積極的な評価を与えている。この見解の背後にあるのは、デューイの児童期の認識の仕方である。つまり児童期を成熟後の状態に至るまでの準備期あるいは過渡期（「欠如態」）とみなすのではなく、こどもたちの〈今・ここ〉をそのままホーリスティックに捉えてかけがえのない児童期として理解する。成年期その他と比較することによって児童期を直線上の一段階として位置づけてしまうと児童期の本質が見えなくなってしまう。そうではなくて児童期は未熟であるからこそ、〈欠如〉を積極的な価値として認めるのである。ということは裏を返せば、欠如しているからこそ成長の可能性があることを意味し、完成された成長はすなわち不成長ということになる。

こうしてデューイは〈依存〉と〈自律〉を二項対立図式で捉えるのではなく、経験による自己更新を成長の開放性とともにグラデーションの流れとして把握する。ここに生起するのはなだらかな試行錯誤のプロセスに他ならない。敢えて過激な突き詰め方をするなら、そこにあるのは〈依存〉と〈自律〉の相互依存関係の再演あるいは協働的相互作用としての統合とみなしうることになろうか。デューイの〈成長〉は「静的な目的を理想や基準として設定すること」を拒み、学びの意味は生徒の探求活動と批判的思考に依拠する open-ended な自己変容の契機を包含していなければならない。外部から強制された形での学習は真の意味での成長に結びつくことは決してない。そして又自己更新としての成長には社会的な承認や他者からの評価が不可欠である。

このようにしてダーウィンの自然主義的見解に強い影響を受けたデューイは、生物の活動力としての〈成長〉概念を敷衍して、主体としての人間が環境と相互関係を持ちながら知的制御（反省的知性）によって変化していく有機的なプロセスとして教育概念を練りあげていった。そこには「固定した目標（fixed goals）」はない。あるのは連続性の原理だけである。つまり〈成長〉のための〈成長〉しかないのである。このようにデューイにとって未成熟の特性である〈依存性〉はその肯定的な価値を認められるべき特性である。〈依存性〉とは無力さの同義語ではなく、能力の成長を促す建設的なものである。〈依存性〉は〈可塑性〉へと導かれていく。〈可塑性〉をデューイは「先行の経験から後続の活動を修正する諸要素を獲得して保持し、持ち越す能力」であると定義している。つまり成長とは依存状態から能動的な環境制御へと適応していくプロセスである。デューイはこの成長を名詞としての“growth”としてよりも動名詞の“growing”として構想していた。主体としての人間が環境と不断に交わりながらさまざまな困難を経験し、その諸経験から知的制御能力を獲得して行動を修正できることを学ぶ。そしてこの連続した適応力を形成することが、教育の本質なのである。取りもなおさず、これが〈可塑性〉を習得するということであり、その表れとして〈習慣〉が育つことになる。〈依存〉から〈自立〉へという移行が発展的単線における二地点として理解されるのではなく、一連の有機的連続性をもつプロセスだと捉える視点は、経験のもつ〈能動〉と〈受動〉の対立的二元論の統合的試みとも連動している。

なぜデューイの教育実践理論はときに「児童中心主義」というレッテル、またときには「自由放任主義」というレッテルが貼られたりするのであろうか？　教師が児童の内発的成長に寄り添い共感的磁場をともに経験するというモメントを確保しつつも、児童が内省的思考から導き出される経験を再構築するという絶え間なき自己超克のプロセスは、究極的に個人が経験的努力を通して成就しなければならない活動である。教師と生徒という二元論的発想ではなく、そこに〈環境〉という第三項を入れることでダイナミックな経験更新プロセスとしての〈成長〉が、定められた最終目的（telos）をもたない予断を許さぬ経験として、反省・熟慮の対象となる。デューイにとっての教育の場は個人と環境の関係性の只中まさに〈あいだ〉〈あわいめ〉なのである。そしてこれがまさしくデューイの〈成長〉概念の往還構造の基盤を提供している。

4　コミュニケーションとしての教育

次に、このデューイのダイナミックな〈成長〉概念と緊密な連動性をもつと考えられる〈コミュニケーション〉に目を向けることにしよう。デューイの教育哲学においてコミュニケーションの果たす役割は決定的なものである。デューイは『民主主義と教育』の中で、社会的協調と調和のためにコミュニケーションが枢要な機能を有しているのみならず、〈経験〉の更新を促す反省的思考がコミュニケーションによって媒介されているという意見を明確に打ち出している。デューイは教育のプロセスの要としてコミュニケーションを捉え、社会の存続のためにはコミュニケーションによる合意が不可欠であると主張する。ただここで確認すべきは、彼のコミュニケーションの定義である。たとえば命令の受け渡しといった、関心や目的の真正なる共有がない場合には、これはコミュニケーションとはいえないのである。経験の意味を他者と伝え合わなければ社会は機能しない。他人の経験の意味を理解するためにデューイは想像力が必要であると指摘する。このようにデューイにとって、社会生活はお互いの興味、関心、目的などをシェアするコミュニケーション行為の継続であり、だとすればすべてのコミュニケーションは教育的であるということになる。デューイ自身のことばをみておこう。第一章の「生命（life）に必要なものとしての教育」から引用する。

「社会は伝達（transmission）によって、通信（communication）によって存在し続けるばかりでなく、伝達の中に通信の中に存在するといってよいだろう。共通 common, 共同体 community, 通信 communication という語の間には単なる言語上の関連以上のものがある。人々は、自分たちが共通にもっているもののおかげで、共同体の中で生活する。また通信とは、人々がものを共通に所有するにいたる方途なのである。人々が共同体つまり社会を形成するために共通にもっていなければならないものは、目標、信仰、抱負、知識――共通理解――社会学者が言うように同じ心をもつこと like-mindedness である。そのようなものは、煉瓦のように、ある人から他の人へ物理的に手渡すことはできないし、人々がパイを物理的な断片に分割することによってそれを分けあうように、分けあうことはできない。共通理解に参加することを確実にする通信は、同じような情緒的および知的な性向——期待や要求に対して反応する同じような様式——を確保するものなのである。」一六頁

「社会生活が通信（コミュニケーションとルビ）と同じことを意味するばかりでなく、あらゆる通信（したがって、あらゆる真正の社会生活）は教育的である。通信を受けることは、拡大され変化させられた経験を得ることである。人は他人が考えたり感じたりすることを共に考えたり感じたりする。そしてその限りにおいて、多かれ少なかれ、その人自身の態度は修正される。」一七頁

ここに顕現しているのは〈コミュニケーション〉を基軸として練り上げたデューイによる〈個人と社会の哲学〉としての教育理論である。彼のコミュニケーション理論における意味づけの磁場に着目したい。意味はモノやできごとに存在しているのではなく、社会的なコミュニケーションプロセスの中からダイナミックな意味生成過程として立ちのぼってくるのである。つまり人々の参加によるコミュニケーション共同体によって意味形成が成就される。要するに、このデューイの生命の社会的連続の手段としての教育は、社会メンバー全員のコミュニケーション的生活実践を通しての知の共有が必要条件となっているのである。したがって形式的な知識の伝達は教育とみなされることはない。デューイの想定するコミュニケーション的生活は、社会のメンバー全員が〈探求 inquiry〉の精神を持ち、その研究・調査結果としての知をみ

んなで共有できる継続的な人間経験の拡大プロセスのことである。進化のために不可欠なコミュニケーションなのである。デューイにとって知識とは所有物ではない。わたしたちを取り巻く社会的人間的環境の予測不能な不断の変化にいかに対処できるかという、まさしく〈生きる力〉そのものなのである。ではどのようにすれば行動と理念の往還作用や経験の更新（再構成）を可能にするコミュニケーションが実践されうるのか。

5　〈教育と民主主義〉の相乗作用（synergy）

デューイは共同のコミュニケーションによる経験を民主主義と定義し、社会のメンバー各人の連続する〈成長〉が民主主義を創出すると考えた。そして生き生きとした多様な〈生〉の形をお互いに認め合える社会、たえまないコミュニケーションによって常にお互いの経験を共有しながらみんなが経験の更新を続行していける社会に生きることが、まさしく教育そのものだと主張するのである。教育機会は平等でなければならない。一つの階級がもう一つの階級を搾取することに利用される教育は断じて拒否されるべきだとする。個人と社会を二元論的に捉えるのではなく、両者の有機的関係性が強調される。民主主義的〈生〉は〈経験の連続性〉を促し〈進化〉につながるが、支配と非支配に基づく〈生〉は退化と死にいきつく。究極的に教育は〈生〉の充実のプロセスであり、そこには個人の社会への参加が絶対条件となるのである。

ここで確認されるのは、社会的文脈の中において諸個人（教師も生徒も）の参画と貢献が平等に実現されることの重要性であるが、これはまさに教育現場に反映できる卓見といえるのではないか。教師中心主義的で生徒の自主的参加のないトップダウン形式の授業は、経験の更新の可能性を阻んでいるからである。デューイは大著『民主主義と教育』のなかで、教育改革と民主主義進展の間にある密接な相乗作用について詳らかに論じている。デューイの教育と民主主義に関する見解の例をいくつか挙げておこう。

「成長しつつある経験はみなそれ自体に固有の意義をもっているという民主的な規準が認められるまでは、われわれは、外的な目的への順応という要求によって、知的に混乱させられるであろう。」一七六頁

「しかし、民主主義が道徳的で理想的な意味をもっているとすれば、それは、社会への恩返しはすべての人に要求されるべきであり、また、独自の能力を発達させる機会はすべての人に与えられるべきである、ということになる。」一九六頁

「民主的社会は、外的権威に基づく原理を否認するのだから、それに代るものを自発的な性向や関心の中に見出さなければならない。それは教育によってのみ作り出すことができるのである。」一四二頁

デューイにとっての〈民主主義〉は全ての人々の人間性の可能性を信じることと同義語であり、すべての個人を人間らしい生き方へと導く道徳的な理想として認識されている。個人と社会は有機的な相互依存

関係にあり、個人ひとりひとりの生き方を発達させること、つまり個人の自己実現が、社会におけるダイナミックな資源に直結するといういわば個人—社会の有機的関係論である。はたしてデューイは個人的経験と社会の関係性について、「上から教え込むことは、個性の表現と育成とを阻止することになる。外部からの訓練は、自由な活動を阻止することになる。」として子どもたちの自由の侵害はなんとしても避けなければならないことを認めた上で、児童の個人的経験の領域内部で作動している社会的なファクターを考察できる哲学が必要だと指摘する。デューイの理論には反知性主義あるいは放任主義であるといった紋切り型の批判がこれまでになされ、教師主導の知識伝達型の伝統的教育に対して、生徒中心的で活動型の新教育という二項対立図式のレトリックが今世紀初頭以来普及してきた経緯がある。しかし近年の知をめぐる磁場がドラスティックな変容を遂げるなか、私たちの教育〈まなび〉の形と質〉は多角的に模索されるようになってきている。自由な教育哲学に関して、デューイは「どのような理論または実践も、それ自体の基本原理の批判的検討基礎に置かないようでは、それは独断に陥るからである。」と述べて、原理的思考の価値を再確認している。教育と個人的経験の間にある有機的関連を認識することと、原理的批判的思考は排他的関係ではないのである。

デューイは民主主義について、政治形態としてのみならず、共同生活、共同経験の望ましい一様式であることを確認した上で、わたしたちの〈生〉にとって望ましい民主的理想について、自由、平等、多元性、相互作用、変化への適応、改善といった諸要素は、教育の本質にとっても中枢を占めるものであると強調する。近年ますます教育に市場論理が入りこみ、子どもたちは数値目標を差し出されてお互いが競争を強いられ、「市場価値の高い商品」となるべく教育されている状況のなかで、〈自由〉の意味が自己決定にすり替えられ、ばらばらに分断された子どもたちの多くは行き場のない不安をかかえている。デューイは〈自由〉をどのように捉えていたのであろうか。『経験と教育』の第五章「自由の本性」の中で、デューイは「永遠に重要である唯一の自由は知性の自由であり、すなわち、本来的に価値が備わっている目的のために観察や判断がなされる自由である。」と断言した上で、すかさず外的な身体的自由の侵害が内面の自由から分離されえないことに注意を喚起している。この心身のダイナミックな相互浸透は心身のヒエラルキー的優劣関係を拒み、生徒への身体的行動の制限や禁止は同時に精神的あるいは知的な自由の侵害となることを理解しなければならない。だからといってデューイは単なる放任主義を唱道したのではない。衝動や願望が邪魔されずに目的へと進み出したとしても、そこに再構成や改造という反省的知性の働きがなければ変化をもたらす契機につながらず、そこには知的成長はないと主張していることを真摯に受けとめたい。自由であるという状態は、いくつかの選択肢があって他の行動も考慮できることを意味し、その決定を下すためには、〈自制〉が必要となるということである。このデューイの〈自由〉と〈自制〉の相互補完関係への気づきは、現代社会のわたしたちにとって有意義な内省対象となるはずである。民主主義の根幹を支える〈平等〉概念は、特に近年の新自由主義をはじめとする教育の手段化論理に浸食される学校や、生徒の序列化およびエリート教育と普通教育の間の格差拡大の現状を考える時、〈真の教育〉の新たな形を模索する際に重要なモメントとして機能すべき時期に来ていることを痛感せざるをえない。

6　デューイ教育理論の今日的意味——モダニズムとポストモダニズムの二元論を超えて

分析哲学とポストモダニズムの交差点にデューイがいると述べたのはリチャード・ローティであるが、

モダニズムとポストモダニズムを経て、ある種のカオスに直面している現代の知的状況のなかで、デューイ哲学から抽出できる洞察は大変意味のあるものといえよう。ヘーゲルやマルクスのような全体性掌握を意図した形而上学的体系を構築しようとする企てを不毛だとして排斥したポストモダニズムは、リオタール流にいえばまさに「〈大きい物語〉の終焉」と捉えることができる。しかしながら価値の相対化と主体の解体という脱構築の特質にひきつけてポストモダニズムを理解するのではなく、積極的な評価を付したもう一つのポストモダニズムのヴァージョンを取り上げ、絶対的超越的な真理が消滅した後の世界において、それでもなお、たとえ暫定的であっても構わないから意味を発見し行動の指針を見つけようと努力を惜しまないという姿勢として理解するとすれば、デューイの最終目標を設定しない open-ended な教育哲学は、ポストモダニズムの範疇に入れることも可能であろう。はたしてデューイは基礎づけ主義や形而上学といった認識論的および存在論的排他主義を拒絶することによって、まさしく〈大きい物語（grand narrative）〉をはねつける。もはや普遍妥当性を有する形而上学など存在しないと表明するのである。確実性の根拠が失われたとして、人間のコミュニケーション行為によるプロセスを重視するデューイの傾向性もポストモダニズムの一種と判断されてよいだろう。

しかしデューイはカテゴリーを斥ける。デューイは相対主義に反対するとともに啓蒙主義的な合理性も批判する。モダニズムの実証主義を拒否すると同時に、形而上学に依拠する実験的探求理論を構築する。つまり哲学を手放さないプラグマティストなのである。人間観としては、モダニズムの主体としての自我も、ポストモダニズムの断片化された無力な自己もどちらも批判し、共同体としての社会と不可分な形で存在する個人としての自己を想定する。同様に理論と実践をヒエラルキー的に二分法を用いて考察するのではなく、統合することの重要性を主張する。理論と実践は相互媒介的に連動して分離することはできないとして、理論と実践の統合による更新・進化をめざすのである。

多元性と同一性が混在し、グローバリズムとナショナリズムの牽引力に引き裂かれて価値観が揺らぐ現代世界において、自己肯定の感情を持つことは大変むずかしい。デューイの教育は開かれた成長過程そのものであり、人間は自己と環境の相互作用の繰り返しを通して反省的思考を動員しながら〈生きる力〉を培っていくものであり、教育は手段としてみなされるべきではないとされる。目標到達が目的ではなく知の獲得プロセスつまり試行錯誤による認識の進化／深化が教育の価値なのである。眼前の数字に振り回されるのではなく、もっと長期的な視座を見据えてダイナミックなプロセスとして不断に継続していく〈経験〉としての〈まなび〉の連続性、そして教育の目標とそこに至るプロセスが有機的に一体化していると主張するデューイの教育に関するこの卓見の意味が、今こそ真摯に検討されるべきではないだろうか。人間の本性は善意に溢れ、人間性は容易に形成／再形成されるというデューイの見解から照射される光をしっかりと受けとめたいものである。

むすび

自然科学をモデルとした反省的知性による経験の再構成理論を発展させていたデューイであるが、後期になると、反省的思考に依拠する問題解決能力としての能動的経験に加えて、個人の美的満足といった感性の領域の受動的経験をも評価するようになった。（『人間性の行為』（一九二二）『経験と自然』（一九二五）特に『思考の方法』（一九三三）を参照）この経験における能動／受動の二元論超克問題は、別稿で是非扱いたいと考えているが、本稿の最後はデューイの『経験としての芸術（Art as Experience）』の一二章「哲学への挑戦」の末尾部分の引用翻訳でしめくくりたい。

「経験としての芸術において、実在と可能性あるいは観念性、新しいものと古いもの、客観的物質と個人的反応、個人と普遍、表層と深層、意味と真意は、これらすべてのものが反省のなかで切り離されてしまったときに帰属する重要性から変形して、経験の中で統合されることになる。ゲーテいわく「自然には種も殻もない。」美的経験においてのみこの発言は完全に真実である。」（三〇九頁―筆者の訳出による）

現代世界のさまざまなアーティストたちが出現させつつある経験の共感・共振・共鳴による同心円の広がりと切り結ぶことのできるデューイによるエピファニーである。新たな教育的転回のうねりは始まったばかりである。

●注

（デューイの著作）

デューイ著作の引用は、Art as Experience 以外はすべて以下の邦訳を使用した。

The School and Society（Chicago:University of Chicago Press, 1899）（邦訳『学校と社会』宮原誠一訳、一九五七年／二〇〇五年　岩波書店）

How We think（Mineola, NY:Dover, 1997 [1910]）
Democracy and Education（New York: Macmillan, 1916）（邦訳『民主主義と教育』上下　松野安男訳、一九七五年／二〇〇五年　岩波書店）
Experience and Education（New York: Macmillan, 1938）（邦訳『経験と教育』　市村尚久訳、二〇〇四年／二〇〇七年　講談社学術文庫）
Art as Experience（New York: Perigee, Penguin Group, 2005 {1934}）

●参考文献

J・デューイ＝G・H・ミード、一九九五　河村望訳『哲学・心理学論文集　1』人間の科学社
魚津邦夫、二〇〇六『プラグマティズムの思想』ちくま学芸文庫
市村尚久・早川操・松浦良充・広石英記　編、二〇〇三『経験の意味世界をひらく――教育にとって経験とは何か』東信堂
ブルデュー、一九九九『教師と学生のコミュニケーション』藤原書店
Larry A.Hickman, Pragmatism as Post-Postmodernism（New York: Fordham UP, 2007）
Henry T.Edmondson III, John Dewey and the Decline of American Education（Wilmington, Dalaware : ISI Books, 2006）.
David T.Hansen, Editor, John Dewey and Our Educational Prospect（Albany, NY : State University of New York Press, 2006）.
Joseph Grange, John Dewey, Confucius, and Global Philosophy（Albany, NY:State University of New York Press, 2004）.

第八章　ベンサムの女性論

板井広明

はじめに

かつて西洋近代における「人間」の解放は「自律的な男性」の解放でしかなかった。それを下支えした一つに性別役割分業の問題がある。ブリテンで「倹約、義務への献身、情熱の抑制」といった「市民的価値観」(respectability) による性別役割分業の観念が明確に意識され始めたのは一七七〇年代である。[1]女性は「夫の心を繋ぎ止めるには家庭内の安寧秩序を固め」るよう「伝統的秩序の守護者」として教育され、やがてナショナリズムへと包摂されて行く[2]——一八世紀後半の商業社会と啓蒙思想の中でも女性は法的主体とは見做されなかったが、[3]奴隷解放運動や戦時募金の取り組み、青鞜派の活動や文筆家としての自立など[4]女性の社会的活動の幅は徐々にではあるが広がりを見せていた。[5]この歴史状況において功利主義者ベンサムは女性の「解放」を訴えた文章を書き残している。しかもウルストンクラフト『女性の権利の擁護』(一七九二年) の主張を一〇年も先取りしていたと評され、[6]一九世紀にはJ・S・ミルが『女性の隷属』を出版して世論に訴え、女性の解放運動を盛り上げようとした。[7] ここでは被抑圧者としての女性[8]に関するベンサムの議論を、彼の功利主義哲学との関連から検討し明らかにしたい。[9]

1 「女性性」と偏見

一八世紀後半のブリテンでは「女性は男性よりも身体的に弱く」、精神的な感受性には優れているが経済的には男性に依存する存在[10]、家庭内労働を行なうべき存在と考えられていた。[11] ベンサムはその理由を肉体的強者である男性が権力を握り、支配の道具たる法律を作成してきたという歴史的事情に求め、それ故に女性の法的地位が貶められてきたに過ぎないとする。[12] 男性依存的存在としての女性という表象は、権力者たる男性によって捏造された虚像——しかし当事者たる男性にとっては自然な経験的事実——でしかないことを暴露していたのである。

ここには第一に当該社会が恣意的に表象する女性性の問題、第二に社会的構築物たる女性性を根拠に当為が導かれるという問題、第三に女性性の歴史的形成という問題があるが、ベンサムは『道徳と立法の諸原理序説』(以下『序説』)で次のように指摘している。「いくつかの国では、女性は既婚であれ未婚であれ、永続的な被後見人の地位に置かれている。これは明らかに女性の性質が知性の点で決定的に劣っているという観念に依拠している。…[しかし(=引用者)]その観念は[女性が]劣っているということを正当化する権力の濫用によって産み出されたものである。アリストテレスも人間を自由な人間と奴隷との二つの異なる種類に分ける当時の偏見に毒されていた。或る人間が奴隷に生まれつき、また奴隷であるべきことの理由は何か。それは彼らが奴隷であると見做されているだけのことに過ぎない[13]」。「女性と奴隷のアナロジーはベンサムの著作でたびたび繰り返されるものである」[14]が、女性が知的劣性を有する男性依存的存在であるという観念に依拠して女性への教育や選挙権は不要であると唱える当時の支配的な言説に対して、女性性を生得的な本性ではなく、歴史的・社会的に構築・再生産されたものと捉え[15]、抑圧的な環境下で形成された女性性から女性の社会的位置づけを決定することは根拠がなく不当であるという批判的立場をベンサムはとる。「知的能力に関して、人類の半数を占める女性がその適性能力において男性よりも劣っていると判断されるべき理由はそもそも何もない[16]」――これはベンサムが人間を「社会的存在[17]」と捉えることから得た視座でもある。

女性の抑圧的処遇へのベンサムの批判をコットに従って四点に纏めておこう。第一は性的不平等の問題である。当時――現代でも未だにそうだが――女性には子供の養育義務が強制され、人口減少への懸念に基づいて中絶や嬰児殺しを罰する刑法上の規定があった。ベンサムは「功利性の原理においては、何の根拠も見出し得ない[18]」として、これら法的規定の無根拠性を批判する――胎動初感前の中絶は犯罪ではなかったが、一八〇三年（Lord Ellenborough, s Act）に胎動初感前の中絶も犯罪行為として罰金或いは流刑になり、胎動初感後の中絶は死罪とされた[19]。また「ヨーロッパ、そして文明国と名のつく国々では、…結婚によるものとは別の性的悦楽を得ることを禁じられているが、男性は野放しであるのに対して、世間の非難は女性には最も過酷な処罰をもって禁じている[20]」として、性的行動の社会的許容範囲と法的処罰が両性で異なっていることをベンサムは問題にする[21]。功利性の原理から夫に貞操を義務付けないでよい理由はなく、妻と同様に夫にも貞操を義務づけるべきなのであった[22]。

第二は男女間の経済的な不平等に関して、ベンサムは男性による主要な職業の独占という経済的支配の結果、女性が就労の機会を逸し、困窮の状態から脱け出るために売春の途を余儀なくされることが少なくなかった点を問題にする。[23] その改善案の一つはパノプティコン原理を応用した「全国慈善会社」と契約し請負制度によって運営される勤労院での教育であり、[24] 女性はそこで礼節と名誉ある状態での教育を授けられ救済される見通しだった。[25]

第三には結婚と離婚に関する法的問題である。離婚可能な法的規定が実質的に存在しないことは、女性にとって結婚制度が奴隷制に転落する危険を常に孕んでいたこと、[26] また結婚をめぐって「女性の利益はしばしばあまりにも無視されてきた」[27] ことをベンサムは指摘する。当時離婚するために必要な経費は五百ポンドにのぼり、ごく限られた階層の人間以外には法に則った離婚は不可能であった。[28] 不本意な婚姻関係が継続することで女性が蒙る抑圧的境遇を考慮すれば、「結婚を解消できるようにせよ。そうすれば表面上の離婚は増えるだろうが、現実の離婚は少なくなるだろう」[29] とベンサムは言う。

第四に女性に対する教育と選挙権付与について、ベンサムは一七八九年の草稿で、女性を選挙権から排除する理由はないと強調している。[30]「イングランドの法律は男性と比較する限りでの女性の実際の身体的弱さを認識しないにも拘わらず、女性の知的弱さを名目にして政治的諸権利を拒否している」[31] と言い、法体系に潜む不公正さや女性への偏見を問題にする。女性の政治参加が家庭での女性の義務履行を困難にさせるという議論に対しては、「男性も女性と同様に家庭での義務をもっているわけであるから、女性の政治参加が男性以上に女性をその義務から遠ざけることにはならない。女性が料理や家の掃除、子供の面倒を見たりすべきだということは、多くの男性が仕事場などでの労働の時間を等しく共有すべきであるということよりも、なお必然的なものではない」[32] と批判している。一八一〇年代には女性の社会的劣位が教育と参政権の欠如の結果もたらされたものであるという認識に至る。[33] 家庭内性別役割分業を当然視することを疑い、女性が選挙権を有することに原理的にはいかなる障害も存在しない[34]とベンサムは考えていたのである。

以上四点に渡って一瞥した議論の根底に、女性に関する偏見へのベンサムの批判があることは容易に看取されよう。[35] 一八一七年出版の『行為の動機表』では、女性の社会的地位を劣位に置くものとして、当時の社会道徳としての「節度（decorum）」[36]をベンサムは挙げ、女性が功利性の支配から排除されているばかりか、精神を骨抜きにされ奉仕させられているとも指摘している。[37] この点では、「節度」というものを男性中心の世界に生きる女性にとって重要なものと捉え、忍耐強く振舞うことを要求するハンナ・モア[38]とベンサムは対照的な位置にある。また快苦感受の点で男女に差異はないとする快苦的人間観に立脚するベンサムは、男性と同様に女性は理性的である故に平等に扱うべき存在であるというウルストンクラフト[39]とも異なっていたと言えよう。

2　「代償差別」と平等

ベンサムの女性論に関する研究では、アレヴィーがエルヴェシウスの弟子としてのベンサムをフェミニストとして規定し、[40] ボラレヴィは運動家という面から見ればベンサムはフェミニストではないが、イデオロギー的武器を提供したという点で「フェミニズムの父」[41]であり、レイシーも同様の観点から「プロト・フェミニスト」[42]と位置づけている。一方、ボールはベンサムが『序説』で男性依存的存在として女性を描き、一八二三年の『序説』第二版でそれに何の修正も加えていない点などを論拠にして、フェミニスト・

ベンサムという捉え方に疑問を投げかけている。[43] ボラレヴィは、ベンサムの女性論が次第にラディカルになっていく側面、女性への偏見の根深さは短期では完全に一掃されないというベンサムの現状認識をボールが看過していると反批判している。[44]

このようにベンサムの女性論の評価が揺れ動くことについて、坂本洋一は賛成と反対の理由を網羅的に列挙・検討して結論を導き出すというベンサムの特徴に求め、テクストの特定箇所のみを論拠にして彼の思想を語ることは危険であると言う。[45] またベンサムの議論が様々に変化することを踏まえた上で、女性に関する個々の見解がどの時期のものかをテクスト的に明確にすることも必要である。[46] コットが挙げている例だが、ベンサムは一七七六年の草稿では、中絶を憎悪すべき犯罪と捉える当時の一般的な通念を受け入れていた。[47] 一七八〇年印刷の『序説』でも中絶を「人口に対する罪」と規定していたが、[48] 一七八〇年の草稿では危険な手術である中絶を行なうかどうかは女性が自由に選択することであり、立法者が干渉する問題ではないという点と、人口の減少という国力の減退につながる問題との二重の観点から中絶の問題を考察するようになる。[49] 最終的には一八〇一—四年に書かれた『政治経済学概論』で、マルサス『人口論』における人口と食糧に関する周知の命題を受けて中絶は犯罪とすべきではないという結論に至っている。[50]

テクストの内容として留意すべき問題は、ベンサムが一七八〇年前後に書いた草稿による著作、たとえば一七八九年出版の『序説』、一八〇二年にデュモンが加筆・編集・出版した『刑事および民事立法論』などに、ベンサムの保守的な側面が表われている場合があることである。[51] 『序説』では快苦に依拠し普遍的に適用可能な「自然的方法」[52] によって法的関係を整理しながらも、家長に従属する存在として女性を捉えていたし、『民法典の諸原理』では結婚した女性は妻として夫に服従しなければならず、財産管理は財産を労働によって獲得した夫だけに認められるとしていた点で[53]、ベンサムの議論は家父長制[54]を体現していたとも言い得る[55]。水田玉枝は「政治の次元では平等主義を説くベンサムも、家庭生活においては男女は不平等だといい、家長権の正当性を主張」し、「家長を唯一の私有財産の担い手とみるかぎり、ベンサムはルソーと同様に、政治社会にあっては民主政治を主張しながら、家族制度としては、力の論理による独裁を正当化することになる」[56]と指摘している。これはベンサムの女性論の特徴として当を得ている面もあるが、功利性の原理といった抽象的な原理と現実の状況との不断の相互参照による改革というベンサムの企図や、ボラレヴィラが指摘している「代償差別」（compensatory discrimination）の問題を看過している――ベンサムが普通選挙権から女性を除外したのは、選挙権付与による形式的平等が社会に存在する実質的不平等を強化する恐れがあったからというのが代償差別の論点で[57]、これはベンサムの女性論を検討する際には有効な分析枠組みと言える[58]。この点に関連して、虐待を受けた妻が別居を裁判所から言い渡され、妻と夫双方に再婚の許可が下りない場合、「この外見上の平等は、かなり現実的な不平等を覆い隠し、世論は支配的性に大きな自由を与え、弱い方に大きな苦しみを科す[59]」とベンサムは指摘する。生活手段獲得の資力を男性が基本的に所有していた社会で、裁判所による男女双方の再婚の不許可という平等な配慮は、男性の資力に依存せざるを得ない女性に生存の途を閉ざしてしまうという不平等な帰結をもたらす。したがって「代償差別」的に「男性よりも、むしろ女性の方が優遇されなければならず[60]」、「平等」の配慮は「より弱い者、女性に有利でなければならない[61]」。男女間の形式的な平等を達成するだけでは社会に存在する苦痛の量は減少しないのであり、複雑な社会の状況に鑑みて漸進的に実質的な平等を達成することが重要なのであった。

3　科学・技術・快苦

ベンサムの女性論に関連する方法論的問題を検討しておこう。一七七六年の草稿でベンサムは「現に存在する（***is***）ものの観念とかくあるべき（***ought to be***）ものの観念を区別し続けることが、私の一貫した関心である[62]」と述べている。ヒュームを継承して記述的命題と規範的命題とを区別することをベンサムは明言しているわけだが[63]、これは過去の諸判例に依拠するコモンロー体系の「解釈者」と、コモンロー体系を功利性の原理に即して改革するために諸法律の根拠を問い正す「批判者（Censor）」という法理論上の区別としても現われている[64]。この区別は立法者に関する区別ではなく[65]、「解説者」が立法者に法システムの現状や歴史を解説し、その擁護に終始するのに対して[66]、「批判者」の役割は立法者が将来行なうべき政策やその基礎となる原理を提示する点で異なっている[67]。これらに関連するベンサムの方法的枠組みとして挙げられるのが「科学（Science）」と「技術（Art）」の区別である。「科学」は原理・規範を意味し、「技術」は実践や政策などを意味する[68]。あらゆる国家に適用可能な「普遍的法学」と、各国で異なる「地域的法学」との区別にも関連しているが[69]、「批判者」は立法者に「科学」を教え、立法者はそれを政策としての「技術」に変換するのであり、「立法の科学は実践的な科学[70]」でもあった[71]――ベンサムの方法論的メリットは現実の法律の保守的解釈とその道徳的妥当性の批判的分析とを明確に区別したことにあり、後者の批判的分析こそが重要なのである[72]。

　以上の点から女性の社会的位置づけを考えるならば、「科学」の観点では女性は快苦感受の点で男性と差別なく平等な関係にある一方で、社会構造が男性中心に、しかもその男性も非常に少数の支配層によって形成されている以上、「技術」の観点から女性の社会的境遇を改善する方策は、そのつど用意周到に行なう必要がある[73]——とりわけこの問題は性的な領域に関連するため、ベンサムのより一層慎重な態度を招来したことは想像に難くない。土屋恵一郎が指摘しているように、性や宗教の問題は人々の根強い偏見や反感に関わるため、身の危険を感じたベンサムが同性愛行為の脱犯罪化・擁護の論考を公開することを大いに躊躇したことは想起しておくべきであろう[75]。

さてベンサムの功利性の原理における対象は或る行為や政策が影響を及ぼす範囲に応じて、個人・階級・国民・人類・動物といったあらゆる快苦感受的存在を含み[76]、「国民」には当然女性や子供も含まれる[77]。相互契約による夫婦関係では、功利性の原理によって夫と妻双方の利益が顧慮されるべきであり、それは「一人の場合、ともに考慮されるならば、一人の場合よりも、より多くの幸福を作り出すことができるからである[78]」——また快苦感受の視点を徹底させて嬰児殺しの非犯罪化も主張している[79]。嬰児殺しを（同性愛行為と同様に）「不自然な犯罪」と非難するのは反感に依拠した習慣に過ぎず、「婚姻に拠らない出生に貼り付けられる汚名を考えれば、未婚の母による嬰児殺しはまったく理解可能なものであったし、実際に受けているよりも遥かに同情に値する」からである[80]。

女性に関するベンサムの議論は、彼の関心が一七九〇年頃からの救貧法や財政再建、司法制度改革、訴訟法、議会改革、そして最晩年には憲法典へと移ったこともあり、断片的で独立した著作にはならなかった。この点、同性愛行為の非犯罪化および脱偏見化を企図した論考が当初は公刊を目論んでいたこととは事情が大きく異なる。同性愛行為への科刑が数こそ少ないものの実質的な公開処刑として人々の注目を集め、その残酷さが公的に見聞し得たのに対して、女性の抑圧的処遇の問題は生涯独身でいたベンサムにとっては私的な問題として徐々に関心の外に置かれたのかもしれない[81]。

ベンサムは人間を快苦の束・没個性的な利益追求主体に還元するとして批判されるが[82]、快苦感受主体という点で男女を同質・平等と見做すだけではなく、代償差別的な視点から男女の実質的平等を企図したところに、彼の女性論の意義があったとひとまず言えるであろう。

また当時の抑圧的な環境に置かれていた女性がたとえ現状からの脱却を望まなくとも、その環境は改善すべきだという論理がベンサムの功利主義には内在していた。『刑事および民事立法論』で「神権政治の下での人々が平穏であり、従順であったことは真実である。しかし彼らは幸福だっただろうか。悲惨な隷従、無意味な恐怖、無駄な義務、苦行が幸福の妨げになっているとすれば、彼らが幸福だったとは私は考えないであろう[83]」と述べているが、これは「適応的選好形成」の問題でもある。抑圧的な環境での期待形成が歪曲されたものである以上、それを根拠に現状の改革を拒むことはできない。

第一節で見たように女性性は社会的に構築されたものであった。ならば法制度を合理的に編成し、適切な教育を行なえばよい――個々人の善き生や「趣味」への直接的な介入をベンサムは認めないので、間接的「教育」手段である「間接立法」によって人々の傾向性を変容させるのである[84]。個々人の幸福や利益を損なわずに偏見を矯正するには或る程度の時間を要し、場合によっては世代交代を待たねばならない。原理的な次元では急進的な功利主義の主張が実践的な次元では漸進的な社会改革論として立ち現われる理由はこの時間幅の問題であり、より根本的には改革に伴う苦痛やコストの問題である[85]。

女性の隷従という状況は人々が抱く偏見に由来していたが、ベンサムは社会的な差別の是正ではなく、女性への無根拠な刑罰や法的処遇という法的関心から問題にし、その限りでのみ改善案を提示した。永井義雄が指摘しているように、[86]「人は自由かつ権利において平等なものとして出生し、かつ生存する」というフランス人権宣言第一条へのコメントにおいて、ベンサムは「人」に括弧をつけ「男女両性のすべての人間存在[87]」と記している。それはベンサムの快苦的人間観の徹底性を物語っていると同時にそのラディカルな主張を支える統治の在り方を示唆していた。

注

（1）L. Colley, *Britons*, Pimlico, 1992, p. 273.『イギリス国民の誕生』川北稔監訳、名古屋大学出版会、二〇〇〇年、二八五頁。
（2）G・L・モッセ『ナショナリズムとセクシュアリティ』柏書房、一九九六（一九八八）年、二八頁。
（3）安達みち代『近代フェミニズムの生誕』世界思想社、二〇〇二年、一三二―六頁。現実には女性が自分名義の財産を所有することもできたし、様々な現金収入の途があったようである（Colley, *Britons*, p. 239.／二五〇頁）。
（4）A・S・コリンズ『一八世紀イギリス出版文化史』青木・榎本訳、彩流社、一九九四年（一九二七年）、二八五―六頁。
（5）F. O' Gorman, *The Long Eighteenth Century*, Arnold, 1997, pp. 345–6.; Colley, *Britons*, pp. 250–81.／二六二―九四頁。
（6）A.L. Cott, "Let there be no distinction between the sexes': Jeremy Bentham on the status of women", in eds., R. Dimand, C. Myland, *The Status of Women in Classical Economic Thought*, Edward Elgar Pub, 2004, p. 165. ベ

ンサムのウルストンクラフトへの影響はない（L. C. Boralevi, *Bentham and the Oppressed*, Walter de Gruyter, 1984, pp. 23-6.）。ベンサムが結婚制度の問題を論じた背景として、一七七〇年代に、資産をもたない女性との結婚を父親に反対され破談になった経験を考慮する必要があるかもしれない。

（7）J・S・ミルのテクスト内在的に公私二元論を再定位する井上達夫『普遍の再生』岩波書店、二〇〇三年、二一三―三〇頁を参照。

（8）階級、人種、宗教、地域などを捨象した女性という単一の範疇化の孕む問題は、ここでは置いておく。

（9）ボラレヴィは被抑圧者に関するベンサムの議論を検討する意義を五点挙げている。抑圧の問題と快楽主義的哲学との関連、抑圧の問題から見たベンサムにおける自由の問題、被抑圧者に関連する個人と国家との関係、フランス人権宣言への反対と被抑圧者の保護とその解放の正当化との関係、ベンサムにおける自由・平等・友愛という啓蒙の継承の問題である（Boralevi, *Bentham and the Oppressed*, pp. 2-3.）。

（10）J. Bentham, *An Introduction to the Principles of Morals and Legislation*, eds. J. H. Burns and H. L. A. Hart, The Athlone Press, 1970.『世界の名著ベンサム ミル』山下重一訳、中央公論社、一九七九年, ch. vi, par. 35.

（11）Boralevi, *Bentham and the Oppressed*, p. 6. 一八世紀後半に女性の道徳的社会的劣性を改めて主張し強固なものとしたのは福音主義者であった（O'Gorman, *The Long Eighteenth Century*, p. 344.）。

（12）J. Bentham, *Traités de législation civile et pénale*, vol. ii, ed. E. Dumont, Paris, 1802, p. 143.／『民事および刑事立法論』長谷川正安訳、勁草書房、一九九八年、三八二頁。J. Bentham, *First Principles preparatory to Constitutional Code*, ed. P. Schofield, Clarendon Press, 1989, p. 98.

（13）Bentham, *Introduction*, p. 245n（f4）.

（14）Boralevi, *Bentham and the Oppressed*, p. 9.

（15）当時の観念連合心理学からすれば、社会的環境が人間の性格を形成するので女性性も生得的なものとは見做され得ないはずだが、多くの論者はベンサムとは異なって「偏見」に毒されていた。

(16) Bentham, *First Principles*, p. 97.

(17) W. L. Davidson, *Political Thought in England : The Utilitarians from Bentham to J. S. Mil*, Oxford, 1915, p. 7.／『イギリス政治思想Ⅲ～ベンサムからミルにいたる功利主義者』堀・半田訳、岩波現代叢書、一九五三年、七頁。

(18) *Jeremy Bentham's Economic Writings*, vol. iii, ed. W. Stark, George Allen & Unwin, 1952, p. 362.

(19) J. Semple, *Bentham's Prison, Clarendon Press*, 1993, p. 291. 当時のロンドンでの中絶費用はおよそ一ギニー（＝二一シリング）、労働者の一日の最低賃金はおよそ一シリングであった。イギリスで中絶が合法化されたのは労働党政権下の一九六七年であり、同性愛行為の非犯罪化も同年である。

(20) "Jeremy Bentham's essay on 'Paederasty'," ed. L. Crompton, in *Journal of Homosexuality*, vol. 3, 1978, pp. 389-9.『ホモセクシュアリティ』土屋恵一郎編、富山太佳夫監訳、弘文堂、一九九四年、四九～五〇頁。

(21) 尤も「スコットランドでは、夫の姦通でも離婚原因として十分であ」ったようである（Bentham, *Traités de législation*, vol. ii, p. 223.／四三六頁）。

(22) Bentham, *Traités de législation*, vol. ii, p. 227.／四三八～九頁。

(23) *Bentham Manuscripts in University College London Library*, lxxxvii, 80.

(24) 小松佳代子『社会統治と教育』流通経済大学出版会、二〇〇六年、五七—七八頁、C. F. Bahmueller, *The National Charity Company*, University of California Press, 1981. を参照。

(25) *Bentham Manuscripts*, cxvii, 103.; M. Williford, "Bentham on the Rights of Women" in *Journal of the History of Ideas*, vol. 36, no. 1, 1975, p. 173. この草稿は一七九八年に書かれている。この種の試みには、一七五三年に刑法改革論者・慈善家のハンウェイが始めた事業があり、またW・ドットが病院を開き、初年には二四一五人の女性、シングルマザーを収容していたという（M. Ellen, "Writing Anglo-Australian History: writing the female convict," in *Women's Writing*, vol. 5, no. 2, 1998, p. 257.）。*Bentham Manuscripts*, cxvii, 103.; Semple,

Bentham's Prison, p. 290. も参照。尤も勤労院の収容者が「非自律的な人々」であったことを考えれば、ベンサムの議論は女性の地位向上のための改革論というよりも「非自律的な存在」として女性を低く位置づけていたと言えなくもない。

(26) Bentham, *Traités de législation*, vol. ii, p. 216. ／四三二頁。

(27) Bentham, *Traités de législation*, vol. ii, p. 226. ／四三八頁。

(28) Bentham, *Traités de législation*, vol. ii, p. 223. ／四三六頁。このため両性の合意に基づいて離婚と再婚を一度に行なう「女房の競り売り」などの民俗的儀礼や事実婚が数多く存在したようである（近藤和彦『民のモラル』山川出版社、一九九三年、一四―六頁、L. Stone, *The Family, Sex and Marriage in England 1500–1800*, Pelican Books, 1979（1977）, p. 35.『家族・性・結婚の社会史』北本正章訳、勁草書房、一九九一年）。

(29) Bentham, *Traités de législation*, vol. ii, p. 218. ／四三三頁。

(30) *Bentham Manuscripts*, clxx, 144.; Boralevi, *Bentham and the Oppressed*, p. 201.

(31) *Bentham Manuscripts*, clxx, 118.

(32) J. Bentham, *Rights, Representation, and Reform : Nonsense upon stilts and other writings on the French revolution*, eds. P. Schofield, C. Pease-Watkin, C. Blamires, Clarendon Press, Oxford, 2002, p. 247.

(33) Boralevi, *Bentham and the Oppressed*, pp. 14-5.

(34) *Bentham Manuscripts*, clxx, 151.; Boralevi, *Bentham and the Oppressed*, p. 203.

(35) 偏見は言語に不可避的に随伴する。最近のベンサム言語論の解釈については、高島和哉「言語・発明・想像」『イギリス哲学研究』第三〇号、二〇〇七年を参照。

(36) パウロ『コリント人への第一の手紙』第一一章第六節に淵源する「節度」の概念によって女性への抑圧を正当化してきたキリスト教的倫理の批判をベンサムは意図したのではないかという指摘を杉野女子大学の大久保正健氏から戴いた。美学上の概念でもあった「decorum」が「女らしさ」を含意し、男性の優越性は聖書に由来するというイデオロギーや（O'Gorman, *The Long Eighteenth Century*, pp. 10–2）、ベンサムの国教会批判があったことからして、十分に考えられることである。

（37）J. Bentham, *Deontology together with A Table of the Springs of Action and Article on Utilitarianism*, ed. A. Goldworth, Clarendon Press, 1983, p. 54.

（38）Colley, *Britons*, p. 275. ／二八七頁。もちろんモアは単なる服従を説いたわけではない。

（39）M. Wollstonecraft, *A Vindication of the Rights of Woman*, Oxford U. P., 1994（1792）, pp. 67, 76. ／『女性の権利の擁護』白井堯子訳、未来社、一九八〇年、一七、三一頁。

（40）E. Halévy, *The Growth of Philosophic Radicalism, trans. Mary Morris, Faber and Faber, 1928*（*1901–04*）, p. 20. マックはベンサムを「他のフィロゾーフと同様に隠れたフェミニスト」と言う（M. P. Mack, *Bentham : An Odyssey of Ideas 1748–1792*, Heinemann Educational Books Ltd, 1962, p. 112.）

（41）Boralevi, *Bentham and the Oppressed*, pp. 251–2.

（42）N. Lacey, "Bentham as Proto-Feminist? or an ahistorical fantasy on 'Anarchical Fallacies'", ed. M. D. A. Freeman, *Current Legal Problems*, vol. 51, 1998, p. 466.

（43）T. Ball, "Was Bentham a Feminist?"（1980）in *Jeremy Bentham Critical Assessments*, vol. iv, ed. B. Parekh（Routledge, 1993）, pp. 230–8.; "Bentham no Feminist : A Reply to Boralevi"（1980）in *Jeremy Bentham Critical Assessments*, vol. iv, pp. 255–7.

（44）L. C. Boralevi, "In Defence of a Myth"（1980）in *Jeremy Bentham Critical Assessments*, vol. iv, pp. 239, 251.

（45）坂本洋一「功利主義と女性」『成蹊大学法学政治学研究』第一四号、一九九五年、一一頁。

（46）Boralevi, *Bentham and the Oppressed*, pp. 13–4.

（47）*Bentham Manuscripts*, lxx, 270.; Boralevi, *Bentham and the Oppressed*, pp. 199–200.

（48）Bentham, *Introduction*, ch. xvi, par. 54n（r4）.

(49) *Bentham Manuscripts*, lxxii, 182.; Boralevi, *Bentham and the Oppressed*, p. 201.

(50) *Jeremy Bentham's Economic Writings*, vol. iii, p. 362.

(51) J. R. Dinwiddy, *Bentham*, *Past Masters Series*, Oxford U. P., 1989, p. 115. ／『ベンサム』永井・近藤訳、日本経済評論社、一九九三年、一八九頁。マルクスがベンサムをブルジョワ的と評したのは、このような時期のベンサムの主張であった（永井義雄『ベンサム』研究社、二〇〇三年、一九三―七頁）。またデュモン編『立法論』の保守的側面については、D. Baumgardt, *Bentham and the ethics of today, with Bentham manuscripts hitherto unpublished*, Octagon Books, INC, 1966 (1952), p. 325. を参照。

(52) Bentham, *Introduction*, ch. xvi, par. 57.

(53) Bentham, *Traités de législation*, vol. ii, pp. 225-7. ／四三七―九頁。

(54) 「家父長制」概念は個々の歴史状況に応じてその含意が異なる。ここではさしあたり物質的基礎を有する性支配の構造として、女性の賃労働からの排除、女性の労働を男性の労働よりも下位のものと位置づけ、そこに封じ込めることとしておく（上野千鶴子『家父長制と資本制』岩波書店、一九九〇年、五六―六八頁を参照）。

(55) 尤も家庭内で男性が支配権を有する理由は力が強く、事務能力や精神の一貫性を概して有しているに過ぎないからであった（Bentham, *Traités de législation*, vol. ii, p. 225. ／四三七頁）。

(56) 水田玉枝『女性解放思想の歩み』岩波書店、一九七三年、一四四頁。

(57) Boralevi, *Bentham and the Oppressed*, pp. 19-23. 坂本洋一「功利主義と女性」二一―三頁を参照。

(58) 但し女性の普通選挙権実現へのベンサムの躊躇が代償差別にあるという説には俄かに賛成し難い。ベンサムが『憲法典』で二一歳未満の未成年男性、識字能力のない者、旅行者と並んで女性を除外したのは（J. Bentham, *Constitutional Code*, vol. 1, eds. F. Rosen, J. H. Burns, Clarendon Press, Oxford, 1983, p. 29.）、男子普通選挙権の主張を戦略的に行なったからであり、平等の問題からではないと思われるからである

（Boralevi, *Bentham and the Oppressed*, pp. 14–9.）。女性選挙権については一七八九年の草稿と一八〇九年の『議会改革の教理問答』（*The Works of Jeremy Bentham*, vol. iii, p. 541.）で主張されているが、一八一九年の『議会改革法案』（*The Works of Jeremy Bentham*, vol. iii, p. 567.）以降は断念されている。このことは急進派の庶民院議員ワイズマンやコベットが男子普通選挙権実現の運動に女性が関わることによって男子普通選挙権の問題が棚上げされてしまうのを恐れたことに通じていよう（Colley, *Britons*, p. 279.／二九一―二頁）。

（59）Bentham, *Traités de législation*, vol. ii, p. 224.／四三七頁。

（60）Bentham, *First Principles*, p. 98.

（61）Bentham, *Traités de législation*, vol. ii, pp. 142–3.／三八二頁。また W. Stark, "Liberty and Equality or: Jeremy Bentham as an Economist"（1941）in *Jeremy Bentham Critical Assessments*, vol. iv, p. 114.: B. Parekh, "Bentham's Theory of Equality"（1970）in *Jeremy Bentham Critical Assessments*, vol. iii, p. 645.: M. James, "Bentham's Democratic Theory at the Time of the French Revolution"（1986）in *Jeremy Bentham Critical Assessments*, vol. iii, p. 618. を参照。平等は「安全を損なわない場合、法律が生ませた期待を裏切らない場合、現に確立している配分を乱さない場合だけ」追求される（Bentham, *Traités de législation*, vol. ii, p. 10.／二九六頁）。

（62）Dinwiddy, *Bentham*, p. 20.／三四頁。*Bentham Manuscripts*, lxix, 89. ベンサムの『統治論断片』（一七七六年）はあるべき法とあるがままの法との区別をイギリス法理学の歴史上初めて明らかにしたという解釈（H. L. A. Hart, *Essay on Bentham : Jurisprudence and Political Theory*, Clarendon Press, Oxford, 1982, p. 53, 19.）については、リーがホッブズを挙げて反論している（K. Lee, *The Legal–Rational State; A Comparison of Hobbes, Bentham and Kelsen*, Avebury, 1990, pp. 149–56）。

（63）P. J. Kelly, *Utilitarianism and Distributive Justice*, Oxford U. P., 1990, pp. 44–50.; Boralevi, *Bentham and the Oppressed*, p. 190. ヒュームが功利性の原理を専ら現実の説明原理としたのに対して、ベンサムは功利性の原理を規範原理として用いた（*Bentham Manuscripts*, x, 129.; D. Long, "Utility and the Utility Principle; Hume,

"Smith, Bentham, Mill" in *Utilitas*, vol. 2. no. 1, 1990, pp. 12–39.）。

（64） J. Bentham, *A Comment on the Commentaries and A Fragment on Government*, eds. J. H. Burns and H. L. A. Hart, London, The Athlone Press, 1977, pp. 397–8.

（65） G. J. Postema, *Bentham and the Common Law Tradition*, Clarendon Press, 1986, p. 304.

（66） 尤も一八〇三年から三〇年ほどの間、刑法改革で盛んに引用されたのはブラックストーンであり、彼は現状の改革者ではあった（R. R. Follett, *Evangelicalism, Penal Theory and the Politics of Criminal Law Reform in England, 1808–30*, Palgrave, 2001, pp. 8–9.）。

（67） Bentham, *Fragment on Government*, p. 398.

（68） Bentham, *Fragment on Government*, p. 398.; *Jeremy Bentham's Economic Writings*, vol. iii, p. 318f.

（69） Bentham, *Introduction*, ch. xvii, par. 24.

（70） *Bentham Manuscripts*, xxvii, 163.; Mack, *Jeremy Bentham*, p. 262.「医学は身体病理学の公理を土台としている。道徳は魂の医学である。立法はその実践的部分である。それは精神病理学の公理を土台とすべきである」（Bentham, *Traités de législation*, vol. ii, p. 19.／三〇一頁）として、医学とのアナロジーでも語られる。ベンサムの科学的方法におけるアナロジーの役割については、Mack, *Jeremy Bentham*, pp. 262–4.; 小畑俊太郎「初期ベンサムにおける自由と統治（一）（二・完）」『東京都立大学法学会雑誌』第四三巻第一号、二〇〇二年、第四四巻第一号、二〇〇三年を参照。

（71） 有江大介「ベンサムにおける功利と正義」平井・深貝編『市場社会の検証』ミネルヴァ書房、一九九三年、六六頁。永井義雄『自由と調和を求めて』ミネルヴァ書房、二〇〇〇年、一八頁。深貝保則「功利主義的統治と経済的自由主義」高哲男編『自由と秩序の経済思想』名古屋大学出版会、二〇〇二年、一二七頁を参照。

（72） Baumgardt, *Bentham and the ethics of today*, p. 32.

(73) ベンサムが「社会とはいわばその諸器官（members）を構成すると考えられる個々の人々から形成される擬制的な身体（body）である。社会の利益とは……社会を構成している個々の成員の利益の総計に他ならない」（Bentham, *Introduction*, ch. i, par. 4.「諸器官」「身体」という医学的な比喩として訳すべき点について東京大学の児玉聡氏から教示を得た。小松『社会統治と教育』二一頁も参照）と述べる社会把握の特質は、社会という擬制的存在が快苦感受主体である諸個人という現実的存在に言及されないで政策の正当化言明に援用される場合、その言明が隠蔽する個別利害や団体利益を暴露するイデオロギー機能にある（土屋恵一郎『社会のレトリック』岩波書店、一九八五年。坂本洋一「ベンサム主義的社会科学方法論に関する一考察」『成蹊大学法学政治学研究』第一三号、一九九四年を参照）。

(74) ボラレヴィはベンサムが功利主義の論理的帰結だけではなく、自然権論や共感の哲学をも借用して議論を展開しているとするが（Boralevi, *Bentham and the Oppressed*, p. 189.）、この見解には賛成し難い。前節までに明らかなように、功利主義の枠組みで十分に説明される主張であり、自然権的枠組みの援用は必要ないからである。

(75) 土屋恵一郎『ベンサムという男』青土社、一九九三年、二二三頁。ベンサムの同性愛行為に関する議論については、板井広明「ベンサムにおける快楽主義の位相とマイノリティーの問題」『社会思想史研究』第二六号、二〇〇二年、児玉聡『ベンタムの功利主義の理論とその実践的含意の検討』（博士論文）第六章、二〇〇六年を参照。またベンサムの同性愛に関する論考が彼の思想的営為の機軸であったとする土屋恵一郎「ベンサム」伊藤邦武編『哲学の歴史　第八巻　社会の哲学』中央公論新社、二〇〇七年も参照。

(76) Bentham, *Introduction*, ch. iv, par. 21.

(77) Bentham, *Rights, Representation, and Reform*, p. 338.

(78) Bentham, *Introduction*, ch. xvi, par. 51.

(79) *Bentham Manuscripts*, lxxii, 214. 一七八〇年代に書かれた草稿である。

（80）Dinwiddy, *Bentham*, p. 112.／一八四頁。嬰児殺しが犯罪でないのは「或る嬰児が誕生時に窒息死させられるという事実は他の嬰児の間に警戒と不安とを作り出すわけではな」いからであった。自己意識が生じる前の嬰児殺しはいかなる害悪も生み出さないのだが、恥の恐怖という点で処罰されるべきであるとも言われる（Bentham, *Traités de législation*, vol. ii, pp. 280-1.／四七四頁）。また *Bentham Manuscripts*, llxxiv, 134.; ed. C.K. Ogden, *Theory of Legislation*, Kegan Paul, 1932, p. 487. を参照。

（81）例えば、J. Bentham, *Correspondence of Jeremy Bentham*, vol. 5, ed. A. T. Milne, The Athlone Press, 1981, p. 159. を参照。

（82）この点でベンサムの思想的営為は善き生の自由な選択を保障する制度設計によって既存のヘゲモニーや抑圧構造の維持・再生産に寄与するというコミユニタリアン的リベラル批判が妥当するように見える。しかしテイラーの「存在論的／擁護論的」区別を持ち出さずとも、端的に「快苦」に依拠した正邪判断を行なうベンサムの功利主義はコミュニタリアン的な共同性への欲望（とそこから生じる集団内への抑圧）やリベラルの人格への渇望（と個々人への自律の強制）を共に退け、言語や理性ではなく快苦感受を重要であると見做す。この点「人格亡きあとのリベラリズム」として「統治功利主義」を構想する安藤馨『統治と功利』勁草書房、二〇〇七年、二七七―九〇頁を参照。

（83）*Bentham Manuscripts*, lxxxvii, 98. また Bentham, *Traités de législation*, vol. iii, p. 21.／五九三頁を参照。

（84）間接立法論については、土屋恵一郎「ベンサムの「間接的立法論」について」『立石龍彦教授古稀記念論文集（明治大学法律論叢）』第六〇巻、第二・三合併号、一九八七年。板井広明「Bentham on Indirect Legislation」『横浜市立大学大学院院生論集』第八号、二〇〇二年。小松『社会統治と教育』二一―四四頁を参照。

（85）関連して、立川潔「ベンサムは設計主義者か？」『成城大學經濟研究』第百六〇号、二〇〇三年を参照。

（86）永井『ベンサム』二一九頁。

（87） Bentham, *Rights, Representation,* and Reform, p. 325.

第九章　イデオロギーの「起源」とその現実的結果
――アーレントのシオニズムイデオロギー批判に関する考察から

船津　真

はじめに

アーレントは、一九三三年にドイツからフランスへ、更に一九四一年にはアメリカに亡命し、そこでユダヤ人向けの雑誌に発表の場を得て、主に「ユダヤ人問題」に関する時事的な評論を立て続けに発表した。ここで大きなトピックとなっていたのがシオニズム批判であった。ところが、この時期の議論は、アーレント研究者にとってすら非常に理解しづらいものとなっている(1)。本稿の目的は、一九四〇年代前後のアーレントのシオニズムイデオロギー批判について、イデオロギーの「起源」とその現実的結果の対応関係という点から整理しつつ、当時の知的・政治的文脈と照らし合わせることで、そのリアリティを探っていくことにある。

ところで、本稿ではいわゆる「ユダヤ人問題」を扱うわけだが、議論を始める前にこの点について一言しておきたい。今日のほとんどのまともな政治思想研究者は、サルトルの言を俟つまでもなく、「ユダヤ人問題」にとって本当に問題的なのは、「ユダヤ人」ではなく「反ユダヤ主義者」の方であると考えているはずだ。ポストモダン的な政治思想も、そうした議論を発展させてきたし、アーレントの議論もしばしばそのような方向性で解釈されてもきた。しかし、本稿で扱う時期のアーレントの議論は、ユダヤ人の政治行動を問題にするという意味での、文字通りの「ユダヤ人問題」となっている。こうした理由から、以下で展開する議論も、いわゆるポストモダン的な他者論や共生論といった類のものとは異なるということをここで確認しておく。

1　一九世紀末から二〇世紀初頭におけるドイツユダヤ人の政治的状況

アーレントがユダヤ人問題について考える場合、その背景になっているのはドイツユダヤ人史である。まず、近代ドイツユダヤ人史について瞥見し、アーレントのシオニズム批判の基本的な立場を提示することにしよう。

近代ドイツユダヤ人の歴史は、「解放」と「同化」の歴史であった。法的差別の撤廃という意味での解放は、フランス革命、三月革命などを経て漸進的に進行し、一八七一年のドイツ帝国成立によって完成する。またこの間に、社会生活のドイツ化という意味での同化も進行した。ゲットーの外に出たユダヤ人たちは、同時にユダヤ的慣習、ラビの絶対的権威、イディッシュ語やヘブライ語などの外に出ていったのであり、あらゆる面で非ユダヤ化が進行していった。

しかし、ドイツユダヤ人が非ユダヤ化していく一方で、反ユダヤ主義の方は根強く残っていた。一八八〇年代に激しくなったロシア・東欧地域でのポグロムは、東方ユダヤ人のドイツへの流入を招き、反ユダヤ主義的雰囲気を高める結果となった。[2]そうした中で、後のドイツユダヤ人政治にとって重要な意味を持つ二つの組織が創設された。「ドイツ国家公民ユダヤ教徒中央協会（Centralverein deutscher Staatsbürger jüdischen Glaubens）」〔以下ＣＶと略記〕と、「ドイツシオニスト連合（Zionistische Vereinigung für Deutschland）」〔以下ＺＶｆＤと略記〕である。前者は、ドイツにおける同化と解放を、反ユダヤ主義に対して自衛するための組織として一八九三年に発足した。彼らは、ドイツ人であり且つユダヤ人であるということを、政治的帰属と宗教的帰属の別として理解し、自分たちを、ユダヤ教を信仰するドイツ国民として規定した。最盛期で約二〇万人、ドイツユダヤ人のおよそ三分の一を擁し、帝政期からヴァイマール期にかけて、ドイツユダヤ人最大の組織として活動を行った。[3]ＺＶｆＤの方は、それから四年後の一八九七年に創設された。当初は、ポグロムによって故郷を追われた東方ユダヤ人のために、彼らの新たな故郷をパレスチナに建設しようとする運動として出発した。一方で、自分たちは政治的にはドイツに帰属するドイツ人であり、移住をする必要はないと考える傾向があった。こうした同化志向的な態度は、パレスチナへの移住を全シオニストの義務であるとした、一九一二年の「パレスチナ中心主義」決議によって、組織の方針としては放棄されることになる。[4]この方針転換によって、ドイツユダヤ人と東方ユダヤ人の政治的運命を分けておこうとする同化志向は、少なくともイデオロギーの上では乗り越えられ、ユダヤナショナリズムの立場が鮮明になったといえる。

この転換を推進し、これ以後ＺＶｆＤの主導権を握ることになったのがクルト・ブルーメンフェルト（Kurt Blumenfeld）であり、後にアーレントに「ユダヤ人問題」を教えることになる人物である。彼の「パレスチナ中心主義」シオニズムは、ユダヤ政治に対するアーレントの考え方に大きな影響を与えた。

というのも、アーレントが一九四〇年代前後にとっていた立場というのは、同化志向によるユダヤ人の政治的分断を乗り越え、全ユダヤ人の利害を代表する政治の創出を支持するものであったと解釈しうるが、これはまさに「パレスチナ中心主義」が当時の政治的文脈の中でもともと目指していたはずのものだったからである。ただし、アーレントは、パレスチナへの植民を優先する領土主義的政策によっては、この「パレスチナ中心主義」の目標を果たすことはできないとも考えており、そこからいわばパレスチナ無きパレスチナ中心主義ともいえる立場をとったと考えられる(5)。

したがって、これから見るアーレントのシオニズム批判も、こうした立場からの批判となっている。では次節で、アーレントのシオニズム批判について見てみよう。

2　アーレントのシオニズムイデオロギー批判

アーレントがシオニズムイデオロギーの批判を行う場合に、最も注目する相手はテオドール・ヘルツルである。ヘルツルは、『ユダヤ人国家』(一八九六年)において、ユダヤ人はヨーロッパの外に入植して、そこに新しいユダヤ人自身の国を樹立すべきであると論じ、さらに第一回シオニスト会議を開催することで、近代シオニズムの創始者となった人物である。シオニズムイデオロギーを論じるにあたって、彼の思想を検討するのは一見当然のように思えるが、近代シオニズム史からすると、それほど当たり前のことでもない。というのも、思想の面ではヘルツルの影響というのはそれほど大きくなかったからである。当時の知的なユダヤ人青年たちをシオニズムに駆り立てたのは、ナショナリズムと結合したマルクス主義、ナロードニキ運動、トルストイ、生の哲学、ブーバーやショーレムのユダヤ教解釈など、当時のヨーロッパの知的水準を表現するような諸思想であった。ヘルツルの、ブルジョワ的で権威主義的な構想は、こうした知的水準には遠く及ばなかった。

それでもアーレントがヘルツルに注目するのは、イデオロギーにおいては、その始まりと現実的結果はしばしば対応するとアーレントが考えていたためである。現実的結果として自らを現すような始まりを、アーレントは『全体主義の起源』において「起源（Ursprung）」として、イデオロギー分析の重要な柱とした。例えば、人種イデオロギーを扱う際、アーレントはその「起源」をフランスのブーランヴィリエ（Henri de Boulainvilliers）に求める。というのも、彼の人種論は、フランスの貴族階級の代弁者として、同じくフランスの第三身分に対抗するための理論、すなわち内戦用イデオロギーだったからであり、そのような「起源」は、人種イデオロギーによってドイツ国家をアーリア人種とユダヤ人種に引き裂き、内戦状態に陥れたナチズムという現実的結果と対応している、とアーレントは見ていたからである。[6] シオニズムに関しても同じような観点からそのイデオロギー批判を行ったと見てよいだろう。アーレントはヘルツルの議論を、シオニズムイデオロギーの「起源」として扱っているのだ。もちろんこの方法論自体には検討すべき問題は多々あるが、本稿では、紙幅の関係上その点まで踏み込むことはできない。以下、「起源」と現実的結果の対応関係を前提にして、アーレントのシオニズム批判を整理してみよう。

熱心なユダヤ教徒でもいわゆる東方ユダヤ人でもない、オーストリアの富裕な同化ユダヤ人であったヘルツルが『ユダヤ人国家』を書いたきっかけは、ドレフュス事件にあった。最も同化と解放が進んでいたはずのフランスで巻き起こった反ユダヤ主義の喧騒は、反ユダヤ主義を根絶することはできない、という絶望感を彼に抱かせた。[7] アーレントにとって決定的だと思われたのは、シオニズムがこのように、その

「起源」において、反ユダヤ主義の存在をある意味で認め、さらには以下のような理由により、それを「友」として必要としてしまったことであった。アーレントは次のように説明する。

「ドレフュス事件の際に、ヘルツルには、全世界が敵に見えた。そこにはユダヤ人と反ユダヤ主義者しかいなかったのだ[8]」。そして、「反ユダヤ主義によってユダヤ人に戻った[9]」同化ユダヤ人たるヘルツルにとっては、自分がユダヤ人であるということは政治の問題であった。つまり、ヘルツルにとっては「ユダヤ人がもしネイションではないならば、そこには居場所が無かった[10]」。従って、ユダヤ人に戻るということは、その宗教に戻るということではなく、政治的な集団としてのユダヤ人、ユダヤネイションの一員になるということであった。そして、彼はそのネイションを、「明確に認められる紐帯によって結ばれ、共通の敵によって結集した人々によって構成される歴史的集団」と定義した[11]。それ故、ユダヤ人の「共通の敵」、つまり反ユダヤ主義は、ネイションとしてのユダヤ人の存続に必要なものとなったのだ。そこからヘルツルのイデオロギーは、反ユダヤ主義者を「最も信頼のおける友」とし、反ユダヤ主義国を「我々の同盟者」と呼ぶような、「友と敵の区別がつかない完全な混乱状態」に陥った[12]。

アーレントによれば、反ユダヤ主義がユダヤ人に向けた敵意の中心的な概念は、ユダヤ人の「よそ者性(Fremdheit)」であった[13]。シオニズムはこれを理論的に内面化し、ユダヤ人を、非ユダヤ人とは「実体の上で異なっている者(die substanzielle Fremdheit)」と解釈した[14]。そしてこの「ユダヤ人の実体」なるものは、もともとは反ユダヤ主義者の敵意の塊であったのだが、シオニズムイデオロギーの中で、自然的な有機体であるかのような様相を呈した[15]。ここから、シオニズムの目的は、ユダヤ人の実体の「正常化(Normalisierung)」であると考えられるようになり、そうした「ユダヤ人の実体のルネッサンス」のためにパレスチナの建設が必要とされるようになった[16]。

「正常化」について補足しておこう。これは、ユダヤ人の職業が、商業や知的サービス業に偏っていることは「異常」であって、シオニズムはそれを「正常」にする運動であるという考え方である。例えば、トルストイから強い影響を受けた実践シオニズムは、農業労働による精神の正常化を唱え、マルクス主義的シオニズムならば、ユダヤ人の階級構造の正常化を訴える、といった具合である[17]。こうした正常化のためには、ユダヤ人を大量に農民化・労働者化する必要があったが、もはやこれはヨーロッパにおいてはほとんど実現不可能だと見られており、その意味でもパレスチナが必要とされていたのである。

さて、アーレントの議論のポイントは、領土主義を正当化する実体主義というものはそもそも、その「起源」において反ユダヤ主義を友とし、それを内面化したものであるという点にある。つまり、後に領土主義がその現実的結果において反ユダヤ主義の友になる、という事態との対応関係をそこに見ているのだ。

こうした現実的結果の象徴的事例としてアーレントが挙げるのが「ハーヴェラ協定」である。これは、パレスチナへの移住を希望するドイツユダヤ人の資産移動に関する協定であり、一九三三年にナチス政府とユダヤ機関との間で結ばれた。その内容は、パレスチナへの出国を希望するドイツユダヤ人は、自己の資産によって、主にパレスチナ輸出向けのドイツ製品を仕入れ、実際に販売された額から、予め決められた割合の現金をパレスチナで受け取る、というものであった。出国税の免除や為替レートの優遇などにより、他国への移住よりも良い条件で資産をパレスチナに移動することが可能になった。シオニストからすれば、アメリカへと流れがちな人と金の流れをパレスチナに引きこむことができ、ナチスからすれば、ユダヤ人の追放とその資産没収の円滑な実施、さらには自国輸出製品の販路拡大を見込むことができた[18]。

アーレントがこの「敵との取引」を批判するポイントは以下の二点である。第一点は、反ユダヤ主義的政府を財政的に利することは、そうした政府の統治下にある、特に東方ユダヤ人に対する裏切りであるということ[19]。第二点は、この協定によって、「パレスチナ市場にドイツ商品が溢れ返り」、それによって、ドイツ製品ボイコット運動が笑いものになってしまった」ことである。この「ボイコット運動」とは、ナチスドイツのユダヤ人迫害に対する抗議として、主にアメリカユダヤ人によって試みられていたものである。こうした試みは、他国のユダヤ人の運命に無関心ではいないという意味で、同化志向によるユダヤ人の分断を乗り越える、真のユダヤ政治創出の契機としてアーレントには理解されていたはずだが[20]、領土主義的なシオニズムによってその芽を摘まれた形になってしまったのである[21]。こうして、「ユダヤ的な実体のルネッサンス」のために「パレスチナの利害を優先させる」という実体主義的な領土主義は、一部のユダヤ人の利害を犠牲にするだけではなく、全ユダヤ人の連帯をも阻むことで、「ユダヤネイションの尊厳の失墜」を招いた、と考えられることになる[22]。

さて、「起源」において反ユダヤ主義を友としたことと、その現実的結果において反ユダヤ主義の友として振る舞うこととが対応している、というこうした議論は、以上で見た限りでは、それ自体としては筋が通っているようだが、同時に、この議論にどの程度のリアリティがあるのかという点で疑問が残る。その点について以下で、アーレント自身の論述から離れて検討してみたい。

3　ドイツシオニズムの反ユダヤ主義理解

以下で考えたいのは、反ユダヤ主義を内面化することと、反ユダヤ主義の友になるということの関係である。

反ユダヤ主義の中心概念は、ユダヤ人の「よそ者性」である、というアーレントの見解は、よくよく考えてみると少し違和感がある。というのも、反ユダヤ主義者は「ユダヤ人はよそ者だ」と主張しているわけではなく、「ユダヤ人は悪いよそ者だ」と主張しているように思えるからだ。実際、「キリスト殺し」、「金貸し」、「劣等人種」といった代表的な反ユダヤ主義表象において、ユダヤ人の「よそ者性」は「悪」と結びついている。

『ヴェニスの商人』のことを考えてみよう。高利貸しシャイロックは、アントーニオ、バッサーニオ、ポーシャといった「我らキリスト教徒」に対して、ユダヤ人という「聖なるネイション」に帰属する「腹黒い悪党」、つまり「悪いよそ者」として登場する(23)。さて、もし我々がユダヤ人であり、この物語から、自らのユダヤ人アイデンティティに何らかの態度を取ることになるとすれば、それはどのようなものになると想像できるだろうか。ある人は、シャイロックの吝嗇、冷酷、貪欲などが自分の中にもあるということに愕然とし、それを隠そうとしたり、あるいはなるべく速やかにそれを追い出そうとしたりするかもしれない。その場合には、いわゆる「ユダヤ人の自己憎悪」となり、強い同化傾向を持つようになる可能性が高いのではないだろうか。またそれとは反対に、非ユダヤ人たちの友愛ごっこのダシに使われて、法と財産を奪われ、その上さらにこの非ユダヤ人たちから寛容を与えられさえするシャイロックの姿に、不正と偽善の圧力に耐えている自分自身の姿を見出すかもしれない。そうした意味でシャイロックの側に立ち、ユダヤアイデンティティに肯定的な態度を取ることになるとすれば、それは反ユダヤ主義に対する憤慨を伴っているはずだ。

こうなるといずれにしても、シャイロックと同じユダヤ人であることに誇りを感じつつ、アントーニオらの言動に正当性を認めるということには、つまり、反ユダヤ主義の友としてのシオニストにはなりえそうにない。自分やシャイロックが、アントーニオらとは実体的に異なった存在であり、「よそ者」であるということを認めたにしても、そのことによって、シャイロックに「罵声を浴びせ、つばを吐き、足蹴にする」アントーニオを、友として認めるきっかけになるとは思えないのだ。[24] つまり、反ユダヤ主義的ユダヤ人表象が「悪いよそ者」である限り、また、それによって非ユダヤ人が善人であるということを、いわば弁証法的に証立てようとするような不純さがそこに感じられる限りで、そうしたものを取り込むことで、反ユダヤ主義の友としてのシオニストになるなどということは考えにくい。

では、実際に、ドイツシオニストの方は反ユダヤ主義を当時どのように見ていたのだろうか。一九一五年、ブルーメンフェルトは「反ユダヤ主義」と題した論説で次のように述べている。反ユダヤ主義は、根本的にはあらゆるネイション間の「境界」で発生するような、「末梢における緊張関係」の一種に過ぎない。ただ、ユダヤ人の場合には、ネイションとしてまとまることができる場所を持っていないため、「いたるところが境界となり」、そのため「ユダヤ人はどこでも反ユダヤ主義に苦しめられることになる」。しかし、「公的生活における不愉快な出来事をことごとくユダヤ人のせいにする」ような反ユダヤ主義言説にいちいち反論を加えることは、問題の解決にはならない。というのも、「反ユダヤ主義の真の原因は、ユダヤ人の別種性(Sonderart)という真実」であって、現象としての反ユダヤ主義はその真実の「徴候(Zeichen)」に過ぎないからだ。したがって、同化主義者がそう考えているように、ユダヤ人の別種性を隠し、反ユダヤ主義と戦うことによって、これをなくしてしまうことなどできない。反ユダヤ主義的ムードというものは、「我々を肉体的に根絶しようとするような、やたらと騒がしい」ものから、「ひっそりと包み隠された」ものまで、どこにでも存在するからだ。我々シオニストはといえば、ユダヤ人の別種性を認めることで、「率直な友人を得ることができるだろう」。そして、「深いドイツ的感受性を持っている人々は、我々のことを、男らしくはっきりと話し合うことができる最初のユダヤ人だと感じるだろう」[25]。

ここでブルーメンフェルトは、ユダヤ人の「よそ者性」と「悪」とを、根本的なものと二次的に付与されたものに分離して考えていることが分かる。その上で、そうした普遍的な真相を共有する者同士が友人になれるとしているのだ。この場合の「友人」は、何も「悪いよそ者」としてユダヤ人を攻撃する狭義の反ユダヤ主義者である必要はなく、ユダヤ人が一つのネイションであり、ドイツネイションから見れば「よそ者」であるということを感じることができるという意味で、「深いドイツ的感受性を持った」人々でありさえすれば良いわけだ。こうしてブルーメンフェルトは、「よそ者性」を根本に据えることで、反ユダヤ主義の指標を普遍化・曖昧化し、いわば広い意味での反ユダヤ主義者に友を求めることとなった。

どうやら、確かにアーレントが言うように、ドイツシオニストはユダヤ人の「よそ者性」を中心に据えており、また反ユダヤ主義の真相をその点に求めてもいるようである。それにしても、こうした認識、たとえば『ヴェニスの商人』を読むだけでは得がたいと思われるようなこうした反ユダヤ主義観は、どのように形成されたのか。確かにこれは、「起源」としてのヘルツルのシオニズムに見られるものではある。しかし、ことドイツシオニストに関して言えば、当時のドイツ社会学のユダヤ人論が、こうした認識の形成に一定の役割を果たしたのではないかと考えられる。ではこの点について、次節で詳しく考えてみよう。

4　ドイツ社会学における「ユダヤ人金貸し」表象

二〇世紀初頭のドイツでは、資本主義精神の起源をめぐる社会学的議論が盛んに行われていた。そして、ここで重要な焦点の一つとなったのがユダヤ人の経済活動と資本主義との関係であった。この議論において最も有名なのは、マックス・ウェーバーが『プロテスタンティズムの倫理と資本主義の精神』において行ったものであろう。そこで彼は、近代西欧的な資本主義を可能にした合理的な精神は、禁欲的なプロテスタンティズムの倫理から発した、と主張したのであった。

ヴェルナー・ゾンバルトが一九一一年に発表した『ユダヤ人と経済生活』は、このウェーバーの議論に触発されたものであった。ここでゾンバルトは、ウェーバーがプロテスタンティズムに帰している特徴である「宗教的関心の優位、試練の思想、（特に）生活態度の合理化、世俗内的禁欲、宗教的観念と利益獲得への関心との結合、罪の問題の数量的扱い」はまさにユダヤ教と同じであり、むしろプロテスタンティズムのこれらの理念はユダヤ教に由来すると論じた。その上で、ユダヤ教の際立った合理性に言及し、ユダヤ教こそ資本主義精神の真の担い手である、とした(26)。そして、そうした精神の現れとしてユダヤ人の金貸しを位置付け、資本主義の発生におけるその役割を高く評価した(27)。

さらにゾンバルトは、ユダヤ人の金貸しと、ユダヤ人の特殊な生活形態との関連性について次のように論じた。ユダヤ人はバビロン捕囚によって領土的基盤を失ったが、その代わりに律法によって集団としての絆を保ってきた(28)。そしてこの律法によって、ユダヤ人は周囲の非ユダヤ人から自らを厳しく分離してきた。したがって、ユダヤ人はどこへ行っても、現地社会に完全には同化せず、当該社会からは「よそ者

（Fremde）」として扱われてきた。こうして、あらゆる場所で「よそ者」であったため、商売の相手はほとんどが彼らから見て「外国人」となった[29]。ユダヤ法は、同胞から利息を取ることを禁じていたが、「外国人」から取ることはこれを許容していたため、このような「よそ者」としての生活形態は、ユダヤ人の金貸し行為を可能にする客観的な条件となった[30]。

これに対してウェーバーは、ゾンバルトと同様に、ユダヤ教の合理主義的な性格を認め、そうした合理主義が、世界の脱魔術化に貢献し、西欧近代の合理的な世俗倫理の源になったのだという点ではこれを肯定的に評価した[31]。しかしその一方で、ユダヤ教の経済倫理の問題点について次のように指摘した。ユダヤ教の合理主義的な世俗倫理は、律法に守られた共同体の内で、同胞に対する対内倫理としてのみ有効であり、共同体の外は倫理的な空白地帯とされてしまった。こうした倫理の二重性そのものが、倫理的合理性を欠いている[32]。このような、二重倫理に基づく営利の追求は、資本主義以前の時代に見られたあらゆるタイプの「パーリア（賤民）資本主義」に属するのであって、一人で買い物に来た子供も騙さないような、一元的な合理主義としてのピューリタニズムとは異なる[33]。

こうしてウェーバーは、ユダヤ教に対してプロテスタンティズムをいわば防衛したような形になったわけだが、それはゾンバルトの指摘するような両者の親近性を、歴史的段階における近さとして位置付け直すことによってであって、ゾンバルトと全く違うユダヤ人像を描くことによってではなかった。特に、ユダヤ人の特殊な生活形態と、金貸しとの関係についてはほとんど認識は一致している。つまり、ユダヤ人は、バビロン捕囚以来、非ユダヤ人社会の客人であったのであり、こうした生活形態が、金貸し業として表現されるような経済的二重倫理の基礎になった、と。

さて、もしこうしたゾンバルトやウェーバーの議論を信じるなら、ユダヤ人が金貸しであるということは、根本的にはその「よそ者性」の表現だったのであり、「ユダヤ人金貸し」表象に付随する吝嗇、冷酷、貪欲といった諸々の「悪」は、たとえそれがユダヤ人の倫理性の弛緩に起因するにせよ、派生的に付随するものである、ということになる。ここでユダヤ人金貸しは「悪いよそ者」というより、それ自体は善くも悪くもない「よそ者」、いわば価値自由な「よそ者」なのである。そして、ドイツシオニストが「反ユダヤ主義」におけるユダヤ人の「よそ者性」を理論的に取り込んだというのであれば、こうしたドイツ社会学のユダヤ人表象の方が、どちらかといえば「悪」にアクセントがある「悪いよそ者」表象よりも、よほど容易だったのではないかと考えられるのだ。

5　ドイツ社会学とドイツシオニズム

では、実際にドイツ社会学とドイツシオニズムはどのような関係にあったのだろうか。

ユダヤ人が「よそ者」であるという自分たちの議論の前提を、政治的意見に反映させることに関して、ウェーバーとゾンバルトは対照的であった。ウェーバーは、ユダヤ人を「パーリア（賤民）」という刺激的な名称で規定したわけだが、それはあくまで歴史研究の枠内の話であった。実際の政治的立場としては、反ユダヤ主義を嫌悪しつつシオニズムにも懐疑的な、リベラリストとしての姿勢を堅持し、ユダヤ人を「よそ者」であるとするような議論に与しないという意味で、同化志向のユダヤ人と同じ立場をとった。[34]

しかし、そうしたウェーバーの意図とは別に、彼のパーリア論はドイツシオニストに少なからぬ影響を与えた。社会学的に組織されたパーリア概念は、自分たちユダヤ人のパーリア性を転倒したいという社会学的に組織された欲望の源泉になったのである。[35] そして、その中にはブルーメンフェルトも含まれていた。例えば「ゲーテやフィヒテやケラーといったドイツ文化の最良の部分からユダヤナショナリズムを学んだ[36]」と言っているように、彼にとって、ドイツネイションというのは、来るべきユダヤネイションの模範のような位置付けがなされていたと考えられる。先に見たように、ウェーバーにおいては、前近代的なパーリア資本主義の担い手であるユダヤ人は、近代西欧的資本主義を担っていたドイツプロテスタンティズムのネガのような位置付けであった。言うなれば、ユダヤ人は不完全なドイツ人であった。そして、パーリア論によれば、その不完全性の要因の一つが「よそ者性」にあるわけだから、ユダヤ人をドイツ人のようなネイションにしたければ、ユダヤ人の「よそ者性」を解消すること、すなわちドイツから出て行くことが必要になる、と考えることができる。[37] こうした意味でのパーリア論は、ブルーメンフェルトに代表されるようなパレスチナ中心主義的なシオニストの欲望に一致していたのである。

一方ゾンバルトの方は、自分の議論に忠実に振る舞うことになる。彼は『ユダヤ人と経済生活』発表の後、全国で講演活動を行った。そこで彼は、ユダヤ人とドイツ人が異なった「人種（Rasse）」あるいは「民族（Volk）」であるという前提に立ち、異人種としてのユダヤ人がドイツに同化するという企てに懐疑的な見解を示した。そして、ユダヤ人はドイツにおける同権を、完全に享受しようと思うべきではないとまで論じたのである。[38] この講演は大きな反響を呼び、多くの雑誌や新聞でも取り上げられた。CVは当然のことながら、ゾンバルトを「反ユダヤ主義者」と批判した。それに対してZVfDは、ゾンバルトの見解について、「我々の敵にとっては手痛い打撃だが、我々が擁護している世界観や目的にとってはむしろ証明なのだ」として、機関誌の第一面を割いてゾンバルト擁護の論陣を張った。[39] ここで「敵」と呼ばれているのは反ユダヤ主義者ではない。ＣＶに代表される同化志向のユダヤ人たちである。つまり、ドイツシオニストはここで、ユダヤ人を価値自由な「よそ者」として認識するという意味における、広い意味での反ユダヤ主義者の友として振る舞っているのである。

こうしたゾンバルトとドイツシオニストの関係を象徴しているのは、左派シオニズムのリーダーとして活躍したハイム・アルロゾロフ（Chaim Arlosoroff）であろう。アルロゾロフは、一九一九年に発表した「ユダヤ民族社会主義」というパンフレットにおいて、これまでのマルクス解釈は、階級闘争史観に偏っているとして、ネイションや民族の役割を積極的に認める新しい社会主義の可能性について論じた[40]。そして同年彼はベルリン大学に進学、そこでゾンバルトに師事し、後にマルクスの階級闘争に関する論文で博士号を取得することになる。ネイションや民族の概念を梃子に、マルクス主義の刷新・乗り越えを図るという方向性において、アルロゾロフとゾンバルトは近い立場にあったし、そしてまた、ユダヤ人の場合には、ヨーロッパに留まっていては、ネイションとしての力を発揮するのは難しいだろうということに関しても、両者は一致していたのである。

以上の点から、ドイツシオニストにとってドイツ社会学のユダヤ人像は、その「よそ者性」を理論的に内面化するのに、一定の役割を果たしたと考えることができるだろう。

6　反ユダヤ主義者の友としてのドイツシオニスト

では最後に、そうした「起源」に対応する現実的結果の方を見ておこう。

一九三〇年代になると、ナチスの台頭がはっきりしてくるが、ＺＶｆＤはナチスに対する対決姿勢を打ち出したり反対集会を組織したりすることはなかった。一九三三年のナチス政権成立直後は特に、ナチズムとシオニズムの共通性を強調しつつ、同化ユダヤ人を攻撃するような記事がしばしばＺＶｆＤの機関誌の誌面を飾った。そしてこれは単に言論活動だけに留まらなかった。ナチス側にユダヤ人問題の解決に関する協働を申し出たり、更には国外のユダヤ人によるナチスへの抗議活動を中止させようと試みていた。そしてその中には、第二節で言及した、アメリカユダヤ人による反ナチ集会とそれに続くドイツ製品ボイコット運動に対する中止要請も含まれていた。アメリカユダヤ人の動向に頭を痛めていたゲーリングの求めに応じ、ＺＶｆＤを代表して、ブルーメンフェルトが、中止要請の使者を派遣する役を買って出たと言われている。[41]ここでブルーメンフェルトには、「深いドイツ的感受性を持っている」ナチスは、「率直な友人」になりうると映ったのかもしれない。

こうした「友と敵の区別がつかない完全な混乱状態」に陥ったのはアルロゾロフも同じであった。彼は博士号取得後にパレスチナに渡り、そこで政治指導者として頭角を現し、若くしてユダヤ機関の外交責任者となった。そして、この外務大臣に相当する要職で彼が手がけたのが「ハーヴェラ協定」であった。パレスチナへの移民だけがユダヤネイション再生の唯一の方法であると考えていた彼にとっては、この協定にはドイツユダヤ人の緊急避難以上の意味があっただろう。[42]実際、一九三三年から三九年までの間に、この協定は五万人以上のドイツユダヤ人と四千万ドルもの資本をパレスチナにもたらした。これは、この時期にパレスチナに流入してきた全資本総額の実に約六割に相当するものであった。[43]

終わりに

以上の点から次のように結論づけることができる。ドイツシオニストに限って言えば、「よそ者性」を根本に据えるような、普遍化・曖昧化された「反ユダヤ主義」を理論的に取り込むことによって、その実体主義と領土主義において、彼らはあらゆる意味での反ユダヤ主義者と友になり得る状態にあった。そのような意味においては、「起源」とその現実的結果を対応関係の内に据えたアーレントのシオニズム批判の論理は、ある程度の政治的リアリティを持っていたと考えられる。

注

（1） 矢野久美子『ハンナ・アーレント、あるいは政治的思考の場所』みすず書房、二〇〇二年、二二頁。

（2） 野村真里『西欧とユダヤのはざま』南窓社、一九九二年、一〇六―一三三頁。

（3） 以上、CVについては以下を参照。Avraham Barkai, "Wehr dich!" Der Centralverein deutscher Staatsbürger jüdischen Glaubens (C. V.) 1893–1938. München (C.H. Beck) 2002; 長田浩彰「ドイツ第二帝政期の反セム主義に対するユダヤ人の対応―ユダヤ教徒ドイツ国民中央協会（CV）を通じて」『西洋史学報』第一三号、四二―六四頁（一九八七年）。

（4） 以上ＺＶｆＤについては以下を参照。Jehuda Reinharz, "Ideology and Structure in German Zionism, 1882–1933." *Essential Papers on Zionism.* (ed. Jehuda Reinharz and Anita Shap. New York University Press, New York, 1996). また、初期のＺＶｆＤについては以下も参照。長田浩彰「「ドイツシオニスト連合」の成立―第二帝政期ドイツのユダヤ人の一側面―」『史学研究』第一八四号、広島史学研究会、三九―六一頁（一九八九年）。

（5）拙稿「アーレントとシオニズム—二重ネイション国家論者からイスラエル擁護へという「右傾化」の事例に即して」、『言語社会』第二号（二〇〇八年）。

（6）Hannah Arendt, Elemente und Ursprünge Totaler Herrschaft（ungekürzte Ausgabe, Piper, München/Zürich, 1986, erste deutsche Ausgabe ,1955）, S. 351-364.

（7）Arendt, "Antisemitismus", 米国議会図書館所蔵 ,S. 54. 同草稿は全文が以下のウェッブサイトで公開されている。http://memory.loc.gov/ammem/arendthtml/

（8）*Ibid*., S. 339.

（9）*Ibid*., S. 338.

（10）*Ibid*.

（11）Arendt, "Herzl and Lazare", in:Id., *The Jewish Writings*.（ed. by Jerome Kohn and Ron H. Feldman, Schocken Books, New York, 2007）, p. 341, anm2.

（12）Id., "Zionism Reconsidered", in : *The Jewish Writings*, p. 359.

（13）Id., "Antisemitismus", S. 20.

（14）Id., S. 26.

（15）Id., "Zionism Reconsidered", in : *The Jewish Writings*, p. 367

（16）Id., "Antisemitismus",S. 26.

（17）W・ラカー『ユダヤ人問題とシオニズムの歴史』（高坂誠訳、第三書館、一九八七年）三九三、四〇七頁。

（18）L・ブレンナー『ファシズム時代のシオニズム』（芝健介訳、法政大学出版局、二〇〇一年）一〇三頁。

（19）Arrendt, "Antisemitismus", S. 30.

（20）Id., "The Crisis of Zionism", in : *The Jewish Writings*, p. 329-330.

（21）Id., "Zionism Reconsidered," in : The Jewish Writings, p. 350f.

(22) Id., "Antisemitismus", S. 30.
(23) William Shakespeare, *The Merchant of Venice* (ed. W.Moelwyn Merchant, Penguin Books, 1967), I.346; 177.
(24) *Idid.*, I. 3. 127–128.
(25) Jüdische Rundschau.Allgemeine jüdische Zeitung〔以下 *JR* と略記〕,20. 10（23 Juli 1915）, S. 15.
(26) W・ゾンバルト『ユダヤ人と経済生活』（金森誠也訳、荒地出版社、一九九四年）三八二頁。
(27) 同前、二八八頁。
(28) 同前、三六九頁。
(29) 同前、二六六—二六八頁。
(30) 同前、三七三頁。
(31) Max Weber, Das antike Judentum（J. C. B. Mohr, Tubingen, 1921）, S. 3.
(32) *Ibid.*, S. 357.
(33) *Ibid.*, S. 360.
(34) この点については以下を参照。徳永恂「反ユダヤ主義とウェーバー」『ヴェニスのゲットーにて』みすず書房、一九九七年。
(35) Jörg Hackeschmidt, Von Kurt Blumenfeld zu Norbert Elias（Europaische Verlagsanstalt, Hamburg, 1997）, S. 106.
(36) *JR*, 19. 25（19 Juni 1914）, S. 269.
(37) ウェーバー自身は、ユダヤ人の経済生活に二重倫理が存続した原因を、対外的な倫理を合理化するような救済論的動機がユダヤ教には欠如していたという点に求めている。Weber, *op.cit.*, S. 360.
(38) Werner Sombart, Die Zukunft der Juden（Duncker & Humblot, Leipzig, 1912）.
(39) *JR*,14. 50（15. Dez. 1911）, S. 589.

(40) Viktor Ch. Arlosoroff, Der Jüdische Volkssozialismus (H. Hazair, Berlin, 1919).
(41) 以上の論述については以下を参照。ブレンナー、前掲書、七二―一一三頁。
(42) Arlosoroff, *op.cit.*,S. 14ff.
(43) David Rosenthal, *Chaim Arlosoroff 40 yearsLater*, Jewish Frontier (August 1974), p. 23

第十章　笑うがいい、ここは一番美しい所なのに！

――ディドロ『俳優についての逆説』における理論と現実

田中　均

はじめに

この章では、ドゥニ・ディドロ（Diderot, Deni : 1714-1783）の対話形式による演劇論『俳優についての逆説』（paradoxe sur le comédien : 1769-1777）を分析し、このテクストにおける「理論」と「現実」との関係を解明することを目指す（以下この著作を『逆説』と略す[1]）。

『逆説』を「理論」と「現実」という観点から分析する場合、「現実」という語には二つの意味がある。第一に「現実」は演技の実践を意味し、これは演技の「理論」にとっては、分析・解釈すべき対象であるか、あるいは（規範を示すことによって）指導すべき対象である。第二に「現実」は、演技から区別される人間の諸行為を意味する。ディドロは当時の美学の枠組みに従って、演劇も含めて「芸術」の本質を自然のミメーシス（模倣し再現すること）とみなすので、演技の本質は、（劇場の外の）社会における諸行為をミメーシスすることに求められる。ゆえに、『逆説』を分析するためには、これら二つの意味の「現実」と、それぞれの対概念である「理論」および「芸術」との関係が問われねばならない。具体的にいうと、『逆説』においては、「芸術」としての演技と「現実」の行為との差異について、周知のように、俳優は役柄の感情を実際には感じることなく、「無感動」（nulle sensiblilité）に演じるというテーゼが立てられている。この理論は、俳優の精神と身体を徹底して分離し、精神が身体を完璧に操作することを理想とする演劇論の先駆であり、感情や意識を持たない人形こそが俳優の理想であるという見方（クライスト、クレイグ[2]）に受け継がれている。しかし『逆説』において、この演技論は、演劇による道徳的教育というプログラムの中に置かれており、そのことによって、演技の「理論」と、演技の実践の「現実」との間には修復不可能な齟齬が生じている。この齟齬に直面することによって、『逆説』を読解する行為は、この論考で展開された演技の「理論」の妥当性を検証することから、この「理論」が説明しえなかった演技の「現実」について新たに思索することへと促される。

1 「主体なき主体」による自然の「代補」――ラクー＝ラバルトによる分析

『逆説』は、基本的に「第一の男」と「第二の男」による対話から成り、対話の終盤になって「第一の男」の心中の内的な対話が記述されるという構成を取っている。そこで展開される対話の議論はしばしば飛躍・脱線して錯綜しており、全体を見渡すことは容易でないので、このテクストを読解する手がかりを得るために、フィリップ・ラクー＝ラバルトの論考「パラドックスとミメーシス」を参照しよう。この論考は、『逆説』における演技の理論を西洋のミメーシス理論のうちに位置づけている。彼によれば、『逆説』とは、「多くの点から見て、ミメーシスの問いを近代において周到に論じなおすさいの『母体とな

る』テクスト」である。(3)

ラクー＝ラバルトは「第一の男」が俳優について述べる「逆説」が二つの定式から成ると指摘する。まず「逆説」の第一の定式から見よう。「第二の男」は素朴な演技観を代表している。すなわちその立場は、俳優が優れた演技をするためには、役柄に感情的に同一化して、あたかも役柄その人になったかのように自らその感情を生きなければならない、そのために俳優には敏感な感受性、「熱い魂」が必要である、というものである。(4)これに対して「第一の男」は「偉大な俳優にとっての第一の性質」について以下のように述べる。

僕は偉大な俳優に多くの判断力を求める。この人物のうちには冷たく静かな観客が必要だと思う。だから、僕が彼に要求するのは、洞察力と無感動（pénétration et nulle sensibilité）、全てを模倣する技術、あるいは結局同じことだが、全ての種類の性格と役柄への平等な適性だ。（OE 306）

あらゆる役柄をうまく演じるためには、すなわちあらゆる役柄の感情を完璧に表現するためには、俳優は自分自身の感情を徹底して抑制し、自分自身では全く感じない感情の表現を、冷静な判断によって組み立てねばならない、というのが「第一の男」の趣旨であり、彼はこのことを「自己の自己からの分離〔放心〕」（distraction de soi d'avec soi : OE 318）(5)とも呼ぶ。俳優の自己は、役柄の感情を表現する自己と、それを観察し演技を制御する自己に分裂せねばならない。「第一の男」は、「自然の贈与」である「個人の性質、姿、声、分別、繊細さ」だけでは優れた俳優にはなれず、それが「偉大なモデルの研究、人間の心の知識、熱心な訓練、経験、劇場の慣習」によって「完成」されねばならないと述べる（OE 303）。ラクー＝ラバルトによれば、この議論はアリストテレス以来のミメーシスの理論の系譜に連なる。すなわち、技術は自然の働きを完成へもたらす「代補的機能」[6]を持つという理論であり、彼はこの種の模倣を（所与の対象の忠実な模写としての「限定的なミメーシス」と対比して）「産出的なミメーシス」および「普遍的なミメーシス」と呼ぶ[7]。

しかし、ラクー＝ラバルトがより重視するのは、逆説のもう一つの定式である。「第二の男」は「第一の男」の演技論を聞いて、「君の話を聞くと、偉大な俳優は全てでありかつ無だね」（OE 341）と述べる。ラクー＝ラバルトはこの定式に着目し、自然の能力を代補する「産出的なミメーシス」の主体とは、「主体なき主体」、「固有性も特種性ももたない存在」であると述べる[8]。ただし彼は、「第一の男」が「主体なき主体」のミメーシスを熱狂的な忘我状態から明確に区別していることに注意を喚起する。確かに優れた俳優も、稽古中に演技を模索するなかで霊感にとらわれることがある。それは俳優が役柄の「理想的モデル」（OE 307, 317, 321）の像を想像力によって獲得する瞬間である。しかし「第一の男」は、熱狂にとらわれたままの憑依状態は受動的で女性的な悪しきミメーシスであり、これに対して俳優のミメーシスは能動的・産出的で男性的でなければならないと主張する。ラクー＝ラバルトによれば、受動性をもたらす情念からの解放を志向する点で、『逆説』はアリストテレスのカタルシス理論に忠実なのである[9]。

以上のようにラクー＝ラバルトは、「第一の男」による逆説的な演技論について内在的に論じている。彼は、プラトン、アリストテレス以来のミメーシス概念を参照しつつ、『逆説』のうちに、「主体なき主体」による自然の「代補」としての「産出的ミメーシス」という、西洋近代の主体性の一つの理念を見出しているが、私見によれば『逆説』についてむしろ注目すべきは、「芸術」と「自然」との関係についての「理論」だけでなく、この「理論」が「現実」と齟齬を来し、それによって「理論」の存立がおびやかされているという事態である。このことを明確にするために、以下では『逆説』における「第一の男」の理論の中心をなす対概念である、「感受性」と「無感動」について検討しよう。

2　観客による演技の受容の「理論」と「現実」

『逆説』における「無感動」と「感受性」について検討する場合には、俳優の演技という観点だけでなく、観客による演技の受容という観点、さらに劇場の外部における俳優の行為という観点も導入する必要がある。というのも、『逆説』における演技の理論は、演劇による教育という包括的なプログラムの内部に位置づけられており、俳優による観客への作用、および劇場による外部の社会への作用が目指されているからである。

この節では、観客による受容という観点から「無感動」と「感受性」について検討する。すでに見たように「第一の男」による逆説の第一の定式は、偉大な俳優は「洞察力と無感動」を必要とするというものだが、「第一の男」はこの定式を、劇場の観客は洞察力を欠き、その代わり感受性に富むというもう一つの定式と組み合わせている。

観客についての後者の定式は、『逆説』の様々な箇所で自明のこととされている。例えば「第一の男」は、上演が終わって幕が下りた後の俳優と観客について以下のように述べている。

俳優には困惑も、苦しみも、メランコリーも、落胆も残らない。これら全ての印象を持ち帰るのは君たち〔観客〕だ。俳優は疲れているが、君たちは悲しんでいる。これは、俳優は感じることなく駆け回り、君たちは駆け回ることなく感じたということだ。（OE 313）

また別の箇所では、「人〔観客〕は〔俳優の〕涙を見るために〔劇場に〕来るのではなく、涙を催させるような台詞を聞くために来る」（OE 377）、つまり感受性を刺激されるために劇場に来るとも述べている。

このように「第一の男」は、優れた俳優に「無感動」という属性を割り当て、観客には「感受性」を割り当てている。では『逆説』における「感受性」とはそもそもいかなる意味を持つのだろうか。「第一の男」はこの言葉を以下のように定義する。(10)

粗野な性質も含む一切の性質を表現する能力を感受性と呼ぶのは、言葉の奇妙な誤用だろう。思うに、感受性という言葉に今日までに認められた唯一の意味は、器官の弱さに付随する素質であり、横隔膜の可動性・想像力の生動性・神経の繊細さの結果であって、これは、共感し、戦慄し、賛嘆し、恐れ、困惑し、泣き、動揺し、助け、逃れ、叫び、理性を失い、誇張し、軽蔑し、侮辱し、真・善・美の正しい観念を持たず、不当であり、狂うという傾向を持つ。感じやすい魂を増やしたら、その分、あらゆる類の善行と悪行、誇張された賞賛と非難を増やすことになるだろう。（OE 343）

この引用から理解されるように、「感受性」は人間の感性全般を表すわけではない。ここでの「感受性」とは、動物も持つような原初的な（「粗野な」）欲求とは異なる、人間特有の社会的な感情を生み出す能力である。それらの感情（共感、恐れ、賛嘆、軽蔑、等々）は、ある人間が他者を評価したり、自ら行為する動機を与えるものであり、知性による制御を免れるとみなされている。「第一の男」は、観客は感じやすい存在であり、彼らは感受性を刺激されるために劇場へ来ると述べるが、「感受性」の定義を踏まえると、その意味は、観客は、あたかも現実の人物に対するのと同じように、舞台上の悪人を軽蔑し、有徳の人を賞賛し、不幸の人に共感して涙するのであり、観客は自らそれを欲して劇場に集まるというものである。このような演劇のモデルはイリュージョニズムと呼ぶことができる。

「第一の男」はこのモデルを、劇場を道徳的な教育の場とみなす作用美学の枠組みに接続している。[11]彼にとって演劇の目的は、知性によって自らの行為をコントロールできず、感情に流されてしまう人々に対して、舞台の上で社会における美徳と悪徳の実例を示すことによって、道徳的な感情を育成することである。彼は俳優を「世俗の説教師」（prédicateurs laïques : OE 341）と呼び、また、俳優は「貴重な才能を持ち現実に有益な人々」で「愚かさと悪徳の天秤、誠実と徳の最も雄弁な説教師、天才が悪人と狂人を懲らしめるための鞭」（OE 348）であるとも述べる。

しかし、演劇による道徳的な教育というプログラムが、観客による演劇の受容の「現実」から乖離していることが、すでに『逆説』のなかで示唆されている。

その例は主に二つ挙げられる。第一の例は、観客の反応と国民性との関係という文脈で現れ、フランス人が「感じやすい国民」（la nation sensible）と呼ばれる。すでに見た「感受性」の定義からすれば、この表現の意味は、フランス人が熱しやすい魂を持ち、ゆえに舞台上の登場人物に共感しやすく、演劇による教育に適しているということのように思われるが、実際には逆のことを指している。

詩人たちよ、繊細で、浮ついた、感じやすい国民のために働きなさい、調子のとれた、優しく感動的な悲歌のうちに隠れなさい。この国民はシェイクスピアの屠殺場から逃げ出すだろう。この弱い魂は荒々しい衝撃に耐えられない。彼らにあまりに強いイメージを与えないように心しなさい。〔コルネイユの『シンナ』ならば耐えられるが、ホメロスの『イリアス』の一節を聞かされるならば〕わが国の女性は顔を背けて『ああ！ 怖い！』と叫ぶだろう。この言葉が偉大な役者によって語られて、その正しい抑揚がさらに強められたら、もっとひどいことになるだろう。(12)（OE 343–344）

この引用によれば、「感じやすい」フランス人、そのなかでも特に女性は、「弱い魂」を持つために舞台上の（殺人や死体などの）不快な対象の表現を完全に拒絶してしまう。ゆえに詩人と俳優は、不快な対象の露骨な表現を避け、修辞と抑揚の魅力によって観客を惹きつけねばならない。「第一の男」は、過敏なフランス人に、古代ギリシア人、とりわけアテナイ市民を対置する。その理由は、ギリシア悲劇は登場人物の極端な苦痛を舞台の上で呈示したからというものである（例えば、自らの目をえぐったオイディプス、足の痛みを訴えるフィロクテテス）。「第一の男」の理解によれば、アテナイの悲劇詩人は不快な対象を直接的に表現することによって、観客を不幸な登場人物により深く共感させることができた。(13)

「第一の男」によるギリシア悲劇の賞賛については、ギリシア悲劇は合唱と舞踊を中心とする仮面劇であり、リアリズムとは無縁だったではないか、とか、悲劇の上演は一種の宗教的儀式であり、市民の道徳的な教育は主要な目的ではなかったのではないか、といった疑問が生じるだろう。(14)「第一の男」はほとんどアナクロニズムに陥っているが、これは、彼が自分の理論に合わない観客の反応という問題を回避して、これを国民性の問題にすり替えているためである、と理解することができる。実際に「第一の男」は、別の箇所では、修辞的な台詞を朗唱するフランス古典悲劇の登場人物たち（クレオパートル、メロープ、アグリッピーヌ、シンナ）は「詩の想像的な幻影」（les fantômes imaginaires de la poésie : OE 315）であり、現実には存在しえず舞台上でのみ関心を惹く虚構的人物であると述べる一方で、(15)この作為性を批判するのではなく、むしろこれは「老アイスキュロスによって与えられた形式」であり「三千年来の約束事」である、つまり作為性はギリシア悲劇とフランス悲劇に共通であると、先ほど挙げたのとは相容れない主張をしている。(16)

不快な対象の直接的表現を拒否する観客という問題からは、アリストテレス以来の「悲劇の快」の問題、つまり現実世界では不快なイメージをなぜ悲劇の観客は楽しむのか、という問いが現れ、この問いは演劇による教育のプログラムの土台を掘り崩してしまう。(17)というのも、引用した「第一の男」の言葉によれば、「感じやすい」観客は、舞台上で表現される不快な内容ではなく、台詞の修辞と抑揚という表現の形式だけを享受することになるからである。すると、舞台上の人物への共感や嫌悪を通じて観客を教育することは不可能となる。

これに対して、演劇による教育のプログラムが観客の「現実」から乖離している第二の例は、「第一の男」の理論にとってより深刻な事態を示している。というのもこの場合に言及されているのは、劇場の中では登場人物に対する深い「感受性」を示すにも関わらず、道徳的に全く教育されない観客のことだからである。

ところで、真実と誠実とは僕らにとって大きな力を持っているので、ある詩人の作品がこの二つの性格を持ち、著者に天分があれば、彼の成功は間違いなしだろう。真実が愛されるのは、ほかならぬ一切が嘘のときで、演劇が最も純化されるのは、ほかならぬ一切が堕落しているときだ。コメディー・フランセーズの入口で、市民（**citoyen**）は全ての悪徳を預け、帰るときに再び受け取る。劇場のなかで、彼は正しく、公平で、よき父、よき友、徳の友だ。僕の隣で悪人が、悪行にたいそう憤るのをよく見たことがある。この悪人は登場人物を憎んでいたが、詩人がこの人物を置いたのと同じ環境にあれば、この悪人はきっと同じことをしただろう。（OE 354）

このアイロニカルな引用によれば、「市民」は、俳優が演じる役柄を、あたかも現実の人々を見るかのように見て、役柄が体現する美徳を賞賛し、悪徳を憎む。しかし劇場において生じる感動は、その外の現実について観客を教育しない。観客は演劇を見るときにあらかじめ劇場の内と外とを明確に区別しているからである、と「第一の男」は考える。彼によれば、観客が舞台上の出来事に共感の涙を流すのは、彼らを現実の社会において動かしている利害関心をしばらくの間棚上げしているからである。それゆえに、劇場での感動が、劇場の外での行為や評価の動機になることはない。[18] このように、観客は劇場の中だけで善人になるという演劇の「現実」は、「第一の男」の作用美学のプログラムを無力化してしまう。

3　劇場の外の俳優の「理論」と「現実」

前節では、「感受性」と「無感動」の概念対について、観客の受容の側から考察した。「無感動」な俳優という「第一の男」の理論は、観客は感受性に富むというテーゼと組み合わされて、演劇による教育のプログラムを構成していること、そして『逆説』の内部においてこの理論と実際の観客との乖離が露呈していることを示した。本節では、「無感動」と「感受性」の概念を、今度は劇場の外の俳優の行為という観点から見る。この場合、「第一の男」の俳優の「無感動」のテーゼは、再びもう一つのテーゼと組み合わされている。それは、優れた俳優は劇場の外の社会において、感情に流されない社会の冷静な観察者であり、知性によって自らの行為をコントロールできる有徳な賢人であるというテーゼである。すでに見たように「第一の男」は俳優を「世俗の教育者」と呼ぶが、以下の引用ではそれを詳説し、優れた詩人と俳優は、感情に駆られる人々の愚行を社会の中で冷静に観察し、この愚行を劇場において再現し観客に示して戒めとすると語る。

> 大いなる喜劇、世界という喜劇に僕はいつも帰っていくが、そこでは全ての熱い魂が舞台を占有し、全ての天才が平戸間を占有している。熱い魂は愚者と呼ばれ、その愚かさを模写する天才は賢人(sages)と呼ばれる。多様な登場人物の滑稽さを捉え、それを描き、そして君をして、君のことを苦しめたオリジナルのうるさ型のことを笑わせ、さらに君自身のことを笑わせる、それは賢人の目だ。君を観察し、うるさ型と君の苦しみの滑稽な模写を描くのは賢人だ。（OE 311）

また彼は、本当に有徳な人間は感情ではなく知性に従って行為するという趣旨で以下のように述べる。「彼〔天才〕は正義を愛するだろうが、この徳を行使して快を得るわけではない。一切を成すのは、彼の心ではなく頭だ。感じやすい人は、少しでも意外な状況になると頭を失う」(OE 310)。そして、「天才」は知性によって行為し感情に流されないという点において、偉大な俳優は、「偉大な王、偉大な大臣、偉大な将軍、偉大な弁護士、偉大な医師」と同類であると言われる。

しかし『逆説』のなかには、有徳な賢人というイメージからかけ離れた俳優の描写が見られる。例えば「第一の男」は、彼が劇場の外で実際に観察したある俳優について以下のように記述する。

社交界にいて道化役でない時の彼ら〔俳優〕は、礼儀正しく、辛辣で、冷淡で、贅沢好きで、放埒で、浪費家で、利己的で、僕らの悪に心を打たれるよりは僕らの滑稽さに気を惹かれる。不愉快な出来事を目にしても、情熱的な恋愛の話を聞いても彼らの精神は固まっている。孤独で、気まぐれで、大物に従い、あまり品もなく、友達は全然なく、僕らが他人と互いに苦楽を共にするようにさせる神聖で繊細な結びつきもほとんどない。(OE 349)

この引用で描かれた俳優は、たしかに劇場の外においても冷静で注意深い観察者である。また彼の行動は、他者への共感や好悪の感情によってではなく、知性によって規定されている。しかし彼らは全く有徳ではない。この場合、感情に対する知性の優位とは、道徳感情の欠如とむき出しの利己心を意味しており、その観察眼は、他者の欠点をめざとく見つける陰険さと結びついている。このように、知性の優位という意味での「無感動」は、必ずしも道徳的な善と結びつかない。しかも、「第一の男」は、そもそも舞台上の俳優の「無感動」について説明するときに、その比喩としてあえて現実の社会における悪人を挙げている。例えば、「受難節の説教をする不信心な司祭」、「ある女性を愛しておらず、むしろ彼女を欺こうとする誘惑者」（OE 313）等々であり、これらの例で示されているのは、劇場の外の現実社会において、自分の利己的な欲求を満たすために感情を偽装して他者を騙す詐術である。「第一の男」の発言に従えば、劇場の外では、「無感動」は「偉大な王」の特性であるのと同時に、同情を惹こうとする物乞いの特性でもある。すでに見たように、「感受性」は、「真・善・美の観念を持たない」まま感情に流されることと定義されて、その道徳的な価値の曖昧さ、不安定さが指摘されているが、これに対して「無感動」は、賢王の崇高な善と詐欺師の卑劣な悪との両極端に結びつく傾向を持つことになる。

このように、「第一の男」は、優れた俳優は舞台の上だけでなく現実の社会でも「無感動」であるという考えは堅持しつつ、この「無感動」が道徳的には善悪の両極端に結びつく傾向を認めている。さらに彼によれば、現実の俳優は悪の極端に近い。その理由として彼は、伝統的に俳優が卑賤な職業とみなされてきたために、様々な理由で社会から排除された人々が俳優になったからであると述べる。

何が彼らを役者にしたのか。教育の欠如、悲惨と放埒だ。演劇は窮余の策で、自発的な選択ではない。役者になったのは徳への趣味、社会で有益であり、国や家族に奉仕する欲求ではない。正しい精神、熱い心、感じやすい魂を同じく素晴らしい職業へむけるような誠実な動機では決してない。（OE

349)

「第一の男」は、演劇による教育というプログラムのために、俳優の地位改善と早期からの演劇教育の必要性を唱える。そこには、「俳優が善行の人でありその職業が尊敬される」(OE 352)ことによって演劇が観客を道徳的に教化できるようになるという期待が込められている。

しかし、「第一の男」の議論ではっきりしないのは、何が俳優を善行へと導くのかということである。前の引用では、本来俳優になるべき「正しい精神」の人とは、「熱い心、感じやすい魂」(OE 349)を持つ人だとも言われるが、これは優れた俳優の特性である「無感動」の逆であり互いに相容れない。すでに見たように、劇場の外の「世界という喜劇」において、感情に流されるのは「愚者」であり、「賢人」は冷静に観察する「無感動」の立場にある。ここで以下のように「第一の男」の議論を解釈できるだろうか。「第一の男」の議論に矛盾はない、なぜなら、彼の立場は、優れた俳優は舞台においては「無感動」であり、現実の社会においては「感受性」豊かである(または、そうあるべき)と主張しているのだから、というように。俳優は、劇場の外では共感・嫌悪・恐怖・軽侮等々の感情に突き動かされて生きるが、劇場の中では、それらの感情から距離を置き、冷静に感情の表現を演技するという主張だろうか。しかしこのモデルにも難点がある。俳優は感情についての知識をいつ獲得するのか、という問題が生じるからである。俳優が劇場の外で「感受性」に富むならば、感情に翻弄されて行為するために、その感情を生きつつ同時にそれを観察することはできないだろう。するとこの俳優は劇場の外では感情についての知識を得ることができない。さらに彼が今度は舞台の上では「無感動」であるならば、演じるべき感情を自ら感じることがない。すると、舞台上で感情についての冷静な知識も持たず、その感情を実際に感じることもないのだから、どうやって彼は感情を表現することができるのだろうか。結局の所、「第一の男」は、演劇は教育という目的の手段であることに固執する結果、手段の完璧性のために俳優の「無感動」を主張し、手段と目的との結合の確実性のために俳優の「感受性」を主張するという混乱に陥っている。

前節と本節で見たように、舞台上の出来事を現実のように見るというイリュージョニズムの芸術観に基づいて、演劇によって観客を教育しようとする「第一の男」の理論は、現実の俳優・観客のあり方と乖離しており、理論として挫折している。ただし注意すべきは、彼の議論のうちには、以下のように、俳優の演技と社会における行為との関係についてイリュージョニズムとは異なる思考の萌芽もあるということである。

> 演劇は秩序だった社会のようなもので、そこでは、全体の善のために各人が自分の自然権を犠牲にする。この犠牲という手段を最も尊重するのは誰か。それは熱狂家か、狂信者か、いや、決して否。社会の中では、それは公正な人間だ。劇場では、それは冷たい頭を持つ役者だろう。君たちの街角の舞台は、劇場の舞台と比べて、文明人の集会に対する未開人の群れのようなものだ。（OE 320）

この引用では、演劇において描写される内容ではなく、俳優相互のアンサンブルが社会の秩序と類比的に捉えられ、共演者との関係において自己の演技を制御する俳優が、自己の自然権を放棄して他者と社会契約を結ぶ個人のモデルとみなされている。この観念は、その後の思想家によって「芸術作品としての国家（あるいは社会）」という理念へ発展するものを予告しているが、『逆説』では芸術作品の形式と社会秩序の類比関係はこれ以上展開されないままにとどまっている。(19)

4 『逆説』における実例と理論――自己主張する俳優

以上検討したように、「第一の男」は、俳優は役柄を演じる際に「無感動」である、つまり自分が表現する感情を実際には感じないというテーゼを、演劇による教育のプログラムと結びつけているが、この理論的枠組みは現実とのあいだに解消不可能な齟齬を来している。しかし、それならばなぜ「第一の男」は、というよりむしろ、なぜディドロは、このように困難を抱えた演劇論を書き遺したのだろうか。ディドロが『逆説』を書いた直接のきっかけは、サン＝タルビーヌ（Rémond de Sainte-Albine）に由来する『ギャリック、またはイングランドの俳優たち』（Garrick, ou les Acteurs anglais）という演技論に反論するためであるが、『逆説』は一七六九年に書かれた後、一七七七年に全体的に推敲されており、単なる準備的な草稿ではないことを考慮すると、この疑問はなおさら強くなる。ディドロはなぜ、演劇による啓蒙のプログラムを自ら解体するような演劇論を書いたのだろうか。

この問いに厳密に答えるためには、ディドロの思想の展開過程および十八世紀演劇理論史を包括的に視野に納める必要があり、本章の範囲を超えるが、本章では理論と現実という観点に即して問題の所在を示唆しておきたい。すなわち、『逆説』の演劇論において分析され解釈されたのは、一体いかなる現象であるのか、「第一の男」は演劇の実践のいかなる現実について俳優の「無感動」の理論を構成したのかをここでは検討する。

「第一の男」が俳優の「無感動」ないし「自己の自己からの分離」の例として挙げるものの多くは、俳優が自分の演技の作為性を隠し、あたかも役柄の感情を自ら生きているかのように見せる技術に関わる。つまり技術を隠す技術である。具体的には、俳優が舞台上で役柄を演じながら、役柄とは無関係なことに関心を向けつつも、演技と関心のずれを観客に意識させない、という現象である。[20]

中でも「第一の男」が念入りに描写しているのは、モリエールの『恋人の喧嘩』（Le dépit amoureux）を演じる俳優夫婦のエピソードである（OE 324-326）。「第一の男」は、役柄の感情と、俳優の感情との差異を表すために、『恋人の喧嘩』の一部を引用しながら、その一行ごとに、二人の俳優の（客席には聞こえない）独白を挿入する。この場面では、仲違いした若い恋人たちが、言葉の上では互いを非難し絶交を宣言するものの、本当は仲直りの機会をうかがっている気持ちを言葉の端々に表す。これに対して、二人の恋人を演じる俳優夫婦の関係は修復不可能なほど冷えきっている。それ故に二人の俳優は、モリエールの書いた対話を、恋人たちの役柄に沿って語りつつ、その同じ台詞を文字通りの非難ともみなして、それに対して互いに独白の中で悪態をつく。

ここでは、同一の台詞が、役柄同士の対話の中で持つ意味と、実際の俳優夫婦の関係の中で持つ意味の二つに分裂する。しかし観客に見えるのはその内の一方だけである。観客は、表面上喧嘩をするが実際は愛し合っている恋人たち、という演技だけを見て喝采し、表面上夫婦関係を維持しているが実際は憎み合っている夫婦の悪態を見ることはない。

このような、演技であることを観客に隠す演技の例では、俳優の演技と意識との分裂が観客の目に対して露呈することはない（もし観客が即座に演技と意識の分裂に気づくなら、それは劣った演技である）。

この分裂は事後的に、例えば俳優たちの打ち明け話として初めて明らかになる。その意味では、これは演技を現実のように見せるという、常識的な意味での優れた演技であり、これは「第一の男」のイリュージョニズムに即している。

しかし、「第一の男」が挙げる例のうちには、俳優の演技が優れているがゆえに、それを見る人に、演技の虚構性を明確に意識させる例がある。その一つは十八世紀英国の名優であるデイヴィッド・ギャリック（David Garrick）の以下のような演技である。

ギャリックは両開きの扉から首を出し、四、五秒の間隔で、彼の顔は次々と変化する。狂喜から穏やかな喜びへ、穏やかな喜びから静粛へ、静粛から驚きへ、驚きから動揺へ、動揺から憂鬱へ、憂鬱から落胆へ、落胆から恐怖へ、恐怖から憎悪へ、憎悪から絶望へ。そしてこの下降の最後の段階から、最初の段階へと再び上昇する。彼の魂がこれら全ての感覚（sensations）を持ち、この種の音階を表情との合奏で演奏したのだろうか。僕はそう思わないし、もう君もそう思わないだろう。（OE 328）

ここでギャリックは、ある作品の中で特定の役柄を一貫して演じるのではなく、きわめて短時間のうちに急速に表情を交替させ、表情の「音階」の全体を呈示してみせる。それによって鑑賞者は、それぞれの表情の背後に実在する感情を探すことを放棄し、彼の演技がただ技巧によって成り立っていることを理解し、彼のヴィルトゥオーゾ性を賞賛する。

しかしこの事例は、俳優の技量のデモンストレーションという特殊な場面であり、作品の上演とは異なるので、この場合にも厳密には、演じられる感情の虚構性は、作品が上演される場としての劇場の外部（社交界、あるいは稽古場か）で初めて披露されると言える。これに対して、演技の卓越性がその虚構性を際だたせるもう一つの例は、劇場の舞台の上で、作品の上演中に起こっている。すなわち、アントワーヌ・ウーダール＝ドゥ＝ラ＝モット（Antoine Houdar de la Motte）の『イネス・ドゥ・カストロ』（Inés de Castro）初演（一七二三年）の際に表題役を演じたデュクロ（la Duclos）の場合である。

『イネス・ドゥ・カストロ』の初演の際、子どもたちが現れた場所で、平戸間の客が笑い出した。イネスを演じていたデュクロは、腹を立てて、平戸間に向かって言った、「笑うがいい、ばかな平土間、ここは劇の一番美しい所なのに！」（《Ris donc, sot parterre, au plus bel endroit de la pièce》）平土間の客はそれを聞いて自制した。女優は役に戻り、彼女の涙と観客の涙が流れた。一体どういうことだろう。ひとはこんな風に深い感情から深い感情へ行ったり来たりするものだろうか、苦しみから怒りへ、怒りから苦しみへと。僕はそう思わない。僕が強く思うのは、デュクロの怒りは現実で、彼女の苦しみは模倣されたもの（simulée）だということだ。（OE 335）

「第一の男」はこの事例においても、俳優の感情表現の急速な交替に注目しているが、彼によれば、この場合には演じられた（「模倣された」）苦痛の感情と現実の怒りの感情が交替している。しかし、もしもこの例が単に、俳優が役柄の感情を表現する途中に自分自身の感情を抑えられず怒りの叫びを挙げ、その後演技に戻った、ということを意味するならば、たとえ交替が速やかであっても、演技は優れていると言えないであろう。俳優が怒りで演技を中断したにもかかわらず、なぜ「観客の涙が流れた」のだろうか。

この例の演劇的効果は、ステファヌ・ロジュキンによって演劇の「絵画化」の効果として分析されている。それによれば、デュクロが表題役の演技を中断して、現在の場面を「最も美しい所」と名指すことによって、劇中の一場面が独立した「タブロー」として観客に呈示され、この場面が明確な意味を持つことが示されたというのである。(21)

この分析は、ロラン・バルトの論考「ディドロ、ブレヒト、エイゼンシュテイン」に依拠している。バルトによれば、ディドロにおける完璧な演劇とは、明確な輪郭を持って切り取られたタブローの連続(「画廊、展覧会」)であり、俳優はこれらのタブローによって道徳的・社会的な意味を呈示し、また呈示しうることを知っている。この点において、ブレヒトの叙事的演劇もエイゼンシュテインのショットも同じくタブローの連続である。(22)

ロジュキンによれば、ディドロの演劇論において、演劇の絵画化の手法としては、パントマイム、あるいは身振りによる台詞の註釈もあるが、それらの場合には、イメージがテクストに奉仕しているのに対して、デュクロの例では、演技の転覆によって、まさにブレヒトの異化効果のように、断絶によってイメージがテクストに媒介されている。(23)

しかし、デュクロの例は、ディドロのタブローの美学の枠組みでとらえることが可能だろうか。確かに俳優の叫びは演技を中断することによって、その瞬間を明確に区切る。しかし、この区切られた瞬間は、ディドロ自身が書いた市民劇や、ブレヒトの叙事演劇のように、道徳的・社会的な内容を持った観念的意味を指し示すのだろうか。画廊や展覧会の案内者・批評家とも異なり、また絵画を縁取る額縁とも異なり、さらに絵画の中で感動しながら主要な人物を指し示し、それによって観客の反応を先取りする付随的な人物とも異なり、デュクロが「最も美しい所」と言う時に、彼女は、舞台の外にも周辺にも立たず、まさに主役として舞台の中心にいる。彼女が注意散漫な観客を罵倒する時、彼女はまさに同時に主役を演じてもいる。そこで彼女が発する「最も美しい所」という言葉は、自らが卓越した技量を持つ俳優であることを自認し、今その瞬間にその技術を最大に発揮していることを宣言し、それに対して観客も集中力を持って注視せよと要求するという、観客への呼びかけとして理解できるのではなかろうか。ここでは観客に対して、道徳的・社会的な意味を受け取ることではなく、俳優の演技の「美」をまさに「美しい」ものとして、つまり観念的な意味に還元することなく卓越した演技としてそのまま享受することが求められていると考えられる。

俳優が演技すると同時に、演技する主体としての自己の芸術的卓越性も同時に明示的に主張し、観客から集中を要求するということが意味するのは、自己の技術を芸術外の価値によって正当化するのではなく、芸術におけるヴィルトゥオーゾ性そのものの自律的な価値を主張するということである。このとき俳優は戯曲からも自由に、「俳優」という社会的な存在とその技術そのものを舞台上に呈示している。このイメージは、『逆説』を西洋近代のミメーシス理論の母体として読むラクー＝ラバルトにおいても把握されずに留まっている。デュクロの観客に対する罵倒のみならず、性格の「音階」をデモンストレーションするギャリックのヴィルトゥオーゾ性にも、芸術外の価値から独立した俳優の自己主張を見て取ることができる。このことを踏まえると、ディドロは実例の次元では、芸術外の価値から独立した芸術家のあり方を捉えていると言える。しかし、彼はこうした芸術家のあり方を理論的に定式化することには成功しなかった。

たしかに、俳優は演技する際に「無感動」であるという「第一の男」の逆説は、演技の技術の現実からの独立性を概念化したものであるが、「第一の男」の議論は、演劇を道徳的教育の手段とみなす（芸術を道徳に従属させ、演技を戯曲に従属させる）立場から展開されたために、破綻せざるをえなかったのである。

●注

（1）本章で論じるディドロのテクストは、以下から引用し、［ ］内の略号で示す。［OE］Œuvres esthétiques de Diderot. Édition par Paul Vernière. Paris（Garnier Frères）1965.
以下の翻訳を参照した。
Diderot, Deni : Ästhetische Schriften. Aus dem Französichen übersetzt von Friedrich Bassange und Theodor Lücke. Berlin und Weimar（Aufbau）1967.
小場瀬卓三訳『逆説・俳優について』、未來社、一九五四年

（2）この点については以下を参照。Erickson, Jon: The Body as the Object of Modern Performance. In : Performance : Critical Concepts in Literary and Cultural Studies vol. II. London and NY（Routledge）2003, pp. 179f.

（3）フィリップ・ラクー＝ラバルト（大西雅一郎訳）『近代人の模倣』、みすず書房、二〇〇三年、七頁。

（4）この立場は周知のように、ディドロ自身が『逆説』以前の演劇論『「私生児」についての対話』で取った立場でもある。「第一級の詩人・俳優・音楽家・画家・歌手、さらに偉大な舞踊家、優しい恋人、真の信心家、これら熱狂的で情熱的な人々は、生き生きと感じ、あまり反省しない（sent vivement, et réfléchit peu）」（OE 104）。ラクー＝ラバルトはこの見解の素朴さを、シラーの「素朴文学と情感文学」における「素朴」の概念と関連づけている（前掲書、二六頁）。

（5）ディドロにおける“distraction”の概念については以下を参照。井田尚「ディドロにおける夢想、対話、演

劇——『ラモーの甥』、『俳優に関する逆説』、『ダランベールの夢』をめぐって」、『仏語仏文学研究』一三号、一九九五年、四七—六七頁。

（6）ラクー＝ラバルト、前掲書、二五頁。

（7）ラクー＝ラバルトはさらに、演劇における模倣は芸術一般の模倣にとって範例的モデルをなすと述べる。「演劇は代補性一般の機能（ないし事柄そのもの）を代表するものであるから、演劇とは普遍的ミメーシスの範例である」。同書、二六頁。

（8）「唯一『特性のない人間』のみが、つまり固有性も特種性ももたない存在が、（自分自身に対して不在で、自分からひき剥がされ自己を欠いた）主体なき主体のみが、一般に現前化したり産出する力を持つ」。同書、三〇頁。

「第一の男」は、俳優は様々な性格を演じることによって自分本来の性格を失うという説は「原因と結果の取り違え」であり、「俳優が全ての性格を演じることに適しているのは、彼らが性格を全く持たないからだ」（OE 350）と述べるが、この点で彼はプラトンによる演劇的ミメーシスへの批判に二重の意味で反論している。第一に、俳優の無性格は多様な演技のための前提であって、演技によって無性格になるのではない。『国家』ではミメーシスが性格に影響を与えることについて以下のように述べられている。「真似というものは、若いときからあまりいつまでもつづけていると、身体や声の面でも、精神的な面でも、その人の習慣と本性の中にすっかり定着してしまうものだ」（藤沢令夫訳「国家」『プラトン全集』十一、岩波書店、一九七六年、二〇二頁）。第二に、演技は知識に基づいて行われねばならず、プラトンのように知識を持つこととミメーシスすることを厳密に対立させることはできない。これについて『国家』では以下のように言われている。「気の狂った人々についても邪悪な人々についても、それが男にせよ女にせよ、知識はもたなければならないけれども、しかしその種の人々のすることを何ひとつ実際に行うべきではないし、真似すべきでもない」（同書、二〇三頁）。

（9）ラクー＝ラバルト、前掲書、四三頁。

（10）ディドロにおける「感受性」概念について詳しくは以下を参照。井田尚「『身体的人間』と『精神的人間』——ディドロにおける二つの感受性概念」、『仏語仏文学研究』、二二号、二〇〇〇年、五三—七〇頁。

（11）ディドロのイリュージョニズムの美学における、「共生」の体験については以下を参照。佐々木健一『フランスを中心とする一八世紀美学史の研究——ヴァトーからモーツァルトへ』岩波書店、一九九九年、一九〇頁以下。

（12）「私にはもう見える、おまえの屍に猛禽が群がって、頭から目玉を食いちぎり、羽ばたきで喜びを表すのが」（OE 344）。ディドロは『イリアス』第二二歌、三四四—三五四行から引用している。

（13）「古代人は悲劇について僕らとは別の観念を持っていたと思う。そしてこの古代人とは、ギリシア人であり、アテナイ人だ。つまりあらゆるジャンルについて、他の国民がいまだに及ばないようなモデルを遺したきわめて繊細な民族だ。アイスキュロス、ソフォクレス、エウリピデスが幾年も励んだのは、夜食を楽しむうちに消え去るような小さくはかない印象を作り出すためではなかった。彼らは、不幸な人々の運命について深く悲しませようとした。同胞市民を楽しませるだけでなく、より良くしようとしたのだ」（OE 344-345）。

（14）ルソーは『ダランベール氏への手紙』（一七五八年）でギリシア演劇の宗教性を強調して、ギリシアの演劇と後代の演劇とを区別している。ルソー（西川長夫訳）「ダランベール氏への手紙」、『ルソー全集』第八巻、白水社、一九七九年、九七頁。

（15）この箇所で「第一の男」は劇場での演技（「悲劇的な事件」（un événement tragique））とサロンでの談話（「感動的な話」（un récit pathétique））とを区別して、後者の単純で自然な語りを舞台に上げればみすぼらしく弱々しく、前者の演技をサロンに持ち込めば、笑いを引き起こすだろうと述べる。

（16）一方でフランス演劇の作為性を批判し、他方で演劇一般の作為性を積極的に主張する点に『逆説』の真の逆説を見る論考として以下を参照。Hobson, Marian: Le《Paradoxe sur le comédien》est un paradoxe. In: *Poétique* 16, 1973, pp. 320-339.

(17) 周知のように十八世紀初頭にデュボスはイリュージョニズムの立場から、芸術では不快な対象が間接的に表現されるために、対象の不快さが緩和され、対象によって情念が喚起されることの快が優ると議論している。しかしディドロの場合には観客に強い共感を引き起こすことが目指されているので、表現の間接性による情念の緩和という論点は積極的な役割を果たしていない。デュボス（木幡瑞枝訳）『詩画論Ⅰ』、玉川大学出版会、一九八五年、二八―三二頁。「悲劇の快」の問題について詳しくは以下を参照。西村清和『フィクションの美学』、勁草書房、一九九三年、第四章。

(18) この点はすでにルソーが力説している。ルソー、前掲書、八三頁。

(19) この理念は特にシラーによって展開された。とりわけ「カリアス書簡」（一七九三年）の以下の一節を参照。「私はこの美しい交際の理想として、巧妙に、そして錯綜した身振りで踊られるイギリス舞踊ほどふさわしい譬喩を知りません。客席から観客の見るものは、目も綾に交錯し、その方向を生き生きと意のままに変じながら、しかも決して衝突することのない無数の動きです。〔…〕全てが互いにまことに巧みに、しかし同時に無技巧的に適合されていて、各人はただ自分の思いのままにしているようにみえながら、決して他人の邪魔をするということがありません。これこそ主張される自己の自由と、大切にされる他者の自由というものの最適の象徴です」（シラー（石原達二訳）『美学芸術論集』、冨山房百科文庫、一九七四年、六八頁以下）。

(20) たとえば、女優が演技をしながら美男を探して客席を物色する例、あるいはヴォルテールの『セミラミス』の中で、母親を刺し殺し恐怖に駆られる演技をしている俳優が、女優が舞台に落とした耳飾りをこっそり足でどける場面（OE 336）。

(21) 「この演劇的瞬間を『最も美しいところ』と呼ぶことによって、デュクロはこれを空間的に浮き立たせ、絵画化する。しかし絵画的効果が生じるのは彼女の舞台外的な介入によって媒介され触発されることによってのみである。自らをタブローの外におくことによって、デュクロはタブローを指し、効果を始動させる」。Lojkine, Stéphane : Le langage pictural dans le *paradoxe sur le comédien*. In : Cahiers Textuel No. 11, 1992, pp. 91-92.

（22）ロラン・バルト（沢崎浩平訳）『第三の意味』、みすず書房、一九八四年、一四三―一五四頁。

（23）Lojkine, *op.cit.*, p. 99.

第十一章　「絶対的な事実」と「ことば」

――保田與重郎の芭蕉論を中心に

坂口周輔

はじめに

保田與重郎にとって芭蕉は特別な存在である。若干二一歳の時点で「芭蕉襍俎」（一九三〇）を発表し、それから数度にわたって芭蕉について論じている。保田が中心的役割を占めた同人雑誌「コギト」の昭和一〇年一一月号を芭蕉特集号とし、そこで発表された芭蕉論では、現実の生活を容認することも宗教へ逃避することもせず、幾度の旅のなかで芸術を創造しなければと決意をせざるを得ない近代人芭蕉の悲劇性を論じている。同時に、自然のなかに自然をみることのないというイロニーを芭蕉のなかに見出すのだが、このような英雄（天才）と悲劇、そして悲劇としての勝利というイロニーの概念は、ほぼ同時期に書かれ『英雄と詩人』（一九三六）に収録されることになる正岡子規論、ヘルダーリン論などにも共通する。若き日の熱意を伴った批評精神によって、日本の近世、近代、そして西洋の詩人を幅広く論じていた保田はだが徐々に日本の古典へと傾斜していくことになるのだが、そういったなかで特に保田の芭蕉観において注目すべきことは、芭蕉と後鳥羽院の接続だろう。保田がドイツの文芸批評家グンドルフの影響下のもとに日本の文芸固有の系譜・伝統を構想したときに、[1]その系譜の発端として後鳥羽院を位置づけると共に、それを芭蕉から遡及したかたちで論じているのである。そのため、芭蕉を、後鳥羽院の系譜を守ろうとした最後の人として任じることになるのである。そして以上のように幾度か論じた芭蕉論を総括する形で、一九四三年、日本思想家選集の一冊として保田は『芭蕉』を刊行している。それまでに、『戴冠詩人の御一人者』(一九三八)『後鳥羽院』(一九四二)『万葉集の精神』(一九四二)などを立て続けに世に出しているのだが、これらはどれもそれまでに発表したいくつかの論文を一つにまとめたものであり(書下ろしも部分的には含む)、論の対象も幅広い。これらに対して、『芭蕉』は全編書下ろしであり、対象も芭蕉という一人の作家にしぼられている。『芭蕉』は、保田にとって戦前、戦中時代の最後の代表作であるという[2]こともできるだろうが、戦局が日本にとってますます厳しくなる当時にあって、後年保田批判の一根拠となる時局に乗じた戦意鼓舞の文章を書き散らしながらも、保田が江戸時代の一俳人について新たに書き下ろすことの意義は何だったのだろうか。確かに、『芭蕉』ではそれまでの芭蕉論と比べて、芭蕉を「民族の詩人」と形容し、「日本の道」「皇神」「神話」などといった当時の時局を反映した国家主義的色合いの強い修辞に満ち満ちている。ただし、本論では、この作品を時代状況と照らし合わせながら分析することを中心としない。それを踏まえつつも、『芭蕉』を保田の展開した文学に関する論理の一つの終結点として仮定し、芭蕉観を軸とした思考の変遷を検討していくことにより、保田における古典を「読む」ことの意味を導き出すことが目的である。『芭蕉』は、保田が文章を書き初めた若い時期から『芭蕉』が出るまでの約一三年間、この多感な時期と日本をめぐる未曾有の状況において、保田がマルクス主義、ドイツロマン派、国学といった複雑な知的変遷を経てきた一つの結果である。保田の芭蕉論は、その初期の芭蕉論から辿れば、保田のこのような戦前、戦中の知的変遷[3]全体をカバーするものなのである。

1　詩人のレアリズム

さて、保田は『芭蕉』の「はしがき」とそれに続く「祭と文芸」の章で、激烈に西洋の思考を排除しようとする。西洋の思考とは保田によれば概念的な美学による合理的な判断である。西欧流の文芸理論や思想論を芭蕉に応用するということは日本文学を西洋の植民地にするということであり、そのような国際概念は空虚である、と論じられる。この対比は、歴史と国家論にも及ぶ。西洋の国家主義を、「体系を作り、その必要として神を要請し、神話を立てて、こゝに世界観を作る」（一八頁）[4]イデオロギーとしてみなすのである。この俎上に載せられている国家や神話の主役が、この少し後でより具体的に「独逸人」であると明記されているのだが、保田は、『芭蕉』発刊前年の昭和一七年に刊行された、より国家主義の色合いが強い『古典論』の「文芸の古典性」という章の最後で、同じ様な語調、文脈で西洋と日本（国学）を比較している。さらに、この文章にはただの西洋の知性批判だけでなく、「現れ」についての比較考察が見受けられる。

人の教へといふものと、神の教へとは、我が文芸を考へる上では区別すべき眼目である。古の道では神の教への現れを言霊の風雅と考へ、人のいふ言論を言挙と考へた。理を説くことは殺すことだと、真淵も云つたが、古い智識にもとづく理屈によつて、生れてくる偉大の形を予め決めようとすること

は、それを殺す結果となる。(5)

この数行の後に西洋への言及が行われる。

たゞドイツは、すでにゲルマン神話を建国根底とした神国でなかつたから、その思想を立てつゝ、人工を尽した体系の大を誇り、示威文化を考へねばならなかつた。(6)

人のいう言論による理、つまりロゴスによる秩序だった論理体系が、現れという現象そのものよりも、その痕跡となるはずの形をすでに措定してしまっているという事態を、「人工」としてドイツのゲルマン神話、そしてそれによる国家形成のなかに読み取っている。したがって、ドイツはそもそも「神国」ではないのである。これに対して、保田は、日本の神道の古の道において「しば〳〵巧まない形で、神のをしへが現れてゐる」と論じており、この形なき「現れ」の契機となるものが国学の流れをひく註釈なのである。古典を註釈するということは、「天造の国がらの絶対の事柄」（一八頁）を註釈することと同義であると述べられており、『芭蕉』もこの「現れ」を目的としている。

明治以降、文明開化の論理によって輸入された教養による芭蕉観は、「時務に役立ち有効なやうに見える思想を外に求め、それに立脚する合理的判断によつて、芭蕉伝説の外相の分析を始め、外のものによつてはかることの出来る範囲で内を規定した」（一二三頁）のであるが、この例として小宮豊隆と芥川龍之介が挙げられている。とりわけ小宮豊隆は、大正初期に生じた世界的な芭蕉俳句再評価の一翼を担った一人である。エズラ・パウンドやエイゼンシュテインにも影響を与えた俳句は、当然日本でも熱心に研究され、特に歌人太田水穂を中心とするグループが芭蕉俳句の可能性を追求した。[7]このグループに小宮も含まれていたのだが、保田が彼を批判する点は、分割による歴史という方法論である。

「野ざらしの旅」の章で、芭蕉の心境と作品において貞享の以前と以後に一線を画すかどうかという議論が扱われているのだが、古来の芭蕉論にも近代のそれにもこの貞享時代に一つの転機を見るという観点は共通しているにも関わらず、やはり保田は小宮も含まれる近代の芭蕉観を批判する。それは近代の芸術観という方法論に基づいて芭蕉の作品を抽出することによって生じる分割だからである。保田によれば、外部からの分割ではなく、常に、内側の生成をそのまま見てとらなければならない。「詩人のいのちは歴史だ」（五〇頁）という言葉には、まさに、「外」である抽象や概念ではなく、詩人に内在する歴史＝生そのものを看取しなければならないという決意が込められている。このため、保田の分析対象は当然テクストそのものではなくなる。

我々の芭蕉復興にとつて第一義に大切なものは、「野ざらし紀行」の作品ではない、その作品を文芸学的に分析することによつては、決して作品にあらはれてゐる第一義の詩人の骨肉にやどる生命は脈うたぬのである。我々が、文芸の上で何ごとかを将来に期して芭蕉をよむなら、最も素朴に野ざらしの旅自体の方を眺め、この旅の意義を考へるとよい。（五四頁）

「野ざらしの旅自体」を眺めるといっているが、これは決して深川の草庵を出発して伊勢や自身の故郷である伊賀など様々な土地を巡る芭蕉を伝記的に語ることではない。そうではなく、「相手の絶対的な事実をみて、己の現実の創造生活を念ずる者の立場を我々は確保するやうにせねばならぬ」（四一頁）のであり、つまり、芭蕉が「風雅生活の根源となつた現物の歴史と風景」（三九頁）を通して、眺め、感じ、味わった心のうちを対象としてとらえなければならないのである。「現物の歴史」と向き合う詩人の「絶対的な事実」という表現に保田の強固な意志が伺われるが、この意志のうちには若い時期から培ってきた存在論的文学観が潜んでいる。詩人の「絶対的な事実」とは、保田がかつて熱く論じた「レアル」のことである。

一九三〇年に発表された「芭蕉襍俎」では、芭蕉は実にブルジョアジーへ浪漫的反抗を行う「プロレタリア詩人」として語られている。マルクス主義とりわけ中野重治の影響を受けた保田は、詩人を元禄時代の封建社会という歴史的社会的枠組みのなかに位置づけ、そのブルジョワジーの支配する陰鬱とした現実に対する浪漫的反抗詩人としての像を芭蕉のなかに見出す。そして、現実の否定として芸術至上主義に至る芭蕉の姿勢が、その現実を凝視することから始まることから、芭蕉を現実と理想のあいだの矛盾のなかで感傷に浸る悲劇的なレアリストとして論じるのである。そして、保田はこのマルクス主義に彩られた習作以降、レアリズムの概念を軸として己の批評の価値基準を練っていくのだが、その行程において、プロレタリア対ブルジョワジーという階級闘争を前面に押し出すイデオロギー的な側面を消し去っていくこととなる。社会主義―レアリズムという当たり前かのような両者の結びつきに疑義を呈し、この結合の政策論的な方法以前に、レアリズムそのものを論及しなければならないという。(8) ただし、保田は、マルクス主義から得た、作家という個人に先立つ構造的枠組みへの視線を棄てることはない。

作家は個体であると共に、全精神文化の既得関係の一点に立つ上から全体的な関係を荷ふ。作家の精神はかゝる強き強行の意志と、反省の中に苦悩する。レアルが作家の精神だといふ。まさに正しい。しかも作家は具体的に本質的にレアルを追求せねばならぬ。そこに道がある。レアルはたゞに表面的なもの、日常的な外観でない。日常を分析した底に、その深き底にある真実であらねばならぬ。(9)

レアルとは、ある現実を体験したことそのものの意識、つまり「生(Leben)」である。長沢雅春氏は、この点におけるディルタイと保田の結びつきについて詳細に論じている。それによれば、ディルタイのいう生とは、ある秩序体系のもとに合目的的に連関し合っており、あらゆる文化の諸形態や社会的組織に関係している内面的直接経験である。したがって、文学や芸術とは、作者が、己が歴史的社会的存在者であるということを存在論的に了解し、その了解によって生を客体化することなのである。(10)保田は、経済的な観点から捉えられた生産—生産力関係という構造のさらに深くに「生」という体験、いうなれば出来事そのものを見出そうとするのである。ただし、この出来事はあくまで個人の主観を前提とする。個人がかかえる「意識しない個性的な立場」(11)は、まさに個人の「反省」によって明らかになるのであり、現実によって主観内に引き起こされる出来事そのものが芸術という形象をともなって昇華されるわけである。ただし、レアルのためには、日常的な外観ではなく、日常を凝視する己の内の生そのものを表現しなければならないということは、長沢氏も指摘するように(12)、当然、言語の表象に関する問題が浮上してくる。主観、客観という二項の構図に立つ限り、主観の内奥が言語を媒介にしてそのまま表象=客体化されるという保証はどこにもない。保田は、「生」の審級へと目をそそぐとき、必然的に、そして逆説的にもその「生」の言語化＝表象不可能性へとたどりつく。

彼は作品を書かねばならない。彼は生とその理解を語らねばならない。更に彼は芸術品をして「生の理解の器官」（デイルタイ）たらしめねばならぬ。――それは作品に於て客観的に。最後に、なほ彼は作家として、歴史的社会的存在者である。ともあれ現実と作品との間に於て作家の意識に生じる裂罅は実に言語性格そのものにある様に思はれる。その理由は、文章は畢竟認識形式を作る場合形式論理学の範疇を破り得ない。しかも文学の本質的特色は実に思惟された概念の記述でないことである。形式論理学的なる認識形式（文章）は実に思惟の運行（観念）にめざましく力をもち、しかも芸術は存在の記載であらねばならないからである。(13)

ここで述べられている「作家の意識に生じる裂罅」をより詳細に語るというかたちで、保田は「作家の危機意識と内在の文学」（一九三二）において、「示したことばそのものが、作家の意識中の作品の全貌の通りの真であるかと問ふ作家意識の危機感」について考察している。例えばギリシャ悲劇では、作家の危機意識による苦行の最終叙述として、流動する精神が言葉をもって固定化されていると論じられている。なぜなら「ことばは殺された存在」であり、「固定してゐる性格」を持ち、「固定した原板に、流れの瞬間の静を映し得ても、流れを写すことは困難以上の不可能事と考へられ」るからである。この限界に直面するところに作家の悲劇性を保田は読み取っているのだが、しかし、作家は、外（外観描写）へも内（内面描写）へも逃避してはならない。主観の客体化あるいはその逆という弁証法を望むとしても、その弁証法の過程に生ずる「ためらひ」を追求しなければならない。つまり、言葉から遡及する形で作家の意識を問うのではなく、作家がその言葉の使用を決定した意識そのものを問わねばならないのである。保田は魂の記録としての「ことばの確立以前の世界」[14]へと辿りつく。この世界を絶望的なまでに表現しようとした作家としてニーチェやヘルダーリンが挙げられているのだが、しかし、この表象不可能なものを表象しようとする試みの限りない困難さに対する保田の明快な回答を得ることはできない。保田自身も指摘しているように、言語への懐疑という危機意識から出発し、その危機を自覚することが「ためらひ」であったとしても、その「ためらひ」の過程を表現しようとすればたちまち言語への懐疑に再度捕らわれるしかないという循環論へと陥ってしまう。長沢氏は、この作家的危機意識がもたらす絶望的な認識が、保田のヘルダーリン論「清らかな詩人」（一九三四）や保田の初期小説において見られる自己分裂や発狂へとつながり、そしてまた自己と現実の対立がどうにもならないことを自覚したときに「イロニー」という用語が乱用されていくと論じている。この指摘は正しいだろう。だが、語られた言葉に対する懐疑と、「反省」する主体の発狂、この現実に直面した保田は、文学の営みという重責から、主体と言葉を解放することになるはずである。主体―客体という構図が発狂あるいはイロニーへと至るならば、この構図以前へと目を向ければいいのではないか。

> 「我惑はず」といはれるものは、絶対に主体といつた概念から発言するのではない。発言さすかの最高の力にぢかに武者ぶりつく態度を僕は希望する。そこではもはや主体でも客体の真でもないのだ。

ある限りの真実であらう。[15]

たとえ、イロニーが主体でも客体でもないという未決定の状態を俯瞰する超越論的主体を措定するということだとしても、「発言さすかの最高の力」がそのような主体性を基盤とすることに限界が来るだろう。保田は、ギリシャ悲劇についてこう述べていた。「語る人間よりも、語られたことばに重点がおかれる。ことばは語られたことばを以て至上の意味をもたされた」[16]。ギリシャ悲劇に端を発する旧来の文学が「語られたことば」であるなら、保田の見つめる文学の未来において、「語る人間」、しかもその人間の主体性がゆらぐとき、語るという行為そのものが保田にとっての文学の可能性とならないであろうか。『芭蕉』のなかの「現物の歴史」と向き合う詩人の「絶対的な事実」という保田の主張には、レアリストであるべき詩人の像は変わらず受け継がれているが、しかしながら、そこに「現物の歴史」という初期保田には見られない発想が加わっている。現実と直面する主体が主体であるからこそ蒙る困難を回避するために、主体を歴史に回収してしまうこと。この試みにより保田は表象の危機を回避しようとするだろう。[17] 保田が古典へと目を向けるのは、奈良県桜井市という自らの出自から発する日本の故郷としての大和への憧憬的な眼差しからだけではない。古典を読むことが、主体を超越する歴史を浮上させるのである。

2　歴史の発見／発明

保田が徐々に日本の古典へと傾斜していくのは、一九三五年に「日本浪曼派」が創刊されて以後である。[18]
このときに「コギト」に発表された「芭蕉」は、冒頭でも述べたとおり、芭蕉のなかに現実と理想のはざまで芸術創造を決意する近代人の悲劇を見ている点では、これまで論じた保田のレアリズム論の範疇を出るものではない。しかし、保田によれば、この昭和一〇年に発表された「芭蕉」を書く際に芭蕉の全著作を通読し、そこで後鳥羽院を発見したというから[19]、この作品を芭蕉が後鳥羽院と接続される契機として捉えることはできるだろう。つまり、芭蕉を歴史上に位置づけるとは、芭蕉と後鳥羽院を日本文学の系譜上で結びつけることなのである。その試みは、『後鳥羽院』に収められている三つの論文「日本文芸の伝統を愛しむ」(一九三七・二)、「芭蕉の新しい生命」(一九三七・四)、「近世の発想について」(初出時「芭蕉と蕪村」一九三八・四)にとりわけ集約されるだろう。

「日本文芸の伝統を愛しむ」において、保田は文芸の流れの集結点を後鳥羽院に定める。後鳥羽院による新古今調の相聞機智の連想形式は、大伴家持のサロンによって育まれた相聞歌を受け継いだうえで、それを頂点において統一したものであるという定式を軸としているのだが、さらにこの軸は「至尊の流れ」を源流として持っている。これは、上代、神と人が同一であった「同殿共床」の世界において、日本武尊において歌われた古代的英雄の詩である。保田が「戴冠詩人の御一人者」(一九三六)で示したように、この「同殿共床」の世界は日本武尊の言挙が引き起こした悲劇によって終わりを迎えるのだが、この「至尊の流れ」は賀茂真淵がいう「丈夫ぶり」によって継承されていくのである。このようにして後鳥羽院は「古代の復興者」、「決意の行為者」、「伝統の醇美の防衛者」と仰々しく表現され、そして、この後鳥羽院の成した連想形式は、芭蕉による俳諧の連想形式として受け継がれるのである。以上のように、保田は、日本武尊を源流とし、後鳥羽院を経由し、芭蕉にまで至る日本文芸の血統を構想する。ただし、ここに保田の独自性が際立つ。というのも、後鳥羽院による連想形式は西行の発想による影響があり、これを俳諧の精神とすることにより芭蕉の源流として認めるのだが、このような西行―芭蕉という通説よりも、保田は後鳥羽院―芭蕉という流れを強調するのである。つまり、西行から芭蕉に至る流れに後鳥羽院を差し込むことによって、芭蕉の源流に皇統の系譜を接ぎ木するのである。[20] したがって、保田が示す文芸の歴史は、相聞歌の連想形式から俳諧の連想への脈流という文芸の形式を第一の根拠として生成されるものではない。だからこそ、芭蕉を、西行ではなく、後鳥羽院に接続することができるのである。保田がこの両者に見出すものは、「語る人間」である。この語りはもはや冷静に言葉として表現されるものではなく、言葉以前の叫びである。

院は隠遁者の道によつて自己の天才を開くまへに、醇美の国風の防衛のために、変革を行ふ義務と信念があつた。そこに於て院の遠島の歌には、至尊の丈夫ぶりと、地下の人々の呻きをともにもつてゐた。しかし芭蕉の末期の嘆きも、荒野をかけめぐる夢に困苦する孤独者のこゝろである。[21]

この歴史のなかから発せられる声は、保田がかつて論じた、言葉による表象の一歩手前でためらう主体の悲劇から発せられる苦行の呻きと同等である。現実と向き合う主体のなかに流れる生そのものを捉えることが真なる現実であり、それを言葉という媒体によって表象＝再現しなければならない。「院の名歌の悲しみは、歴史への決意が阻れた日の、大仰な英雄の悲しみである。島の最初の日にも『われこそは新島もりよ』と真向な至尊のことばであつた」[22]と語る保田にとって、後鳥羽院の現実とは承久の変革の失敗であった。この失敗による隠遁を、西行の満足を見出す隠遁とは異なるものとし、「西行に歌はせたいほどに、院には痛はしい悲劇」(23)とみなすのである。これが、芭蕉の孤独な旅とつながる。しかし、「日本文芸の伝統を愛しむ」においては、芭蕉の「柴門辞」における後鳥羽院への言及(24)を根拠とするものの、やはり、相聞歌の連想形式から俳諧の連想形式への移行という、文芸の形式上の脈略に論の重点が置かれてしまっている。日本文芸の血統を折口信夫の「女房文学から隠者文学」（一九二七）の影響下のもとに構想しているることも保田の目指す歴史の像を見えにくくしているのかもしれない。まさに保田自身が外部から血統を把握してしまうという形式主義へ陥ってしまっている。そこで保田は一年後に発表した「近世の発想について」でさらなる論の深化を試み、自らの方法論を語る。それは保田がマルクス主義から学んだ、事象の前提そのものである構造的枠組みを追究する方法論である。

「西行風の遁走」から語り始める保田は、この「遁走」から芭蕉への脈絡に、俳諧の精神や隠遁といった形式的な言葉をもはや使わない。「芭蕉にとつては鴨立澤に佇む西行の絵姿は、単に後世のやうに閑寂とか隠遁とかいふ抽象で考へられたのでないわけである」(25)と述べ、形式的なものが生まれる母胎に目を向ける。

鴨立澤の西行も、山里の庵も、巷の茶室もすべて写生論世界のものではなく、問題はその発想にある。遡つて万葉初期の山水自然への発想を考へるのも必要である。芭蕉も歴史として又血統としての西行的遁走に発想のシステムをつかんだのである。(26)

「写生論世界」とはいうまでもなく事物が言葉によって表象された世界である。これを基盤とした批評は芭蕉の作品のなかから「世界観」や「人生観」を抽出するだけである。文芸批評が求めるべきなのは、言葉による表象の一歩手前の状態である「発想のシステム」なのである。これが保田の追求してきたレアリズムではなかったか。「発想のシステム」とは、ある事柄が起こり、それに触発された作家が小説なり詩なりを制作するといった、事柄──（作家）──作品という因果関係を暴くことではない。このような因果関係はすでに表象体系に囚われてしまっている。社会環境から作家を規定するといったマルクス主義の唯物史観もこの点で否定されている。ただし、「発想のシステム」を捉えることは当然容易ではない。保田自身も「発想と連想を一そう骨組に洗つて一の血すぢをみる方法は、実のところ困難である。この困難には色々の原因が多いのである。発想や連想の具体についての説明は、法式書の中にも記されてないのである、又同時代人は決して語つておかないのである。作者自身も語つてゐない[27]」と、この困難さを認めている。しかし、だからこそ保田は歴史を要請したのではなかったか。そもそも主体──客体という構図が表象（象徴）体系の内部で成立するならば、その表象体系の基盤となる言語がゆらいだ時点で、主体そのものが解体するはずである。主体でも客体でもない真実を求めていた保田がたどり着いたのが、表象体系の外部に位置する「歴史」であったことは必然であったかもしれない。この「歴史」は、個々の作家を一つの血統のもとに回収してしまう。ここにはもはや「人間性」はない。

客観主義者子規の考へた趣味の高尚は、外形の連想論であつた。そこから彼の写生論が生れた。芭蕉の変革にとつては連想より発想が重要だつたのである。即ち関心の純粋な操作を発見した。その発見の表現のためには、慟哭のやうな派手な身ぶりが──以前の放埒に代るやうな新しい身ぶりが必要だつたのである。〔…〕詩を宇宙と人間世界に放散させた瞬間に、詩人は個性を超越して、歴史の中の悠久を信じ、模倣と独創の境界などすでに考へずともよい。もう誰も意識しない古典復興の象徴性が、初めて彼の心に描かれたのである。それは思想でなく発想としてである。(28)

つまり、言葉から言葉以前の世界への遡及の試み、これは個人からそれを内包する歴史へ超越する運動とパラレルである。そして両者はパラレルでありながら、相互を補い合っている。なぜなら、芭蕉個人が悠久の歴史のなかへ超越することを保証するものが、芭蕉とともに発せられる後鳥羽院の「慟哭」つまり声あるいは叫びだからである。芭蕉が言葉にならない慟哭を発した時点ですでに芭蕉と後鳥羽院は慟哭という声に回収されてしまっている。「文学を考へるものからいへば、詩人が心をこめて云ふことばは、一つないし多数のことやものの結果でなく、つねに原因である」と保田は述べるが、原因としての「ことば」とはすでに何かを表象する記号としての役割をはたすことはない。それはもはや意味をもたない。

保田は、昭和一八年の『芭蕉』において「何の木の花とは知らず匂ひ哉」（五九頁）という芭蕉の句を引用し、この句に註釈を加えている。この句は、貞享五年二月四日、芭蕉が伊勢神宮の外宮に参拝したときに詠まれ、「笈の小文」にも採録されている句である。西行の「何事のおはしますをば知らねどもかたじけなさの涙こぼるる」とこれも伊勢神宮で詠まれた歌が踏まえられている。なにやら分からない木の匂いが、神前に拝したときの言い表しようのない感情へと通じるという句だが、保田は、この句の読解に写生批判を盛り込む。「心眼をひらいて神を拝し、心の内外に神を見るといふ思想は写生論にない」（同頁）とし、写生論における神は人工の観念であるのに対し、「神異」とはそれを絶するものなのである、という。さらに、保田の註釈で重要なのは、句の異同に個体の解体を読み取っていることである。先の句が、「何の木の花とも知らぬ匂ひ哉」と改められたことに関して以下のように論じている。

> 私はこの句は、この形で伝ふべきだと考へる。
> 尤も芭蕉のころは文法が明確でなかつたから、一般には云へぬが、こゝは私の考へでよむのである。西行の名歌は、「何ごとのおはしますかは知らねども」であり、芭蕉の発案といふのは、「花とは知らず」である。これらの両者には已のわたくしの判断と主張が、なほかすかに云ひ廻しの中に感じられる。「花とも知らぬ」と改めた時に、身一つの内外の区別感は御大前で消滅してゐる感がする。最もすなほだといふ感が起るのである。そして写生論ではこの心境の差を云々し得ぬといふことを私は申したい。（六〇頁）

「私の考へでよむ」と書かれているように、この註釈は恣意的な判断でありすぎるという誹りも免れ得ないかもしれないが、この保田の読みを従来の読みと比較検討しても意味はない。保田によれば、芭蕉の初案の句と西行の歌は「わたくしの判断と主張」が反映されてしまっており、言い換えれば個性が露見していることになる。これらに比べて、芭蕉の改作では、この個性が保田のいう「神」の前で消滅してしまう。写生論の否定から、個性の消滅という展開は、まさに我々が今まで追ってきたところであるが、この註釈で明らかなことは、主体が回収される場として「神」が措定されているということである。保田が、日本文芸の伝統の源流を日本武尊が歌った上代における「同殿共床」の世界とし、その伝統の媒介―中心地として後鳥羽院を置いた当然の結果として、天皇＝「神」が要請されるのである。

しかし、保田は「芭蕉の新しい生命」や「近世の発想について」あるいは『後鳥羽院』の中心的論文である「物語と歌」（一九三九）では、芭蕉を「近代の英雄」と述べたり、「天才」や「イロニー」という言葉も散見されたりする。昭和一〇年代前半では、芭蕉や後鳥羽院は江戸の封建社会、承久の変革など現実に直面した悲劇の詩人として扱われているのである。いまだに「英雄と詩人」の流れを受け継いでいるともいってよいかもしれないが、この時点では個々の詩人が各々同時代の文脈のなかで苦悩する悲劇を超越したものとして「歴史」が考えられていた。それは、まさに主体が苦悩するという近代的構造を前提としており、その主体の苦悩の引き起こす必然的な自己解体が「神」という「歴史」を要請したといってもよい。だが、昭和一八年『芭蕉』ではその「歴史」の比重が大分違ってくる。例えば、「柴門辞」と並んで、保田が注目するのは「幻住庵記」の一文である。

　つら〳〵年月の移りこし拙き身の科を思ふに、ある時は仕官懸命の地をうらやみ、一たびは仏籬祖室の扉に入らむとせしも、たどりなき風雲に身をせめ花鳥に情を労して、暫く生涯のはかり事とさへなれば、終に無能無才にして此の一筋につながる。（七五―七六頁）

保田は、「柴門辞」の「其の貫道するものは一なり」とつなげることにより、「仕官懸命の地」と「仏籬祖室の扉」という両極のはざまに身を置きながら、それでもなお「中間」（一一六頁）の「一筋」へとつながろうとする芭蕉に「国風詩人の歴史」を見てとるのである。さらにこの点を軸に後鳥羽院へと遡及する。隠岐で詠まれた歌「ものを思へば知らぬ山路に入らねども憂き身にそふは時雨なりけり」（七六頁）を引用し、この歌に「皇神の道を念じて、世を思ひ民を憐れまれる大御心」を読み取る。保田によれば、後鳥羽院は、宮廷で生じた「もののあはれ」と隠岐での「わび」という二つの美の概念のあいだにある「深い一貫する道」を知ったというのである。この「中間」の場は、弁証法による止揚の場ではない。保田は『芭蕉』のなかで執拗に弁証法を批判している。むしろ二項が背反するようなかたちで共存するとしても、あえてそこに踏みとどまろうという境地である。これは、保田が「作家の危機意識」とよんだ状況と似ている。主観と客観のはざまで決定することを回避する「ためらひ」である。だが、決定的に違うのは、『芭蕉』における「中間」の場が、すぐさま「歴史」へと直接的に連結されてしまっている点である。つまり、「中間」の場とは、一筋の「歴史」または「皇神の道」へと収斂してしまうのである。このことは、『芭蕉』において「イロニー」という言葉が一切使われていないということと関係するだろう。もはや芭蕉は、主体―客体という構図にからめとられながらもそこから作品を生み出そうとする悲劇の近代人ではない。では、「芭蕉の新しい生命」や「近世の発想について」と『芭蕉』のあいだに何があったのか。昭和一三年と昭和一八年のあいだに、当然我々は、日中戦争の拡大そしてアメリカとの開戦という事実を見出すだろう。だが、保田は「今日のやうな、わけてもたゞならぬ日」（一一一頁）に芭蕉について語ることで「大安心」（同頁）を覚える。禍々しい戦局のなかで日本本土への空襲が始まるという国家最大の危機を迎えている日の「大安心」とは、もはやイロニーではない。

3 〈リアルなもの〉＝神

『後鳥羽院』刊行（一九三九）あたりを境にして、保田の思想そして文体に変化が生じたということはすでに多くの人が指摘している。この変遷を考える上でとりわけ重要とされるのが、「文明開化の論理の終焉について」（一九三九）と「我が最近の文学的立場」（一九四〇）である。この二つの論文における保田の立場の変移は、まさに芭蕉観の変移をそのまま集約しているかのようである。「文明開化の論理の終焉」では保田は知性主義としてのマルクス主義と、そこから転向するかたちで生じた日本主義を断固として否定する。日本の文明開化の最後の段階としてマルクス主義を位置づけ、日本浪曼派を「次の曙への夜の橋」と例える。日本主義はマルクス主義の裏返しに過ぎない。ここで、保田は「デカダンス」の名の下に、あらゆるイデオロギーを排除するかのようだが、しかし、その根拠として、保田は再び、知性としては捉えられない「現実」を持ち出す。

今日の現実をうつすべき文学は、もうマルクス主義の文芸の日に於けるやうな、一種の垣の内の温床にいたはられず、又その文学の内包する現実も、マルクス主義文芸に於ける如く整理された知性的現実でない。(29)

唯物史観を基盤として科学的方法論を唱えたマルクス主義のなかに「知性」の登場を認め、生産力と生産関係という構造を持つ現実を「知性的現実」として捉えるのだが、そのようなものはそもそも「現実」ではない。「現実」とは、西洋的知による「世界分割」の論理を超えた「矛盾と混沌」なのである。だが、言語そのものが「知性」であり世界の分節化であるならば、図らずも保田はここでも言語表象への不信を表明してしまっている。ゆえに、保田は「文明開化の論理の終焉」を叫ぶばかりで、「次の曙への夜の橋」の内実を語ろうとはしない。しかし、その先には何もないと知りながら全てを排除しようとする姿勢こそが「イロニー」なのであろう。そのために保田はこの論文の冒頭で「日本のイロニー」あるいは「イロニーとしての日本」なるものを表明するのである。この段階ではいまだ「イロニー」としての姿勢は崩されていない。

だが、この一年後、保田の態度に変化が見られるようになる。「我が最近の文学的立場」において、保田は「次の曙への夜の橋」であるはずの日本浪曼派の運動の限界を自ら語る。「我々の文化擁護運動の十年間の歴史は、古色蒼然となる方法論を擁護する運動にすぎなかつた。それらの方法論はつひに現実に対するどんな方法ともならなかつたのである[30]」とする保田はリアルであるからこそどうにもならない「現実」を前にして己の運動の主体性を放棄する。この「現実」を前にしては「イロニー」は「現実」のもつ「混沌」に飲み込まれてしまう。

すべてのイロニーは二つであるが、別々の二つでなく、一つの混沌の母胎である。[31]

二つのものの矛盾を前にしてどうにもならない結果その解決を回避するという「イロニー」は、結局「混沌」しか生み出さない。現実に立ち向かう主体があってこそその逆説として成立していた「イロニー」は、主体が現実への積極的なコミットメントを諦めた時点でその効力を失うのである。このような強大な「現実」とは何か。それは「事実」としての「歴史」である。

私はものを系統だてることに、方法論の代りに事実を知つた。しかもこの事実は今の私にとつては歴史であり、従つてそこまで抽象と現実がすでにとけあつて了つたものとして、同一地盤をもつてゐると思はれる。これは私に何かの歓喜に近いものを与へた。そこでは現実を抽象する準備作用も必要なく、又抽象によつて現実をさぐる必要もない。(32)

つまり、先に見たように「歴史」において主体は消滅する。主体が消滅することによって、現実を言語によって抽象＝表象する必要がなくなるのである。しかし、この表象体系からの回避はすでに後鳥羽院から芭蕉への血統を構想する際に試みられたはずである。したがって、我々は、昭和一三年と昭和一八年のあいだの重要な変更点を「我が最近の文学的立場」に置く根拠として、保田の論理の転回を見るのではなく、主体―歴史から歴史―主体という順序だての逆転を認めればよいのである。

ものを系統だて、ある体系を作るといふことに、私は心労を味はなくなつた。系統はおのづからあらはれると思はれるに到つた。しかも私は日本の体系といつたものを考へたいと云つた。しかしそれは向うから歩いてくると思ふ。否むしろ歴史の公道を永遠に歩いてゐるものだ、たゞ今日の粧ひだけを私は文学者の感受力で見ればよいと思ふ。私はどういふ努力が、それにめぐりあふかという点に関して、理論の代りに神秘的な一つの安心をもつてゐる。(33)

『芭蕉』の「大安心」と「神秘的な一つの安心」とは同義である。これは、自己を追究していくうちに自己の無まで到達してしまうといった「デスパレート」な状態ではなく、知性＝表象体系からはずれた、すでにつねに主体なき場、あるいは主体の発生する以前の場の安心感であるといえるだろう。このような安心感が「語りつぎ云ひつぎゆかん」[34]という「消極」の立場を語らせるのである。

『芭蕉』では、芭蕉のいう風雅は、例えば斉藤茂吉のいうように、一木一草を実相において眺め、それら対象と自己が一体化する境地において写生―具象化するという実相観入といったものではなく、対象から無限の道としての歴史を考え、そこから詠嘆と慟哭を発するものであるとされる。つまり、世界のあらゆる表象と自己を結ぶ「生」を認識し、自己を歴史的社会的存在者として自覚するといった保田のかつての発想はもはやここにはない。表象不可能性に突き当たるしかない「生」は、表象不可能でもよいというなことばでしか云ひ難いもの」(一三七頁)であり、「形でないが、形として現れる」「歴史という道」(一〇七頁)は、「おぼろげ「安心」に支えられた「歴史という道」に置き換えられる。したがって、「歴史という道」は、「おぼろげなことばでしか云ひ難いもの」(一三七頁)であり、「形でないが、形として現れる」(一〇七頁)ものなのである。それは、「彼[芭蕉]にあらはれた歴史」(八二頁)である。

芭蕉は、それをたゞ風雅の方のことばで云うただけで、歴史のことばを抽象的に云ふ思想としては、殆どこれを説かず、すべては己の生涯の沈痛の哀歌と慟哭の中に表現し、たま〳〵その語録の中に、なぞのやうな思想的断片としてのこしたにすぎなかつた。(六六頁)

「風雅の方のことば」とは、「歴史」の「現れ」のために必要とする言葉である。「歴史」の「現れ」とは、言い換えれば「神のをしへ」の「現れ」、つまり、神の顕現、さらに言い換えれば〈リアルなもの〉の現前化である。しかし、このような「ことば」とはいったい何だろうか。表象―再現の機能をもつ言語とはすでに違うことは明らかである。表象ではなく、「現れ」そのものである「ことば」あるいは声。実は、この「ことば」の可能性を保田は「言霊」に見出している。鹿持雅澄の『万葉集古義』にある「一には皇神の道義をあきらめ、一には言霊の風雅をしたへ」という戦時中国民に膾炙した言葉は、保田の『芭蕉』前後の作品にも度々使用される。『芭蕉』冒頭でも、「皇道の道義は言霊の風雅に現れるといふわが古典の美の思想」（二二頁）と述べられる。保田は、すでに若い時点から富士谷御杖などの著作を読み、言霊に関する論文「「好去好来の歌」に於ける言霊についての考察―上代国家成立についてのアウトライン―」（一九三〇）を発表している。この論文は、先にみたごとく当時の保田がマルクス主義を強く意識していたこともあって、山上憶良の「好去好来の歌」のなかに農業共産社会から土地私有としての荘園への移行を読み取るという内容であるが、保田は簡潔ながらもそこで次のように言霊を定義している。

> このことだまは古来いろいろの学者により考察せられたが、ことだまに対する、人の意志表現であることあげが罪として重要視されたのを見ても、古代日本人はことだまを至高至善の神の絶対意志の表現であると考へたと見られるのである。こゝで「こと」は対象として、変化、即ち歴史であり、かゝるものの自らの統御に「ことだま」は意味づけられた。[35]

「言」と「事」は同語源であり、古代社会では口に出された「言」はそのまま事柄を意味し、保田がここで説くのも、「ことだま」が「神の絶対意志」という事柄―「歴史」と不可分であるということである。その後、保田が、特に「戴冠詩人の御一人者」において富士谷御杖の、思うところはそのままいう（＝言挙）所に宿るのではなく、その言葉の裏に宿るという言霊―倒語論を基盤に、言挙をしてしまった日本武尊が「同殿共床」の世界を終わりに導いてしまった悲劇を描いた。このような文脈のもとで、神と人との矛盾的自己同一を御杖の影響と考え、そこから「破壊と建設を同時的に確保した自由な日本のイロニー」という保田の言葉をもとに、倒語とイロニーを結びつけたり、[36]また、保田の直面した表象の危機を回避するプロセスにイロニーとしての倒語を位置づけたりする論[37]を導き出すことができよう。しかし、『芭蕉』においてイロニーという言葉はもはや使われておらず、さらに、すでに指摘されているように、[38]『芭蕉』刊行と同年である一九四三年に発表された「言霊について」では、保田は御杖に対して距離をとっている。確かに、主体と現実のはざまで決定をためらうイロニー的態度をとっていた時点で保田はその態度と同等のものを倒語―言霊に見出していただろう。しかし、歴史への安心感のもとに、このような態度を放棄したとき、保田にとって言霊はまさに歴史＝事実＝事柄へと結び付けられたのである。『芭蕉』が書かれた時期に、長期にわたって「言霊私観」という題の文章が連載されたのは示唆的である。そして、このことは、保田の関心が、富士谷御杖から、「直言論」を唱え声音言語を重視した本居宣長へと移行したことを意味する。

> 文字なき世は、文字なき世の心なる故に、言ひ伝へとても文字ある世の言ひ伝へと大いに異にして、浮きたることとさらになし。（『葛花』上）

言と事と心とは、其さま相かなへるものなれば、後世にして古の人の思へる心、なせる事をしりて、その世の有りさまをまさしく知るべきことは、古言古歌にある也。（『初山踏』[39]）

「文字なき世の心」は「言」と「事」そのものであり、「世の有りさま」を知ることはその「言」そのものである。つまり、事物とそれを名指す言語のあいだに恣意性を認める記号論とは違い、言霊においては、事物と言葉（言）が必然的な関係を結んでいる。しかもそれは、文字以前の音声による「もののあはれ」の語り伝えを可能にするのである。保田は『芭蕉』で次のようにいう。

何かある特定の一語があつて、ふとそれにふれたやうな時に、口にした人も、聞く人も、お互にその一語が人の口から出たといふだけで、大きい機縁のやうなものを味つて、泣いて了ふといふやうな、そんな心意気と風雅が、十分に共感されるやうな仲間うちでこそ、初めて、約束と規則で責めつけられてできたやうな短い詩は、その束縛から一瞬に解放されて了ふし、それは深く責められて、多くを云はず語らぬだけに、深切に人の心を泣かし得たのである。（二二五頁）

宣長の言霊論の影響下で、保田は、言霊のなかに言語の不完全性に対する解決の糸口を見出したのである。ただし、宣長の行ったことはあくまで作品である漢文から声音である大和ことばを読み取ろう（音読）とした文献学である。一方、保田の言葉＝作品不信から、「原因」としての「ことば」を追求する試みは、結局作家の行動を参照して論じる他ない。宣長と保田はこの点で決定的に違うだろう。保田にとって、「ことば」とは言葉にならない慟哭や叫びなのであり、作家の見た「事実」が「ことば」であるという確信は、作家を超越した「歴史」が「事実」であるというこれもまた保田の確信から生じている。そして、作家を超越した「歴史」とは、註釈者によって架けられる「橋」(40)であると語り、そこに国学との共通性を見出している保田は、皮肉にも全ての読みは註釈者の主観に還元されかねないという点において宣長と一致するだろう。ところで、歴史に回収された主体を通して発せられる神の声は混沌＝リアルをそのまま現前化することにより、世界の創造と化す。保田は、昭和一七年から断続的に連載し始めた「言霊私観」の冒頭で言霊を「創造の神話を信ずる、又それを立場とする表現上の思想」であると述べ、論中で「皇神の道義」と「言霊の風雅」の密接な関係を執拗に説いている。「文明開化の論理」ではなく、「日本文化の世界的な輸出」(41)を目指す保田にとって、国家は創造の神話として成り立つ詩であった。それを成すためには、「ことばになるまへに輝いてゐる『軽み』の心」（二〇三頁）が発する慟哭＝声を、自らもその文芸の血統のなかに立ち、語りつぎ云いつぐという註釈が必要であったのである。

日本文化創造の神話へと至る保田の道程は、時代の波に流され、西洋の合理的知性への反発から抒情的な日本文化独自の古典を顕揚するといった単純な構図に還元されるものではないし、保田の註釈はただ作家の心情の吐露を読みとろうとするものではない。むしろ、マルクス主義から出発して、ソシュールさえも踏まえながら言語について深く思考した科学的知性が、自ら組み立てた論理の内部で自壊して、遂には「言霊」という言語観へ逃れざるを得なくなった逆説的有様を保田のなかに見てとれるのである。

●注

(1) 保田がグンドルフの影響を受けながらどのように血統概念を構築していったのかは、渡辺和靖「「血統」観念の形成」『保田與重郎研究』ぺりかん社、二〇〇四年。
(2) 谷崎昭男「解題」『全集』第一八巻。
(3) 橋川文三の以下の言葉はすでに保田をめぐる定式となっている。「保田の思想と文章の発想を支えている有力な基盤として、三つの体系的構造が考えられる。マルクス主義、国学、ドイツロマン派の三要因がそれである」。橋川文三『日本浪曼派批判序説』講談社文芸文庫、四四頁。
(4) 保田與重郎『芭蕉』新潮社、一九四三年からの引用は全て『保田與重郎全集』第十八巻、講談社、一九八七年に拠り、引用文のあとに( )で頁数を付す。また、その他の保田の作品の引用の際は、註をつけ、講談社版『保田與重郎全集』一九八五年―一九八九年(以下『全集』)の巻数と頁数を記す。引用文中の表記においては、旧字体は現行の字体に改めたが、仮名遣いおよび句読点は原文のままとした。
(5) 保田「文芸の古典性」『全集』第二十巻、三二一頁。
(6) 同右、三二二頁。
(7) 鈴木貞美『日本の文化ナショナリズム』平凡社新書、一八三―一八八頁。
(8) 保田「文学時評(コギト昭和八年八月号)」『全集』第六巻。
(9) 保田「文学時評(一)―レアリズムの意識(コギト昭和八年四月号)」『全集』第六巻、二九〇頁。
(10) 長沢雅春「初期保田與重郎論(一)―初期文学論におけるリアリズムと「生の哲学」について―」、『中央大学大学院論究』、一九八八年三月。なお、保田が己の文学論に「生」を導入したことが伺われる諸論文のうちの一つ「アンチ・デイレッタンチズム」が発表された「コギト」昭和七年一〇月号から、服部正己訳によるディルタイのヘルダーリン論(『体験と創作』の一部)が連載され始めている。
(11) 保田「アンチ・デイレッタンチズム」『全集』第二巻、四三頁。
(12) 長沢雅春「初期保田與重郎論(二)―「言葉」と「作家的危機意識」について―」『中央大學國文』第三

十一号、一九八八年三月。

(13) 保田「印象批評」(一九三二)、『全集』第一巻、八頁。

(14) 保田「作家の危機意識と内在の文学」、『全集』第一巻、一五二頁。

(15) 保田「深淵の意識―松下武雄のために」(一九三四)『全集』第二巻、三一一頁。

(16) 保田「作家の危機意識と内在の文学」、一四八頁。

(17) 表象への懐疑に関しては、M・ドーク氏も総論的ではあるが以下のように論じている。「自然主義に対するロマン主義の攻撃は、全体性を表象することへの根本的な懐疑に根ざしていたといえるだろう。この種の表象は、自らが表象されつつあるものの外側に位置していることに注意を喚起することができず、したがって、全体性を表象するという目標を常に逸し、論理的矛盾に陥ってしまうのである。表象の代わりに、ロマン主義者たちは神話、情緒、詩、「イロニー」、崇高なるものなどを利用して、別の方法で全体性を回復しようと志した」。ケヴィン・マイケル・ドーク『日本浪曼派とナショナリズム』小林宣子訳、柏書房、一九九九年、三八頁。また、坂元氏は、表象をプロレタリアートに対する「表象―代行」意識と捉え、共産主義運動の崩壊とともにこの表象も危機を迎えたとし、日本浪曼派は新たな「表象―代行」の基底を「民族」に見出したと論じている。坂元昌樹「日本浪曼派の言説運動―保田與重郎と方法としての〈血統〉」『国文学 解釈と鑑賞』、二〇〇二年五月。

(18) 坂元昌樹「〈文学史〉の方法―保田與重郎とその古典批評」『文学部論叢』熊本大学文学部、二〇〇五年三月。坂元氏によれば、保田は一九四〇年前後からはさらに古典傾斜の傾向を強め、己の文芸評論の対象を同時代から、日本の上代から近世へと至る文学史上の作品と事象へとほぼ全面的に移行させる。

(19) ただし、渡辺和靖氏も指摘するように、昭和一〇年の「芭蕉」ではほとんど後鳥羽院の言及はなく、ただ「柴門辞」を引用する際に、一言名前が出てくるのみである。渡辺氏は、後鳥羽院から芭蕉への血統という観念は、保田の「芭蕉」と同じく「コギト」芭蕉特集号に寄稿された芳賀檀の「芭蕉」や小宮豊隆の芭蕉論の影響の結果ではないかと論じている。渡辺和靖「芭蕉論の前提」前掲書。

(20) 渡辺氏は、この点に関して、「保田がグンドルフ風の象徴としての血統とは別の、実体としての血統を志向した時、前景にせり出したのが、系譜の原点を皇統に求めるという発想であった」（渡辺、前掲書、四二〇頁）としている。この血統の実体性は、芭蕉が実際に後鳥羽院に言及しているという事実を根拠とするのである。この皇統への接近の理由として渡辺氏は「自らの文学的根拠を模索するなかで、保田自身が天皇のもつ磁場の中に吸収されていった」（四三三頁）と解している。しかし、重要なのは、天皇＝神への依拠が、保田自身ではなく、保田の文学論そのものと結びついていることである。

(21) 保田「日本文芸の伝統を愛しむ」『全集』第八巻、二一七頁。

(22) 同右、二一五頁。

(23) 同右、二一四頁。

(24) この論文中では、その言及箇所は引用されていないが、昭和一〇年「芭蕉」や昭和一八年『芭蕉』では引用されている。特に後鳥羽院の言及がある箇所の前後は以下の通りである。「予が風雅は夏炉冬扇の如し。衆にさかひて用る所なし。たゞ釈阿、西行のことばのみ、かりそめに云ひちらされしあだなるたはぶれごとも、あはれなる所多し。後鳥羽上皇の書かせ給ひしものにも、これらは歌に実ありて、しかも悲しびをそふると、のたまひ侍りしとかや。さればこの御言葉を力として、其の細き一筋をたどりうしなふ事なかれ」。保田はこの芭蕉の言葉をとりわけ重要なものとみなしたのだろう、昭和一八年『芭蕉』ではこの箇所が二度も引用されている。

(25) 保田「近世の発想について」『全集』第八巻、一八〇頁。

(26) 同右、一八一頁。

(27) 同右、一八二頁。

(28) 同右、一八三頁。

(29) 保田「文明開化の論理の終焉について」『全集』第七巻、一三頁。
(30) 保田「我が最近の文学的立場」『全集』第七巻、一七八頁。
(31) 同右、一八五頁。
(32) 同右、一七八頁。
(33) 同右、一七九頁。
(34) 同右、一九四頁。
(35) 「「好去好来の歌」に於ける言霊についての考察―上代国家成立についてのアウトライン―」『全集』第四十巻、六二頁。
(36) 桶谷秀昭「言霊とイロニイ」『昭和精神史』文春文庫、一九九六年。
(37) 井口時男「保田與重郎―イロニーと「女」」『批評の死／批評の誕生』講談社、二〇〇一年。
(38) 河田和子「保田與重郎における『言霊』思想」『Comparatio』、一九九九年。
(39) 豊田国夫『日本人の言霊思想』講談社学術文庫、一九八〇年、一八九―一九〇頁。この著作中の宣長からの引用をそのまま使わせていただいた。
(40) 保田「註釈について」(一九四四)『全集』第二十巻、二八三頁。
(41) 保田「文化の創建と学徒」(一九四二)『全集』第十一巻、三八九頁。

第十二章　大宅壮一と小林秀雄
——批評の「起源」における複数的可能性

大澤　聡

1　問題の所在

小林秀雄の批評スタイルは、「文芸批評」の範型として事後的に確定される。後続する批評家たち（が存在すること自体）によって、その回路はたえず強化されてきた。「小林秀雄」は日本における近代批評の起源に君臨し続けるのである。さらには、累層する小林秀雄論／研究がそれを実定化する。少なからぬ小林秀雄論が、対象を全肯定すると同時に、「小林秀雄」に転移してしまう。かくして、「小林秀雄」＝起源はゆるぎないものとして維持される。だが、こうした単線的な「起源」の定立は、無数の事象を削ぎ落とすことで成立している。剥落された事象は何か。それを考えるためにひとつの発言を導入しよう。

戦前の評論家である杉山平助は[1]、「氷川烈」名義で発表した「文芸評論家群像」（一九三二・一一）のなかで、小林の批評が果たす「役割」について、ある認識を披露している。氷川＝杉山の観測によれば、

「小林秀雄」は同時代の「大宅壮一」と機能的に等価な（文壇的）位置に存在する。どういうことか。それは次のように解説される。大宅は「芸術的感受性」に乏しい。であるがゆえに、一九二〇年代後半のプロレタリア文学勃興期には、一片の躊躇もなく「階級理論一点ばり」を貫いた。そうすることにより、既成の文壇的「標準」をことごとく瓦解させる作業に成功したのである。小林の機能は、この大宅の機能を反転させることで説明できる。小林は「社会的情勢」や「階級理論」を——少なくとも文学領域内においては——等閑視する。そうすることで、「人間といふものについて比較的老成した分析力」を発揮し、新たな批評性を獲得している。と同時に、「階級理論」を前提としない読者の支持を調達しえている。[2]このように氷川＝杉山は整理してみせる。両者のスタンスは相補的関係にある。

現在、大宅壮一の戦前期の批評テクスト群は、プロレタリア文学運動に随伴した理論的成果であると規定され、そのいくつかが文学史や論争史の記述のなかで簡単に触れられる程度である。戦前期の「大宅壮一」は——戦後の「大宅壮一」という光の後背に退き——半ば無名的な存在と化している。他方、戦前期の「小林秀雄」は〝近代批評の始祖〟として神格化され、たえず貨幣的に流通してきた。今日の遠近法において見るかぎり、私たちは次のようにいわざるをえない。すなわち、氷川＝杉山は半ば無名的な存在と、極度に固有名的な存在とを並列的に扱っている、と。この無防備な併置は、無防備であるがゆえに示唆的だ。ふたりを併置する発想が同時代感覚においてごく自然であった事実をここから炙出することが可能だからである。

ここで、私たちは先ほどの問いに暫定的な回答を与えることができる。「小林秀雄」に批評の「起源」を一元的に収斂させる回路から剥落されたもの、それはこうした同時代における無数の無名的な存在とその機能である（くりかえせば、この「無名」性は時間性の導入においてのみ成立する）。あらゆる言説やテクストは、同時代（あるいは非同時代）の言説やテクストとのあいだに交渉関係（あるいは没交渉関係）を結んでいる。このことは、あらためていうまでもない。ならば、やはり当然のこととして、小林秀雄の批評テクストもまた複数の言説・思想が交通しあうネットワーク状の関係性のなかで産出されたはずである。[3] 私たちはこの間主体的な意味決定の局面にこそ目をむけなければならない。なぜだろうか。

現在、「小林秀雄」を光源とする批評様式は完全に機能不全に陥っている。それは批評的主題の加速度的な枯渇と、作品‐批評の距離設定における時代的な困難とに起因する。批評の空洞化はもはや常態と化している。求められているのは批評枠組の再‐構築である。あるいは、批評の存立機制そのものへの再審である。ゆえに、その準備作業として、近代日本における批評の来歴が正しく顧みられなければならない。そのとき、近代批評の画期を小林個人の資質に還元する視座は徹底して否定されるべきだ。「小林秀雄」神話はくりかえし解除される必要がある。それは、小林の言説を同時代の布置連関に埋没しつくすことにおいて可能となるだろう。従来の小林秀雄論は、小林の主観的意図を内在的に解読する作業に沈潜してきた。[4] 正答はつねにすでに「小林秀雄」の（／という）テクストに担保されてしまっている。批判されるべきは小林のテクストではない。そうした正典化の回路をなおも無自覚に強化し続ける凡百の小林論である。

本稿では、こうした問題関心のもと、批評の「起源」を再検討していく。課題を限定しよう。これから私たちは、大宅壮一と小林秀雄のテクストを見ていく。具体的には、一九三〇年前後の――ということは戦前‐戦後をつうじて旺盛な執筆活動を展開した両者の「初期」の――テクスト群を議論の対象とする。このとき、「大宅壮一」はあくまで「小林秀雄」を相対化するべく、氷川＝杉山の図式を導きの糸として召喚されたひとつの事例にすぎない。それゆえ、「大宅壮一」を固有名の位地へと回復定位する意図はここにはない。「大宅壮一」的存在は無数に存在する。

2　大宅壮一の「現象批評」(5)

大宅壮一は、第一評論集『文学的戦術論』(一九三〇・二)の「序」のなかで、「私は文学論よりは文壇論から出発した」(6)と述懐している。この言葉が示すとおり、大宅は評論家としてのキャリアの「出発」点である一九二〇年代後半に、「文壇論」と呼ぶべき一連の論考を精力的に発表する。個別の文学作品の分析よりも、むしろ同時代の文学関係者が構成する文学場の見取図作成に従事している。あるいは、この「出発」点を狭義に理解することも可能だ。本格的な執筆生活に入る端緒となった論説「文壇ギルドの解体期」(一九二六・一二)からして、すでに完成された「文壇論」の形式を採用しているのである(7)。戦前期の大宅の議論は、当該論考(のタイトル)をもってのみ文学史的に記憶されている。旧来の文壇を封建時代の「ギルド」に見立て(8)、その特権性が崩壊する兆候を観測し、背後にある要因を列挙する(9)。

そこには、文学情勢を見取図として整理しつくそうとする大宅の包括的欲望がある。そうした欲望から必然的に誘出された使用言語・分析手続は、小林秀雄(に代表されるタイプの批評)からすれば、批判の対象となるであろうことが容易に想像される。政治的志向を度外視したとしても、双方の「批評」概念の認識および実践にはかなりの隔たりがある。実際、デビュー直後の小林は文芸時評の連載第一回「アシルと亀の子」(一九三〇・四、以下「アシルと亀の子・I」)において、『文学的戦術論』の記述形式を次のように評した。すなわち、「小説作家達が将棋の駒と変貌し、文壇戦線上にたわいもなく操られてゐる図(10)」である、と。この評言はきわめて正しい。大宅の批評の核心を正確に書き留めている。だが、大宅に対する「批判」としては決して有効とはいえない。なぜ有効ではないのか。この問いに答えるために、ここでは大宅の「文壇論」とその戦略とを見ていくことにしよう。

一九二七年前後——象徴的には芥川龍之介の死を含む——は、日本文学の配置図が大規模な解体-再編を見せたひとつの画期として位置づけられうる。隆盛するプロレタリア文学運動はマルクス主義への傾斜を決定的にし、組織論的・理論的な党派闘争を過熱させる。具体的には、共同戦線的な運動体であった日本プロレタリア文芸連盟が一九二六年末に、日本プロレタリア芸術連盟へと改組しマルクス主義的に先鋭化された事態にはじまり、労農芸術家連盟(労芸)結成を含む度重なる分裂過程を経て、一九二八年三月の全日本無産者芸術連盟(ナップ)設立にいたる。ここにおいて、共産党につながるナップ(雑誌『戦旗』)と労農派につながる労芸(雑誌『文芸戦線』)との対立構図が鮮明になる。

こうした連接する分裂-合同のなかで、マルクス主義を標榜する各芸術団体は、それぞれの機関誌上で自派の正統性を証明する理論を展開する。現状の解釈において互いに差別化を図ったのである。そして総体としてひとつの文学潮流を形成していく。その外部には、私小説的な既成文学への理論的対抗からプロレタリア文学と踵を接して発生した新感覚派文学が位置している(以上は、平野謙のいう「三派鼎立」状況に相当しよう)。このプロレタリア文学陣営内部の——あるいは外部にむけての——〝理論と実践〟をめぐる闘争は、日本の批評領域に大きなインパクトを与える。プロレタリア文学以後の文学場において、批評言説の直截的な相互交渉の質と量が決定的に変化するのである。つまり、プロレタリア文学(批評)の隆盛現象は、その理論内容の成果や蓄積において意味をもつのではない。そうではなく、「論争」という討議空間を文学場に導入した、その形式的位相において意味をもつのである。この現象を契機として、〝「批評」の批評〟という無限連鎖を誘発する言論形式が急速に一般化する。

大宅が発表媒体を拡張させ、多忙な執筆生活に移行するのは、こうした幾重にも折り重なる組織的混乱――現在となっては文学史上の挿話的情報を構成するにすぎない――および言論の形式的転換の渦中であった。ナップ結成直後に執筆した「現象批評以上のもの」(一九二八・五)のなかで、大宅は錯綜する文学状況を以下の三つの層における対立軸に集約している。すなわち、①「ブルジョア文学対プロレタリア文学」、②「マルクス派対無政府派」、③「マルクス派内に於ける諸対立」の三層である。そして、それらの闘争が「ようやく一段落」したと解説している(ただし、③についてはナップと労芸の激烈な政治的闘争の継続を示唆する)。その上で、「日本のプロレタリア文芸批評も、或意味に於て、遂に行くところまで行つた」と判断し、文学闘争の新たな局面を切りひらくには、「新聞記事的な現象批評」に終始しない基礎理論の建設が必要だと述べる。[11] この大宅の論旨は明快きわまりない。

だが、ここには遂行的矛盾がある。というのも、自身の手ですぐさま付記されるように、「「現象批評以上のもの」を求める私[=大宅]のこの評論それ自体が、やはり一種の「現象批評」に過ぎない」[12]からだ。大宅はそれを自覚している。であればこそ、自己矛盾に対する批判にあらかじめ応答するべく論文の末尾をこう結ぶ。

しかしながら、この「現象批評」が今日の文芸批評界に何等かの刺激を与へて、「現象批評以上のもの」を生むために少しでも役立つならば、私にとつては望外の喜びである。(13)

大宅はあえて「現象批評」に留まっているのだ。(14)「現象批評以上のもの」を導出するための段階的な基礎作業として、自覚的に「現象批評」を選択している。このとき、大宅は同時代の文学空間を統御・監視する不可侵的な位地に屹立することになる。現行の小説家や批評家たちをいわば盤外から俯瞰し、「将棋の駒」（小林）のように配置する。そのかぎりでは、「片上伸論」（一九二八・四）において片上にくだした「文壇測候所長」(15)という比喩的総括は、むしろ大宅自身にこそ相応しい。

たしかに、大宅の営為は超越的な発話位地の擬設というあやうさを孕んでいる。だが、そうした発話構造上のリスクを背負うことではじめて切りひらかれる現実的地平があるのだ。それは以下のような言説戦略を経由するものである。まず、文学的党派の乱立を平板化した情報として整理しつくす。次に、その情報の共有を媒介することによって、迂遠で非生産的な論争を加速させ終結に導く。そして、建設的な理論構築の段階へと事態を前進させる。大宅の「現象批評」の目論見はこうしたところにあったと思われる。引用部の「役立つ」という簡勁な表現は、段階的役割としての自覚を証示している。すなわち、整理作業は決して自己目的化されてはいない。

また、交通整理としての「現象批評」は、いわゆる人物評論――なかでも列伝的な総覧――の形式を採ることで、いっそう可視化される（「日本エロチック作家論」一九二九・八、「後継作家論」一九二九・一〇、「文壇へゲモニーの検討」一九二九・一一など)[16]。そこでは、各文学ジャンルの作家の固有名がひたすら情報として網羅的に分類・配置される。この作業は徹底した二次的情報＝《カタログ》の提供である[17]。批評性（を仮に見出すとすれば、それ）は、この総体を包括的に提示する振る舞いそのものに宿る。

大宅は「事実」という語彙を頻用する。たとえば、「非難してゐるのではない。［……］事実を述べてゐるのである[18]」、「正しいか正しくないかといふ問題を離れた、厳然たる事実である[19]」といった定型的表現による整理・叙述がくりかえされるのである。そのことは「現象批評」の指標として機能する。判断に先行する「事実」の提出は、現実の厖大な情報の圧縮をともなう。既述したとおり、大宅は既得権益を囲い込む徒弟制度的な文壇の状況全体を「ギルド」になぞらえた。このとき、「ギルド」という既成の語彙はひとつの《商標》と化す。そこには過度の意味・情報が負荷されている。すなわち、《商標》は情報量圧縮の極限である。それが評論家としての「出発」点だったことに象徴されるように、大宅は生涯をとおして同時代の事象に《商標》あるいは惹句——その多くが新語として定着した——を貼付けて廻った[20]。「現象」を万人が使用できる一般言語へと変換する高性能の装置として歓迎・重用されたのである。

だが実際には、問題はもう少しこみいっている。別の角度からあらためて大宅の批評営為を整理しよう。大宅のいう「現象批評以上のもの」とは「理論」形成を意味している。大宅はその手前の「現象批評」にあえて踏み留まる。私たちはここまで確認した。そのとき、新たな「理論」の構築は留保される。新たな「理論」の不在は、さしあたり既存のマルクス主義の理論体系によって補填されることになる。それゆえ、大宅は同時代的にも、しばしば安直な公式的認識を批判されたのである。しかし、その「安直」さを逆手にとることによって、ある読解が可能となるのではないか。ある読解とはこういうことだ。たしかに、大宅は恒常的な準拠枠に空虚なマルクス主義的公式を適用した。「理論」的位相をナップ系統の方針に完全に委ねてしまっている。だが、その「完全」さゆえに読み手の側にしてみれば、かえって批判される公式的要素を識別し分離することがきわめて容易なのである。ほとんど自動的に可能な分離作業を経由してしまえば、その時どきの文壇情報の集積が残余として浮上してくるだろう。

大宅の批評は、書き手が意図するとしないとにかかわらず――おそらくはまったく意図しない――結果として、「現象」／「理論」を機械的に分離することが可能なテクスト構造になっている。同時代の読者のあいだにおいても、この分離コードは無意識的にではあれ共有されていたはずだ。だからこそ、プロレタリア文学の凋落以後においても、大宅への執筆依頼は途切れなかったのである（もちろん、そこに大宅の政治的脱色化という転換を認める必要はある）。大宅の公式的位相を反復的に批判することは意味をなさない。むしろ重要なのは、なぜ大宅がジャーナリズムの寵児であり続けることができたのか、それを問うことである。大宅は文壇の「現象」を多角的に網羅する。そこに取捨選択の論理は優位的には作動しない。それゆえ、大宅のテクストはイデオロギー的要素を全面的に解除したとしても、文学情報の（素朴な）記録として有効に機能するのである。そうした《カタログ》的な記述様式は、いわゆる円本ブームを前後して到来した出版大衆化状況に即応しえている。

したがって、私たちは大宅の整理作業を、少なくともふたつのレベルに峻別できる。ひとつは、マルクス主義的公式に濃密に規定された整理（＝A）。もうひとつは、時々刻々と変化する文壇情報の実直な整理（＝B）。いいかえるならば、前者は「理論」の透写であり、後者は「現象」の記録である。大宅の整理＝批評はふたつの位相の接木により構成されている。発表媒体に応じて両者の配合比率は適宜調整されるだろう。そして、数多く産出された《商標》も同様にふたつの位相を備えている。大宅のテクストは位相Aにおいて否定される。しかし、であるがゆえに逆理的にも、位相Bにおいて、同時代的にあるいは歴史的に、有益な情報源であり続ける。

小林秀雄は大宅らが使用する「文壇ヘゲモニイ」などの「新術語」を前に「茫然として不機嫌にな」る。[21]それはマルクス主義的な志向性(つまり位相A)に対する率直な不快感＝自意識の表明である。また、小林の「不機嫌」は大宅の批評スタイル(つまり位相B)に対する違和感に由来するものでもあっただろう。実際、小林は「大宅壮一」について、「文学などを愛する事は愚劣と信ずる文芸批評技師」[22]といった表現を使用していた。小林に指摘されずとも、大宅自身がしばしば吐露するように、そのテクストは定型的な意味における「文芸批評家」の仕事とは認定されがたい。小林は「粗雑な論理」[23]という辛辣な評言をも書き記している。同様の批判は他の論者からも多く発せられた。[24]その大半は論理展開が図式的・機械的すぎるという理由に基づく。しかしながら、むしろその凡庸なまでの図式性・機械性こそが、大宅独自の批評を可能にしているのだ。

大宅は必ず行論において、あたうかぎり情報の圧縮化と分類化とその序列化とを試みる。場合によっては、整理番号を付し情報を列挙するという論述形式を採る。そのことで分類・序列の構造がより可視化される。新たな批評文体を創出する試図であった。それは、同時代的に誕生しつつあった小林の批評フォーマットとは大きく異なる。大宅の批評は、文学場の圧倒的な中心を占める「小林秀雄」的批評の系譜にも、そしてプロレタリア文学批評の系譜にも完全には帰属しえない。いずれにも包摂されない第三の批評的空間が立ちあがりつつあったのである。この空間に杉山平助・新居格・青野季吉といった同時代の近似する批評家との共振を認めることは可能であろう。一九二〇年代後半の文学風景には、複数的な批評の系譜が可能性として胚胎していたのである。私たちは、それらが並列的で等価な価値体系として流通した現実こそを捉えなければならない。

大宅は、文学ジャーナリズムの情報が凝縮された見取図を文学ジャーナリズムの流通回路そのものに、再帰的に滑り込ませる。そのことによって議論の共有前提を提供し続けた。それは文学情報の愚直なまでの整理作業を梃子とした討議空間の敷設として機能する。つまり、新たな文学情勢へと接続させることを目的とした営為であった。

本節冒頭の小林の評言は「批判」たりえない。なぜなら、大宅のこうした批評行為は、文学（史）全体における触媒的機能であるという強烈な自覚に裏づけられたあえてなされる言説戦略の一環だったからだ（もちろん同時に、批評家個人の力量不足という端的な限界をも認定しなければならない）。このとき、批評する者の固有性は徹底して後景に退く[25]。ならば、私たちはこういってよいはずだ。大宅壮一は「小林秀雄」的な私批評の対極に位置している、と。

3　小林秀雄の「印象批評」

小林秀雄の「アシルと亀の子・Ⅰ」（前掲）は、検討対象を極端に限定している。俎上にのせられるのは、大宅壮一『文学的戦術論』（前掲）と中河与一『形式主義芸術論』[26]（一九三〇・一）である。ふたつの新刊評論集への批判にほとんどすべての紙幅は費やされる。末尾において、「喋つてゐたら作品評をする紙数も時間もなくなつて了つた」と釈明するとおり、各誌前月号に掲載された小説作品に対する論評はなされない。「い、作品だと思つたもの」のタイトルを六つ列挙するだけで稿を閉じている。(27)「文芸時評」欄をはじめて担当する者が選択する形式として、これはおそらく例外に属する。だが、小林はむしろこの例外性を常態化させようとする。こう宣言するのだ。「これからも月評的にはものを言ふまい」。(28)小林は「月評的」＝網羅的な記述様式を事前に拒否している。(29)この頑なまでの限定と否定とにおいて、小林の批評性は駆動する（さらには、末尾にわずかながら付される月ごとの文学情報――回によって有無・増減の偏差がある――さえ、単行本収録時あるいは各版全集再録時に、小林の手によってことごとく削除されていくだろう）。(30)いいかえるならば、小林の批評は「現象批評」的要素を排除した空間に成立している。その選別のまなざしが、いわゆる「純文学」性を高める。それゆえ、小林の批評はひとつの独立した文学作品として読者を獲得する。

ならば、小林は「文芸時評」という場でいったい何を行なっているのか。以下では、批評活動を開始した時点における小林の「批評」認識とその実践とを見ていく。その際、前節で確認された大宅の批評的営為と（意識的に）突きあわせることを試みる。ここで再審に付されるのは、「小林秀雄」的批評の文壇における「出発」点だ。

小林の文壇デビュー作となった「様々なる意匠」（一九二九・九）は独自の批評原理を提示している。小林は、マルクス主義文学や新興芸術派文学、あるいは大衆文学といった新たな諸潮流を含む全体図を、「日本文壇のさまざまな意匠」(31)の氾濫にすぎないと指摘する。その指摘によってすべてを相対化し棄却する。周知のように、小林の批評原理とはそうした視座に定礎されたものを意味している。いずれの「意匠」も支配的地位には到達しえない。それらは並列的に乱立し、相互に対立する。しかしながら、ここにひとつの矛盾があるのはあきらかだ。結果として、この俯瞰的整理を遂行する「小林秀雄」だけは超越的な位地に立脚するかに見えるからである。ということは、この時点の小林は前述の大宅と近接した作業に従事している（ことになる）のだろうか。それはちがう。

大宅の整理作業のポイントは以下のように要約できる。すなわち大宅は、（ｉ）つねに変動する文壇内の固有名の配置関係を網羅的にレポートする。それは、（ii）そのつど新たな「理論」を構築するための媒介的作業である。ゆえに、（iii）この整理作業は逐次的に継続されなければならない。総じて、（iv）作業は包括的な欲望に支えられている。

一方の小林の整理作業は、――氷川烈＝杉山平助に倣って――大宅の性質を逐一反転させることで説明できる。つまり小林は、（ｉ）登壇時における既成諸流派を概括するものの、各潮流を構成する小説家や批評家の固有名をいっさい配備しない。なぜなら、レポートを目的としていないからだ。それは、（ii）自身の立ち位置を切開・確保するための個人的な言説戦略である。ゆえに、（iii）この整理作業は一回的な実践行程においてのみ必要とされる。だからこそ、その後の小林が同型の作業を反復することはない。総じて、（iv）作業は排他的な欲望に支えられている。整理の目的・認識における相異はあきらかだ。

小林の目論見は、文壇政治に牽引される対立構図を超えた時空に新たな「文学」の固有性を確立することにある。「文芸時評」という場――この場を長期間にわたって新進の批評家に提供すること自体が「例外」であった――は、すでに提示された批評原理の個別具体的な実演に使用されたのである。

そこで、前掲したふたつの評論集が連載第一回の対象に選定されたことは示唆的である。それらが当時の文壇を席巻する「意匠」に属していたからだ。そのかぎりにおいてのみ、小林の「文芸時評」はかろうじて「時評」たりえている。一方は新感覚派による形式主義論の一成果として、他方はプロレタリア文学に随伴する批評理論として、それぞれ提出された。両派はいわゆる「形式主義文学」論争を構成している。論説「様々なる意匠」は、前者を「芸術論［的］意匠」、後者を「政策論的意匠」であると総轄した(32)。それを承けた「アシルと亀の子・I」は、その対立構図を解消――あるいは止揚――する見立てになっている。これら先行する同時代の批評態度をめぐって、小林は次のような解釈を示している。

［一般的な「符牒」の機能と異なって］批評家諸君の間では、符牒は精神表現の困難に関して、而も、精神表現の困難を糊塗する為に姿をあらはして来るのだから話が大変違つてくる。この困難を糊塗するといふ事は、別言すれば、自分で自分の精神機構の豊富性を見くびつて了ふことに他ならない［……］(33)。

注意しよう。ここでいわれる「符牒」は、大宅の位相Bにおける《商標》のみをただちに意味するものではない。特定の解釈枠組を公式的・盲信的に援用する身振りや用語法をも喩意している（その意味では、形式主義論者も同罪である）。つまり、位相B（＝文壇情報の素朴な整理）のみならず、位相A（＝マルクス主義に規定された整理）も同時に批判されている。小林は、「かういふ符牒に絶対に信用を置かない(34)」と言い切る。この不信においても、小林の批評は大宅の批評の対極に位置する。小林は、「政策的、戦術的精神機構が文学活動と如何なる関係があるか[35]」という基幹問題を大宅の仕事に突きつけている。その大宅は数年後に、小林の批評をこう評する。「彼［＝論じる対象であるドストエフスキー］の思想を今日の日本においていかに実践的に活かすべきかといふ問題については、一言半句も言及しない[36]」（「文壇イデオロギー分布図」一九三五・一）。この批判の応酬は位相Aを争軸としている。だが、すでに私たちは位相Aに固執する読解が無効であることを確認した。位相Bをめぐる対立に焦点をしぼろう。

まず両者は、何を記述するかをめぐって対立している（＝内容的対立）。大宅は文学的現象の諸情報を記述する。他方で、小林は文学的現象をめぐるみずからの思考過程を記述する。この対立は、どのように記述するかをめぐる対立へと直結する（＝形式的対立）。整理しよう。大宅は個々の事象の情報圧縮に専心する。限定されたスペースに多量の事象を網羅的に記載するためだ。それは伝達速度を最優先する形式である。その形式は位相Aと相俟って、小林のいう「精神表現の困難」を一挙に解消する。一方の小林は、そうした情報圧縮により「糊塗」・減縮されてしまう個々の作品や作家の単独性を掬いとろうとする。その際、個別的要素を表現するために、それを感知しうる「自分の精神機構の豊富性」が顕示されることになる。翌月の時評においても、「人は己れの印象を精密にし豊富にする事を努めればよい[37]」と再度強調している。語られるべきは「私の心[38]」（傍点原文）である。それゆえ、単独的な言葉や文体のたえざる創出が要請される。この言語運用は言葉‐世界の照応関係を探求する独自の言語論あるいは表現論へと昇華するだろう。最終的に、小林の批評は対象から自立したひとつの文学作品として認知・受容されていく（ここに、表現内容以上に表現自体への感染・転移を発生させる可能性が包蔵されている）。

この対立関係を象徴する事例を引証しておく。大宅は「文芸批評の欠陥」（一九三二・六）で、批評家のタイプをふたつに区分している。各タイプに貼付される《商標》は「直球的批評家」と「曲球的批評家」である。大宅は前者を「結論的」、後者を「過程的」と定義する。大宅自身は前者に属している。そして、後者の「過程的」であるがゆえに「肝腎の答へをはつきり示さない」という「欠点」を指摘する。いうまでもなく「小林秀雄」は後者に分類される。[39] この機械的な分類に関して、小林は「同人雑誌小感」(一九三二・七)のなかで、ひと言だけ揶揄的な応答を見せている(このやりとりがともに『東京朝日新聞』の同じ欄でなされたこと自体にも留意するべきだ。両者は同一の空間に並存している)。

理窟好きな批評家は、一流作品も死物と仮定して、その上で兎や角理窟をいひたがる。ところで眼前の作品がはじめから死物だとなれば、随分手間がはぶけて都合がよろしい。などといふのは、大宅氏のいはゆる曲球批評ですかな。[40]

《商標》を貼る行為は、とりもなおさず対象を「死物」と化す行為である。《商標》が貼られた瞬間に「結論」は決定している。「死物」は小林の批評対象になりえない。そこには「私」の介在する余地がないからだ。小林にとって、「私」が現前しない記述は「批評」ではない。「作品といふ生き物」[41]と「私」の格闘の軌跡こそが「批評」なのである。だからこそ「アシルと亀の子・I」では、「符牒をはつてゐる様なケチ臭い自意識では文芸批評なんか出来ん」[42]と裁断する。すでに確認したとおり、大宅は「事実」という語彙を頻用した。一方の小林は「信用」という語彙を積極的に使用する。「事実」の列挙は批評主体の無限後退を招来する。他方で、「信用」における審級はつねに主体に存在する。ゆえに、批評主体は究極的に前景化する。小林は「事実」的記述を省約し、「事実」に対するみずからの「不満」[43]でテクストを満たす。「不満」の放出において小林は「饒舌」[44]になる。

こうした小林の「印象批評」は、「現象批評」的観点のまったき欠如のもとに成立する。小林に批判的な同時代の論者たちはこぞってこの点を問題にした。たとえば、青野季吉「批評の三典型」（一九三一・五）は、小林のテクストについてこう述べる。「内部的の論理といつたものは、貫徹してゐるが［、］外部的、説明的の論理的展開などはまるでない」[45]。あるいは、矢崎弾「小林秀雄を噛み砕く」（一九三四・二）は、小林の「文芸時評」が「時評」でありながら「現象を割りきつて」いる点に着目する[46]。そして、「作品を批評するときはいつもその個性を絶対化して他の個性との相対的評価を忌避してゐる」と意味づける。ゆえに、小林の批評はこう規定される。「私小説に対応する私批評である」、と[47]。

周知のとおり、「私批評」という呼称・枠組は、正宗白鳥「文芸時評」（一九二六・六）によって提案された。白鳥は、青野季吉「現代文学の十大欠陥」[48]（一九二六・五）による既成文学批判に、「何時の世にも通じさうな空疎な批評学といふやうなものから割出された」身振りを看取している。つまり、青野の公式適用の「空疎」さを指摘するのである。そのうえで、「批評家の実感」「批評家の体験」に即した批評スタイルを対置している[49]（これがいわゆる「文芸批評方法」論争へと発展する）。

この対立は、小林による三木清批判のなかで再演される。「アシルと亀の子・Ⅱ」（一九三〇・五）は、三木清「新興美学に対する懐疑」（一九三〇・四）の「科学的」と僭称する批評様式に抗して次のようにいう。「批評するとは自己を語る事である、他人の作品をダシに使つて自己を語る事である」[50]。たびたび引証されてきたこの揚言を記すとき、小林は白鳥の直感的な「私批評」を自覚的に継承・更新している。こうして「文芸批評」は、小説作品や詩作品と同等に自己を語る場として自立＝自律することを目論む。「私」性を駆逐するマルクス主義文学批評に対抗する過程において自己表現の領域を確保する。小林は上記引用部の直前に以下のように述べている。

［……］社会のある生産様式がある作品を生むと見る時その批評家にとつて作品とは或る社会学的概念の結果である、だが、個人の鑑賞に於て、作品とはその批評家の語らんとする処の原因である。こゝに社会的批評と芸術的批評との間の越え難い溝があるのである。[51]（傍点原文）

「結果」／「原因」という「作品」に対する認識的な位相差は、先述の「死物」／「生き物」を先取りしている。各前者は「社会的批評」による認識である。それは本来的に「芸術的批評」と峻別されなければならない。しかし、小林によると、三木はこの「越え難い溝」をたやすく跳び越えてしまう。実際、三木は「社会的批評と芸術的批評とが統一されることが要求されてゐる」[52]といった記述をしている。小林が批判するのは、「芸術」を「社会」に還元する志向性である。このとき、「今日では文芸批評と社会批評とは不可分の関係にある」[53]（「多元的文壇相」一九二九・三）と明言する大宅も当然ながら批判の対象に含まれるはずだ。小林のいう「社会的批評」はさしあたってマルクス主義文学批評を直示している。だが最終的には、社会現象を対象とした批評全般を意味する。そのとき、対立軸はもはやマルクス主義との親和性の有無ではなくなる。「芸術」／「社会」という対象領域（の境界設定）をめぐる問題へと移行する。おのずと小林は、「文芸批評」の領分を確定する作業へとむかわざるをえなくなる。

4　再編成される批評地図

一九三〇年以降、大宅は批評の対象を急速に拡撒させていく。もはや対象は「文学」に限定されない。広汎におよぶ社会現象を対象とした批評へと転回するのである。新居格「文芸評論界顧瞥」（一九三〇・一二）は、大宅の転回を早い段階で的確に捉えている。

大宅壮一氏は本年度［＝一九三〇年］は文芸評論ではかなり怠けた観がある。論じはしたが時事的、事件的のものが多く、云はば社会批評の分野に於いてであつた。多才にして経営力ある彼の才能は彼を進んで一種の事業家の如き観を呈せしめた。いや明かに事業家になつてしまつた。(54)

「社会批評の分野」へと関心を拡充した文芸批評家は、多領域を並列的に同時「経営」する「事業家」へと転態をとげる。(55)また、本稿冒頭に導入した一九三二年の氷川烈＝杉山平助は、大宅のことを批評家ではなく「閃きのあるヂヤアナリスト」(56)であると規定した。すでに大宅は文芸批評家としては認知されない（これは、小林秀雄が「文芸批評」の中心的スタイルを確立したことにともなう、相対的評価の変化だとも見なしうる）。

この転態を把捉するうえで、一九三〇年に刊行された大宅の二冊の評論集はあまりに示唆的である。というのも、二冊の編集方針は、転態前／後の大宅をそれぞれ象徴しているからだ。大宅は文壇デビュー以来五年間に各種媒体に発表した評論やエッセイを集成し、二月に『文学的戦術論』を、八月に『モダン層とモダン相』を上梓する。前者には文学を主題としたテクスト群が収録される。他方、後者は文学評論・時評をいくつか含むものの、収録文の多くは同時代の瑣末な社会現象を論じたものである。[57]すなわち、後者において「文学」は、並列する様々な社会現象のうちのひとつに成り下がっている。思えば、批評活動の開始時から大宅は、「文学といふものを特別に神聖視[58]」(「事実と技術」一九二九・五)する認識の解除をくりかえし遂行的に訴えていた。[59]

一九三〇年の大宅壮一は、後者が体現する方向へと舵を切る。この転回があらかじめプログラムとして、大宅の思考様式に組み込まれていたことはあきらかである。なぜなら、文学テクストの社会的な意味作用を測定する知能が「社会」そのものの分析へとむかうのは必然的な帰結であるからだ。大宅は転回直前に発表した「一九三〇年への待望」(一九二九・一二)のなかで次のような診断をくだす。「もはや文芸批評は文明批評乃至文化批評の一部分となつた[60]」。この観測のもと、大宅自身は上位概念である「文明批評」や「文化批評」、つまり広義の「社会批評」へと活動領域を拡張する。「文芸批評」はその活動全体のなかにおいてのみ意味をもつだろう。「文芸批評」の位地づけはまちがいなく変化している。

しかし、こうした活動領域の移行・拡張は大宅のみに見られるわけではない。そもそも、大宅による上記診断は次のような文壇現象の整理に導かれたものだった。

[……]本年度[=一九二九年]において文芸批評界に進出して来た新人は、経済学者の石浜知行氏、大森義太郎氏、哲学者の三木清氏、谷川徹三氏など、すべてこれまで他の文化分野にあつて活動しつゝあつた人々で、純然たる文学の畑からは、これらの人々に匹敵するやうな批評家がほとんど出て

ゐない。[61]

ここには、いわゆる局外批評家が文学領域に参入する瞬間が記録されている。「経済学者」や「哲学者」がそれぞれの出自を基盤としつつ文芸批評を展開しはじめる。その活動を可能にする条件が一九三〇年前後に整備されるのである。背景は主に次の二点によって説明できる。まず、①一九二〇年代後半におけるプロレタリア文学（運動）の隆盛。プロレタリア文学は、文学場に外部的思考を導入する形式を伝播した。そのことが形式のみならず人的な移動をももたらしたのである。「大宅壮一」的批評はその一環としても機能する。そして、②文壇の外延を規定する敷居（川端康成のいう「文壇の垣」[62]）の低下。「文壇」はいまだ維持されている。とはいえ、その求心力の減退は恒常化している（それは出版大衆化の帰結でもある）。それゆえ、局外者の介入が以前よりは許容されやすいのである。これら二点は相互に密接に連関している。こうした外部からの侵入は、細かい「文壇」知識をさほど前提としない「小林秀雄」的批評の成功によって、さらに促進されることになるだろう。

大宅は一九二六年に、論説「文壇ギルドの解体期」（前掲）のなかで、文壇崩壊の徴候のひとつに「「素人」の文壇侵入」[63]という傾向をあげていた。この「素人」には、創作のみならず文芸批評における「素人」も含意されている。だが、その時点では固有名がまったく配されていない。偶発的事例が散見されるにすぎなかったからだ。それが一九二九年の時点では、具体的な固有名をともなって観察されている。新規参入した論者たちは、「新人」文芸批評家として登録せざるをえないほどに圧倒的なプレゼンスを示す。新「文芸批評界」の構成員を区画する分界線は確実に融解しつつある。旧「文壇」の崩壊は、批評的空間においても確実に進んでいる。あらためて整理しよう。

一九三〇年前後の批評的空間に巨大な地殻変動がおとずれる。そこには固有名の大規模な配置換えが見られる。「文壇の垣」の低下は、（1）外部から内部への侵入、そして（2）内部から外部への進出という表裏をなすふたつの現象を誘引した。もはや内部／外部の明確な境界条件は存在しない。先の新居格は続けてこう述べていた。「昨年［＝一九二九年］あたりの彼［＝大宅壮一］の任務を本年では大森義太郎氏が演じている」[64]、と。この一九三〇年における大宅／大森の交代劇はきわめて象徴的である。あらゆる言論的場面においてこうした相互乗り入れが進行する。そして、異質なジャンルを出自とした言説や文体が多声的に拮抗・響鳴する空間＝場としての批評領域が出来するのである。では、この批評地図の再編成に際して小林秀雄はどのように応接するのか。

前節で確認したように、小林は「文学」の内部に留まる。正確には、内部から境界線の更新を企図する。最終的に、「小林秀雄」は文芸批評の覇権――小林の嫌悪した言葉のひとつである――を獲得するにいたる。つまり、こういうことだ。一九三一年七月に小林は、それまでの仕事を（周到に加筆し）収録した第一評論集『文芸評論』を刊行する。収録文の大半は連載を中心とした「文芸時評」的仕事である。時をおかずして、当該書をめぐって毀誉褒貶を含む言説が活字メディアに簇出する。「文芸時評」を構成素とする著作が、批評や時評の対象となる。そのこと自体を問題とするべきだ。批評家による「批評」が鑑賞・批評の積極的な対象となりうる時代が到来したのである。前述したように、〝「批評」の批評〟という無限連鎖を誘発する言論形式はすでに一般化している。

このとき、「文芸批評」はひとつの文学ジャンルとして自立＝自律する。批評対象から独立した文学作品としての地位を奪取する。もはや文芸批評家は鑑賞者の位置に納まらない。いわば表現者へと転態する。小林の批評は「鑑賞」ではなく、独自の「表現」として提出されている。それゆえ、模倣という欲望を喚起する。その喚起力において多くの読者を獲得する。と同時に、追従者的な批評家を群生させる。ここに文体の通俗化がおこるのである。小林の批評は唯一無二の理念型として形象化されるだろう。ひとつの制度として馴致＝確立されるのである（ここに、極「私」的スタイルの公共化というねじれが発生する）。結果として、「小林秀雄」的批評は批評領域の中枢を占拠する。

他方、「大宅壮一」的批評にそれは不可能である。固有名をともなった模倣を生まない。なぜなら、「表現」のモメントが決定的に欠けているからだ。主役は「私」ではない。あくまで価値は「現象」にある。大宅は「新聞記事的な現象批評」という表現を使用していた（本稿第二節参照）。「新聞記事的」であるがゆえに、「大宅壮一」という固有名は読まれるそばから消失する。折しも、一九三三年前後から「匿名批評」ブームが沸きおこる。それは、「私批評」隆盛への反動現象であった。それは、「私批評」に対抗するプロレタリア批評が衰退したことで空白になった場所を補填する現象であったともいえる。つまり、「大宅壮一」的批評は、同時代の「匿名批評」とのあいだにある種の親和性をもつのである。固有名として確立するか否かは、ひとえに批評形態の相異に由来する。

こうして、「小林秀雄」を前提とせざるをえない批評状況が形成される。しかし、本稿冒頭の氷川＝杉山は、一九三二年の小林について、およそふさわしからぬ記述をしている。「今のままでは、彼［＝小林］はすでにその役割を果して行きつまつてゐる(65)」と観察しているのである。これはどういうことだろうか。小林は一九三一年三月、「例外」的に一年にもおよんだ『文芸春秋』誌上での「文芸時評」担当を降板する。それ以降は時評そのものに対する動機を失う。なぜなら、論説「様々なる意匠」と同様に「文芸時評」連載も、自身の立ち位置確保のためになされる一回的な実践だったからだ。氷川＝杉山の観察はそうした小林の現在地を照映している。

では、小林はどこへむかうのか。さしあたり、単発あるいは短期連載の「文芸時評」という場を利用した個別の作家論・作品論を展開し、並行して数本の小説作品を発表している。前者として「文芸時評」（一九三二・四［→改題「室生犀星」］）や「文芸時評――梶井基次郎と嘉村礒多」（一九三二・二）などが[66]、後者として「おふえりや遺文」（一九三一・一一）や「Xへの手紙」（一九三二・九）などが[67]、それぞれあげられよう。その後、小林はジャンルとしての「文芸批評」そのものを主題とする批評へとむかうことになる。すなわち、「文学批評に就いて」（一九三三・四）、「文芸時評」（一九三三・八［→改題「批評について」］）などがそれである[68]。タイトルが如実に語るとおり、それらはすぐれて自己言及的なメタ批評になっている。

大宅と小林（にそれぞれ象徴されるふたつの批評様式）は、相互差別化という間接的連関のなかで進転をみせた。極度に表層的で平板化した世界記述と、適度に深層的で錯綜した世界記述。外部へと流出する開放的思考と、内部に滞留する自閉的思考。そこでは、近代批評のヴィジョンをめぐるせめぎあいが展開されている。こうした対立はたびたび再演されもしてきた。だが、私たちの最終的な目的は両者を対立させることにあるのではない。遂行されるべきは両者を交叉させ統合することだ。原初における批評的空間の立体的な構造把握である。

5　複数的な批評の系譜へ

「現象批評」に徹した大宅壮一の批評は、コンテクストへの依存度がきわめて高い。それゆえ、顧みられない。速報性を重視したために、時間性に耐ええないのである。一方で、同時代の小林秀雄の批評は、「現象」を消去することで普遍性を獲得している。(69)ゆえに、時間性に耐え読まれ続ける。それは周到に意図された結果だ。そして、依然として小林を光源とした批評様式が跋扈する。だが、その様式はもはや現実的に機能しない。逆説的にも、現在の転形する文学環境において有効性を維持するのは大宅の批評の方なのではないか。理由は二点ある。

一点目には、包括的理論を提示しえない現状において、個別の現象整理が基礎作業として要請されていること。処方箋はその先にのみ提出可能になる。大宅の従事した《カタログ》としての「現象批評」は、文学環境をリアルタイムで捉えかえす。批評ツールとして再生する余地はあるはずだ。二点目には、現況にいたる文学・批評の来歴の再点検が喫緊の課題であること。この場合、大宅の批評テクストは書き込まれた情報の豊富性ゆえに有益である。大宅は同時代現象をただちに記述＝歴史化した。批評言説をとりまく構造変動を追認的に記述している。これらの理由のもとに、私たちは戦前期「大宅壮一」の甦生とその再-導入とを試みる段階にある。大宅が着手しかけた問題群は、未決のまま現在に先送りされ続けている。

しかしながら、いそいで付記しておかねばならない。「大宅壮一」的批評の有用性をことさら強調することは別の問題を生む。すなわち、新たな固有名の正典化である。それは基軸となる固有名が置換されるにすぎない。固有名の呪縛は継続される。その呪縛の構造から脱却しないかぎり、現在の批評が直面する隘路に何度でもはまりこむことになるだろう。くりかえす。私たちは自明化された単線的な批評史の物語を解体すべきである。そのために複数性と無名性の原理を導入しなければならない。複綜的な系譜の荒いだしへと分析の切替えをはかること。個々のテクスト（の個々の位相）を応答性・対話性の間主体的な連鎖の渦中に（分裂的に）編みこみなおすこと。まずなされるべきはそうした復元的枠組の刷新だ。

小林が批評活動を開始した一九三〇年前後の日本の言論空間、そこには複数的な批評の系譜が可能性として胚胎していた。すでに述べたとおり、①当該期に圧倒的な勢力を見せたのち瞬時に衰退したプロレタリア文学批評の系譜、あるいは、②大宅壮一・杉山平助らによる「新聞記事」的批評の系譜、そして、③いずれ文学場の中心を占める小林秀雄らの「私批評」の系譜。あるいは、これらに第四・第五の系譜を追加することも可能だ（個別的な批評の掘り起こしは、もはや「系譜」的概括のまなざしそのものを拒絶するだろう）。事後的に確立される「小林秀雄」はそのなかの一部を構成しているにすぎない。小林秀雄はひとり孤立した場所で批評を創出したのでは決してない。

とはいえ、そこに生産的な対話・交通が存在したわけでもない。空間は棲み分けられている。だが、積極的交渉が存在しないことにおいてひとつの空間＝場を編成している。重要なのは相互の差異ではない。すべてが同一のメディア空間に同時的に配列されること、その並存状況そのものである。だからこそ、私たちはあらためて無名的な複数性の回復にむかうべきなのである。

近代日本の批評史において最も注視すべき事態は、「昭和十年前後」（平野謙）にはない。むしろ、その特権化された時代区画においてつねに不可視化される〝一九三〇年前後の批評状況〟にこそある。そこでは、遠近法的な布置連関が破綻したのちに、脱領域的な批評的空間が重層的に形成されはじめていた。

●注

＊時系列的な要素を重視することもあり、引用は基本的に初出に拠る。なお、引用文中の［　］内は引用者による補足である。

（1）杉山平助は同時代的には、しばしば大宅壮一と同系的に扱われている。たとえば、矢崎弾「杉山平助論――主として彼の批評の性格について」（『新潮』一九三四年三月号）など。また、杉山は当時から匿名による評論活動でその名を知られるという、いささか逆説的な履歴をもつ。杉山の匿名批評については、森洋介「一九三〇年代匿名批評の接線――杉山平助とジャーナリズムをめぐる試論」（『語文』第一一七輯、二〇〇三年）に詳しい。

（2）氷川烈「文芸評論家群像」『新潮』一九三二年一一月号、五八―五九頁。氷川『評論と随筆 春風を斬る』（大畑書店、一九三三年）所収。なお、『春風を斬る』はその後、「杉山平助」名義で再刊された（『愛国心と猫』千倉書房、一九三五年）。

（3）大澤聡「「東亜協同体」論をめぐる思想連関――三木清と船山信一の〝転移する〈希望〉〟」（『情況』二〇〇五年八・九月号）、同「〈集団的知性〉の分析はいかにして要請されるか」（『情況』二〇〇七年三・四月号）などにおいて、戦時期日本の社会思想的なテクスト群が垣間見せるネットワーク状の交渉関係に関する分析モデルを提示しておいた。

（4）小林秀雄の同時代言説との連関を甦生するための例外的試みとして、基礎資料の蒐集を行なった以下の二冊が存在する。吉田熈生ほか編『論集・小林秀雄』第一集（麦書房、一九六六年）、吉田凞生・堀内達夫『書誌 小林秀雄』（図書新聞社、一九六七年）。なお、前者は続篇が予定されながらも「第一集」で頓挫したままである。その中絶は現在までの小林秀雄研究の射程の狭隘さを照示している。

(5) 大澤聡「脱神聖化する文学領域——大宅壮一の文壇ジャーナリズム論」(『日本文学』二〇〇八年一月号)の第二節と、本稿第二節は部分的に重複する。なお、当該拙稿では、第三節において大宅の「形式論」を、第四節において「文学商品論」をそれぞれ論じている。あわせて参照されたい。

(6) 大宅壮一「序」『文学的戦術論』(中央公論社、一九三〇年)、一頁。

(7) 大宅壮一「文壇ギルドの解体期——大正十五年に於ける我国ヂヤーナリズムの一断面」[傍点原文]『新潮』一九二六年一二月号。前掲『文学的戦術論』所収。大宅は一九二六年初頭から『新潮』に無署名および署名入りで記事を執筆しているほか、それ以前にも小メディアに評論を発表している。当該論考が「処女論文」であると一般的に記される場合、それは文壇に固有名が流通する契機となった時点の確定を意味しているにすぎない。

(8) 大宅に先行して白柳秀湖「商業主義に同化した文壇」(『新潮』一九二六年七月号)が、すでに文壇に「ギルド」という比喩を使用していた。そのことは、前田愛「大正後期通俗小説の展開(上)——婦人雑誌の読者層」(『文学』一九六八年六月号)が註記している(三二—三三頁)。前田『近代読者の成立』(有精堂、一九七三年)所収。

(9) 尾崎秀樹「大宅壮一論」(尾崎『大衆文学論』勁草書房、一九六五年)は、当該大宅論文(一九二六・一二)を、十返肇「「文壇」崩壊論」(『中央公論』一九五六年一二月号)と二重写しにしつつ紹介している。「「文壇」崩壊」は数度にわたって段階的に遂行・再演されてきたのである。大宅論文と十返論文との時差はちょうど三〇年である。

(10) 小林秀雄「アシルと亀の子(文芸時評)」『文芸春秋』一九三〇年四月号、四四頁。小林『文芸評論』(白水社、一九三一年)所収。以下、他の連載回と区別するため、「アシルと亀の子・I」と表記。

(11) 大宅壮一「現象批評以上のもの」『新潮』一九二八年五月号、三—五頁。前掲『文学的戦術論』所収。なお、この標題は片上伸「内在批評以上のもの」（『新潮』一九二六年一月号）を意識したものと思われる。片上『文学評論』（新潮社、一九二六年）所収。

(12) 同前、六頁。

(13) 同前、六頁。

(14) 「現象批評」というタームは、ある種の蔑称として機能しうる。たとえば、十返一「提唱の現象と現代の批評条件」（『行動』一九三五年六月号）が、「現代の批評的条件を前にする時、批評の困難は、あへて小林秀雄の深刻なレトリツクに待つまでもなく現象批評家と単純視される我々にも充分意識されてゐる」（一九五頁）といった文脈において使用していることからも、それはうかがえよう。

(15) 大宅壮一「片上伸論」『新潮』一九二八年四月号、一五頁。前掲『文学的戦術論』所収。

(16) 大宅壮一「日本エロチック作家論」『中央公論』一九二九年八月号、同「後継作家論」『文学時代』一九二九年一〇月号、同「文壇ヘゲモニーの検討」『中央公論』一九二九年一一月号。いずれも前掲『文学的戦術論』所収。

(17) 大宅によるこのタイプのテクストはその後も増加し、一九三〇年代の雑誌メディアにおける「人物評論」記事流行の中心的役割を担う。戦前期日本のジャンルとしての〈人物評論〉については、すでに別稿の用意がある。

(18) 大宅壮一「普選の文壇的収獲［文壇時評］」『文芸春秋』一九二八年四月号、三〇頁。大宅『モダン層とモダン相』（大鳳閣書房、一九三〇年）所収。

(19) 大宅壮一「近代文学の都会性」『文学時代』一九二九年五月号、一九一頁。前掲『モダン層とモダン相』所収。

(20) ただし、大宅の仕事の密度そのものは漸次変化していく。この変化に関して、たとえば下村亮一『雑誌記者五十年――虹と嵐と雲と』（経済往来社、一九八四年）は以下のように言及している（七四頁）。戦前の大宅の批評は「きわめて感覚的」である。大宅自身が「本は斜め読みで充分で、それ以上は間尺に合わないといっていた」。一方で、戦後の大宅の批評は「厖大な資料と、それが丹念に整理され、裏付けられたもの」とに支えられ「厚み」を増している。

(21) 小林秀雄「アシルと亀の子・Ⅰ」(前掲)、四〇頁。

(22) 同前、四〇頁。

(23) 同前、四〇―四一頁。

(24) 阿部知二「文芸批評の逆行――大宅氏の所説(上)」(『読売新聞』一九三一年三月一〇日)は、「単純な無責任さと、貧弱な芸術理解力によつて生れるところの明快性」(四面)と解釈している。

(25) 大宅の批評形式はあらかじめ無名化の条件をプログラムされたものだったのである。〝文壇＝ギルド〟という比喩が、「大宅壮一」という固有名を誘致せずにいかに使用されてきたかを想起するならばそれはあきらかだ。

(26) 中河与一『形式主義芸術論』(新潮社、一九三〇年)。

(27) 小林秀雄「アシルと亀の子・Ⅰ」(前掲)、四六頁。

(28) 同前、四六頁。

(29) のちに小林は、「文芸春秋と私――二円の稿料から文士劇まで」(『文芸春秋』一九五五年一一月号)において、当時担当した「文芸時評」のことを以下のように回顧している。「私は、文壇の事情に暗かつたし、月々の雑誌類も殆ど読まずに暮して来た。さういふ態度を、たゞ芸もなく押し通さうとしたところが、雑誌の編集者には、新型の時評と映つた様で、三ケ月といふ約束を、だんだん延ばしてくれて、一年続けさせてくれた」(九三頁)。大宅と同様に、批評家個人の力量の限界性が、積極性へと転換する局面を確認しておきたい。また、小林は「アシルと亀の子・Ⅰ」の冒頭において以下のように述べる。「川端康成氏に、「今月の雑誌一そろひ借してくれないか、文芸時評を書くんだ」と言つたら、「君みたいに何んにも知らない男がかい」と、彼はふきだした。尤もな事だ」（四〇頁）。このエピソードは、以下の二つのことを象徴している。まず、①小林的批評の先行形態のひとつとして川端康成の批評が存在すること。つまり、小説家による批評を継承していること。そして、②小林が川端のような文壇内事情を盛り込んだ記述様式をあらかじめ断念・放棄していること。

(30) たとえばここで言及した連載第一回の場合、末尾の作品評的部分は、前掲『文芸評論』収録時にではなく、創元社版『小林秀雄全集』第一巻（一九五〇年）に収録される段階で削除された。

(31) 小林秀雄「様々なる意匠」『改造』一九二九年九月号、一一二頁。前掲『文芸評論』所収。なお、当該論説は、「マルクス主義文学」「写実主義」「象徴主義」「新感覚派文学」「大衆文芸」を順次検討・批判していく構成を採っている。

(32) 同前、一〇四頁。

(33) 小林秀雄「アシルと亀の子・Ⅰ」（前掲）、四四頁。

(34) 同前、四四頁。

(35) 同前、四四頁。

(36) 大宅壮一「文壇イデオロギー分布図」『文芸』一九三五年一月号、一二一頁。

(37) 小林秀雄「アシルと亀の子（文芸時評）」『文芸春秋』一九三〇年五月号、四九頁。前掲『文芸評論』所収。以下、「アシルと亀の子・Ⅱ」と表記。

(38) 小林秀雄「アシルと亀の子・Ⅰ」（前掲）、四〇頁。

(39) 大宅壮一「文芸批評の欠陥（一）――直球批評と曲球批評」『東京朝日新聞』一九三二年六月二三日朝刊、九面。また、同「批評家失格時代［九月の論壇］」（『帝国大学新聞』一九三三年九月一一日）においても、同様に「動的な、解剖的な批評家」／「静的な、鑑賞的な批評家」という区分を提示している（四面）。

(40) 小林秀雄「同人雑誌小感（三）――文学的自明性の不足」『東京朝日新聞』一九三二年七月一五日朝刊、

九面。分載を一括し、小林『続文芸評論』（白水社、一九三二年）に収録。

(41) 小林秀雄「同人雑誌小感（二）――読まれないのが原則」『東京朝日新聞』一九三二年七月一四日朝刊、九面。収録は同前。

(42) 小林秀雄「アシルと亀の子・Ⅰ」（前掲）、四六頁。

(43) 同前、四一頁。

(44) 小林秀雄「アシルと亀の子（文芸時評）」『文芸春秋』一九三〇年六月号、六一頁。連載第三回の当該時評は、前掲『文芸評論』に収録されず。こうした小林の批評を、板垣直子「評論界の動向と評論家の群」（『新潮』一九三五年三月号）は、「不平に終る不平」と評している（一三三頁）。

(45) 青野季吉「文芸時評その二　批評の三典型――ブルジョア批評の北極から南極まで」『東京朝日新聞』一九三一年五月三〇日朝刊、五面。ちなみに、標題の「批評の三典型」とは、同月の『改造』『中央公論』『文芸春秋』に掲載された各「文芸時評」が、「ブルジョアジーの批評に属するといふ点では、一致」しながらも、「三つの全然異つた批評のタイプ」を象徴している事態を指している（五面）。担当者は各誌、小林秀雄、長谷川如是閑、正宗白鳥である。

(46) 矢崎弾「小林秀雄を噛み砕く――一月の文芸時評を読みて」『三田文学』一九三四年二月号、一一八頁。矢崎は同様の指摘をくりかえしている。たとえば、矢崎「現象論における小林秀雄の弱点」（矢崎『過渡期文芸の断層』昭森社、一九三七年）など。

(47) 同前、一一五頁。

(48) 青野季吉「現代文学の十大欠陥」『女性』一九二六年五月号。青野『転換期の文学』（春秋社、一九二七年）所収。

(49) 正宗白鳥「文芸時評」『中央公論』一九二六年六月号、一二九頁。引用該当節のみ抽出し「批評について」という標題のもと、正宗『文芸評論』（改造社、一九二七年）に収録。

(50) 小林秀雄「アシルと亀の子・Ⅱ」（前掲）、五〇頁。
(51) 同前、五〇頁。
(52) 三木清「新興美学に対する懐疑」『文芸春秋』一九三〇年四月号、二六六頁。
(53) 大宅壮一「多元的文壇相（二）——「文学的教養」の価値」『東京朝日新聞』一九二九年三月二四日朝刊、五面。分載を一括し、前掲『文学的戦術論』に収録。
(54) 新居格「文芸評論界顧瞥」『新潮』一九三〇年一二月号、一九頁。
(55) なお、大宅壮一は「社会批評」を本格的に展開するにあたり、先行する新居格の批評スタイルを、意識的に継承していると思われる。
(56) 氷川烈「文芸評論家群像」（前掲）、三三二頁。
(57) たとえば、紅野敏郎「大宅壮一の〝野蛮人〟性——『モダン層とモダン相』［本のさんぽ35］」（『国文学解釈と教材の研究』一九七五年四月号）は、同書の特徴を「時代のアンテナにぴりぴりひっかかるような雑文の集積」と形容している（一七二頁）。紅野『本の散歩——文学史の森』（冬樹社、一九七九年）所収。
(58) 大宅壮一「事実と技術（三）」『東京朝日新聞』一九二九年五月一七日朝刊、七面。分載を一括し、前掲『文学的戦術論』に収録。
(59) 大澤聡「脱神聖化する文学領域」（前掲）を参照されたい。
(60) 大宅壮一「一九三〇年への待望（五）——文学界・五　批評の新職能」『東京朝日新聞』一九二九年一二月二四日朝刊、五面。分載を一括し「一九三〇年の文学的展望」と改題のうえ、前掲『モダン層とモダン相』に収録。
(61) 同前、五面。
(62) 川端康成「文壇の垣を思ふ——水上・石坂両氏の作品を読みて［文芸時評（五）］」『東京朝日新聞』一九三四年一〇月二日朝刊、九面。ただし、川端のいう「文壇の垣」は、旧「文壇」の崩壊が一般化したのちになおも残存する伝承的要素を表現するために措定されたものである。ここでは、川端の用語法から簒奪して援用する。

(63) 大宅壮一「文壇ギルドの解体期」(前掲)、八一頁。

(64) 新居格「文芸評論界顧瞥」(前掲)、一九頁。

(65) 氷川烈「文芸評論家群像」(前掲)、五九頁。

(66) 小林秀雄「文芸時評」『改造』一九三一年四月号、同「文芸時評――梶井基次郎と嘉村礒多」『中央公論』一九三二年二月号。それぞれ「室生犀星」、「梶井基次郎と嘉村礒多」と改題のうえ、前掲『続文芸評論』に収録。

(67) 小林秀雄「おふえりや遺文」『改造』一九三一年一一月号、同「Xへの手紙」『中央公論』一九三二年九月号。それぞれ、小林『おふえりや遺文』(三才社、一九三三年)、同『Xへの手紙』(野田書房、一九三六年)として刊行。

(68) 小林秀雄「文学批評に就いて」『文学』一九三三年四月号、同「文芸時評」『改造』一九三三年八月号。ともに、小林『続々文芸評論』(芝書房、一九三四年)所収。なお、後者は「文芸時評(批評について A)」と改題。

(69) 柄谷行人「交通について」(『現代思想』一九七九年三月号)はこうした事態を次のように表現する。「小林秀雄の作品はいつも必然的・永遠的なものをめざしている」(五四頁)。柄谷『批評とポストモダン』(福武書店、一九八五年)所収。

※ 本稿は日本学術振興会科学研究費補助金(特別研究員奨励費)による研究成果の一部である。

著者紹介

仲正昌樹（なかまさ　まさき）金沢大学法学類教授
社会哲学

大賀　哲（おおが　とおる）九州大学大学院法学研究院・准教授
政治学・国際政治学

白井　聡（しらい　さとし）日本学術振興会特別研究員、多摩美術大学・神奈川大学非常勤講師
政治学・政治思想

森元　拓（もりもと　たく）北海道医療大学薬学部講師
法思想史・法哲学

西村清貴（にしむら　きよたか）早稲田大学法学研究科博士後期課程
法思想史・法哲学

清家竜介（せいけ　りゅうすけ）早稲田大学非常勤講師
社会学・社会哲学

ギブソン松井佳子（ギブソンまつい　けいこ）神田外語大学外国語学部教授
比較文学・批評理論

板井広明（いたい　ひろあき）関東学院大学・明星大学・文化服装学院非常勤講師
社会経済思想史・功利主義

船津　真（ふなつ　まこと）群馬工専非常勤講師
社会思想

田中　均（たなか　ひとし）山口大学人文学部講師
美学

坂口周輔（さかぐち　しゅうすけ）東京大学大学院総合文化研究科博士課程在籍
フランス文学、詩と哲学

大澤　聡（おおさわ　さとし）東京大学大学院総合文化研究科博士課程
メディア史・文学

歴史《れきし》における「理論《りろん》」と「現実《げんじつ》」　叢書・アレテイア 10

2008年8月22日　第1版第1刷発行

編　者　仲　正　昌　樹
発行者　橋　本　盛　作
発行所　株式会社御茶の水書房
〒113-0033　東京都文京区本郷 5-30-20
電話　03-5684-0751

Printed in Japan　印刷／製本　三秀舎

ISBN 978-4-275-00585-4　C3010